(사용자를) 생각하게 하지 마!
Don't Make Me Think 3/E

Don't Make Me Think, Revisited
A Common Sense Approach to Web Usability
by Steve Krug

Authorized translation from the English language edition, entitled DON'T MAKE ME THINK: A COMMON SENSE APPROACH TO WEB USABILITY, 3rd Edition by KRUG, STEVE, published by Pearson Education, Inc., publishing as New Riders, Copyright © 2014.
All rights reserved. No part of this book may be reproduced or transmitted in any form or by any means, electronic or mechanical, including photocopying, recording or by any information storage retrieval system, without permission from Pearson Education, Inc.
KOREAN language edition published by INSIGHT PRESS, Copyright © 2014.

이 책의 한국어판 저작권은 에이전시 원을 통해 저작권자와의 독점 계약으로 인사이트에 있습니다.
저작권법에 의해 한국 내에서 보호를 받는 저작물이므로 무단전재와 무단복제를 금합니다.

(사용자를) 생각하게 하지 마!
웹과 모바일 사용성 원칙으로 디자인하는 UX

초판 1쇄 발행 2014년 11월 30일 **7쇄 발행** 2024년 4월 9일 **지은이** 스티브 크룩 **옮긴이** 이미령 **펴낸이** 한기성 **펴낸곳** (주)도서출판 인사이트 **편집** 이지연 **본문디자인** 윤영준 **영업마케팅** 김진불 **제작·관리** 이유현 **용지** 유피에스 **인쇄·제본** 천광인쇄사 **등록번호** 제 2002-000049호 **등록일자** 2002년 2월 19일 **주소** 서울특별시 마포구 연남로5길 19-5 **전화** 02-322-5143 **팩스** 02-3143-5579 **이메일** insight@insightbook.co.kr **ISBN** 978-89-6626-121-5 책값은 뒤표지에 있습니다. 잘못 만들어진 책은 바꾸어 드립니다. 이 책의 정오표는 https://blog.insightbook.co.kr에서 확인하실 수 있습니다.

UX
insight

(사용자를) 생각하게 하지 마!

스티브 크룩 지음
이미령 옮김

인사이트

제1판
내가 책을 내길 항상 원하신 아버지께,
늘 무엇이든 할 수 있다고 해주신 어머니께,
나의 아내 맬러니, 내 인생 최고의 행운인 그녀에게,
언제든 이 책보다 훨씬 더 좋은 책을 쓸 수 있을 능력을 가진
내 아들 해리에게.

제2판
평생 호인이었던 우리 형 필에게.

제3판
지난 14년간 이 책을 아껴준 전 세계의 모든 독자에게.
여러분이 직접 혹은 이메일, 블로그를 통해 전해준 따뜻한 말이
저에게는 큰 기쁨이었습니다.
특히 이 책을 보다가 너무 웃겨서 우유를 코로 뿜었다는
한 여성 분께 이 책을 바칩니다.

차례

옮긴이의 글	xi
이번 개정판에 대하여	xiii
1. 솔직히 오래되었다	xv
2. 세상이 바뀌었다	xvi
오해는 말기 바란다…	xviii
본문에 앞서	1
나쁜 소식: 여러분에게 사용성 전문가를 고용할 여력이 없을 수도 있다	4
좋은 소식: 로켓 수술™처럼 어려운 일도 아니다	5
이 책은 짧다	5
이 책에 없는 내용	6
모바일 부분 추가!	7
시작하기 전 마지막 한 가지	8
1장 사용자를 고민에 빠뜨리지 마라!	11
사용자를 고민에 빠뜨리지 마라!	12
사용자는 이럴 때 고민한다	14
모든 것을 자명하게 만들 수는 없다	18
웹 사이트를 명확하게 만들어야 하는 이유는 무엇인가?	18
그러면 진짜 이유는?	19
2장 우리가 실제 웹을 사용하는 방법	21
첫 번째 진실: 사용자는 웹 페이지를 읽지 않는다. 훑어본다	23
두 번째 진실: 사용자는 최선의 선택을 하지 않는다. 최소 조건만 충족되면 만족한다	25
세 번째 진실: 사용자는 작동방식까지 이해하려 하지 않는다. 적당히 임기응변한다	27
피할 수 없다면…	29

3장 광고판 디자인 첫걸음 — 31
- 관례를 이용하라 — 32
- 시각적 계층구조를 효과적으로 구성하라 — 37
- 페이지의 구역을 또렷하게 구분하라 — 40
- 클릭할 수 있는 요소를 명확히 표시하라 — 40
- 주의를 흩뜨릴 만한 요소를 없애라 — 42
- 내용을 훑어보기 좋은 방식으로 구성하라 — 43

4장 동물입니까, 식물입니까, 무생물입니까? — 47
- 도움이 필요할 때도 있다 — 51

5장 ~~불필요한~~ 단어를 덜어내라 — 53
- 불필요한 인사말을 빼라 — 55
- 설명을 없애라 — 56
- 이제 다음 단계로 넘어가자 — 58

6장 표지판과 빵부스러기 — 59
- 쇼핑몰에서 — 60
- 웹 내비게이션 첫걸음 — 63
- 참을 수 없는 브라우징의 가벼움 — 65
- 내비게이션의 숨은 용도 — 68
- 웹 내비게이션 관례 — 69
- 어딜 가든 따라온다 — 71
- 내가 방금 '어딜 가든'이라고 했던가? — 72
- 여기는 캔사스가 확실히 아냐 — 72
- 섹션 — 74
- 유틸리티 — 75
- 세 번 클릭하고 이렇게 말해보세요. "집이 최고야" — 76
- 검색 방법 — 76
- 1, 2단계 이후의 내비게이션에 대해서도 고민하라 — 78
- LA에서 드라이브하기 즐거운 데는 이유가 있다 — 80
- 현재 위치를 표시하라 — 83

	빵부스러기	85
	내가 탭을 여전히 사랑하는 세 가지 이유	86
	트렁크 평가를 하라	88

7장 웹 디자인의 빅뱅이론 91

"아, 그런데 한 가지 조건이 더 있습니다. 눈을 가리고 해야 합니다." 94
영역싸움의 첫 번째 사상자 95
홈 페이지가 아직도 그렇게 중요하다고요? 98
중요한 메시지는 이렇게 전달하라 99
좋은 태그라인이 최고야™ 102
태그라인 따위 없어도 그만이야 104
다섯 번째 질문 105
황금알을 낳는 거위를 잡아먹고 싶은 이유 106

8장 "농부와 카우보이는 친구가 되어야 한다" 109

"모든 사용자는 _____을 좋아해" 112
농부 대 카우보이 113
'평균 사용자'라는 신화 115
종교적인 논쟁은 이렇게 해결하라 116

9장 적은 비용으로 사용성 평가하기 119

제 말을 따라하세요: 포커스 그룹은 사용성 평가가 아닙니다 121
사용성 평가에 대한 몇 가지 진실 123
DIY 사용성 평가 124
평가 주기는 어느 정도가 좋을까? 127
사용자는 몇 명이 필요한가? 128
참가자는 어떻게 선택하는가? 129
참가자는 어떻게 찾는가? 131
평가는 어디서 하는가? 131
누가 진행하는 게 좋은가? 132
누가 관찰하는가? 133
무엇을, 언제 평가하는가? 134

평가할 과제는 어떻게 선택하는가?	135
평가 중에 어떤 일이 일어나는가?	136
평가 세션 예시	137
일반적으로 발생하는 문제들	148
브리핑: 고칠 내용 정하기	148
대안적 평가 방식	151
해보면 마음에 들 거다	151

10장 모바일 앱 사용성   153

무엇이 다른가?	156
트레이드오프를 고려하라	156
공간이 좁아서 생기는 문제들	158
카멜레온 기르기	161
어포던스를 감추지 마라	163
커서 없음 = 호버 없음 = 힌트 없음	164
플랫 디자인: 약일까 독일까?	164
돈이 너무 많은 사람, 몸이 너무 마른 사람은 있을 수 있다	166
모바일 앱 사용성 속성	167
재미가 대세다	168
앱에는 학습 용이성이 있어야 한다	169
앱에는 기억 용이성 또한 있어야 한다	171
모바일 기기 사용성 평가	173
모바일 평가 실행 방식	173
내가 사용한 방법	175
개념 증명: 브런들플라이Brundlefly 카메라	176
마침내...	177

11장 기본예절로서의 사용성   179

호감 저장고	181
호감이 줄어드는 요인들	183
호감을 키우는 요인들	186

12장 웹 접근성과 여러분	**189**
사람들이 개발자나 디자이너에게 하는 말	190
개발자와 디자이너가 두려워하는 것	192
사실 정말 복잡해질 수도 있다	193
지금 당장 할 수 있는 네 가지 사항	194
1. 모두가 혼란스러워 하는 사용성 문제부터 고쳐라	195
2. 논문을 한 편 추천한다	195
3. 책 한 권을 추천한다	197
4. 쉬운 문제부터 해결하라	197
13장 회의론자를 위한 안내서	**201**
사용성이란 분야에 대해 먼저 알아야 한다	202
흔한 조언	204
만약 내가 여러분이라면…	204
어둠의 세력에 저항하라	208
몇 가지 확실한 대답	210
감사의 글	**213**
찾아보기	**218**

옮긴이의 글

웹 사이트를 사용하다가 '왜 이렇게 불편하게 만들었을까?' 하는 생각을 누구나 한 번쯤은 해보았을 것입니다. 특히 관련 분야에 종사하고 있는 사람이라면 더 강도 높은 비난을 하기도 합니다. 웹 업계에 종사하는 분이 주변에 많아 호기심에 질문했다가 '사용성'과 '접근성'에 대한 강의 아닌 강의를 들은 적도 있습니다. 대체 사용성이 뭐기에.

당연한 이야기이지만 이 책의 키워드는 사용성입니다. 사용하기 좋은 제품을 만들려면 사용자에 대해 잘 알아야 하고, 사용자에 대해 잘 알려면 사용자를 직접 관찰해보는 것보다 더 나은 방법은 없다는 것이 이 책의 골자입니다.

저자는 독자가 스스로 사용성 평가를 해볼 방법을 알려줄 뿐 아니라 자신이 직접 진행한 평가에서 발견한 사용자의 특성이나 자주 마주친 문제에 대한 해결책, 그리고 이를 구현하는 과정에서 발생할 만한 정치적인 문제, 윤리적인 문제를 해결할 방법까지 세심하게 알려주고 있습니다. 그러므로 웹이나 모바일 제품 제작과 관련 있는 일을 하는 분이라면 이 책에서 직접적인 도움을 받을 수 있을 것입니다.

하지만 이 책이 사용성 개선 방법을 알려주는 데 그친다면 그 어떤 분야보다도 빠르게 발전하고 있는 IT 분야에서 15년간 스테디셀러의 자리를 유지하기 어려웠을 것입니다.

원서의 부제인 'A Common Sense Approach to Web and Mobile Usability (웹과 모바일 사용성에 상식적으로 접근하는 방법)'에서 짐작할 수 있듯 저자는 책 전반에 걸쳐 상식을 강조합니다. 사용자가 실제 웹을 사용하는 방식을 깨닫게 된 과정이나 그를 통해 도출한 세 가지 사용성 원칙은 모두 저자가 자신이 하는 일을 상식이라는 렌즈로 오랜 시간 찬찬히 들여

다본 덕택에 얻은 답이었습니다.

이 책을 단순히 사용성 개선 도구로만 쓴다 해도 상관없습니다. 그것만으로도 이 책을 읽는 데 들인 비용이나 시간을 충분히 보상하고도 남을 만한 가치가 있을 겁니다. 하지만 이 책의 행간 곳곳에는 '상식', '신뢰' 등 사용자의 삶을 폭넓게 아우르는 다양한 키워드가 숨어 있습니다. 저자가 본인의 경험을 통해 스스로 이러한 원칙을 깨우쳤듯 여러분도 본인의 업무에서 여러분 스스로 원칙이라 이름 붙일 가치가 있는 새로운 발견을 해나가는 데 이 책이 조금이라도 도움이 되길 기대해봅니다.

본문에는 미국 문화에 바탕을 둔 사례와 유머가 심심치 않게 등장합니다. 온갖 노력을 했음에도 정확한 의미를 이해하기 어려운 부분은 결국 저자에게 물어보는 수밖에 없었습니다. 몇 번의 메일이 오가는 동안 매우 성의 있게 답변하는 저자의 태도에 감탄하지 않을 수 없었습니다. 좋은 책을 써주었을 뿐 아니라 한국의 독자를 위해 분명히 실없다고 느껴질 법한 역자의 질문에 배경과 의미를 정성스레 설명해준 저자, 스티브 크룩에게 감사의 뜻을 전합니다.

또 좋은 책을 번역할 기회를 주시고 번역이 진행되는 동안 하나부터 열까지 꼼꼼히 챙겨주신 인사이트 출판사에 고마운 마음을 전합니다. 늘 따뜻한 사랑을 아낌없이 베풀어주시는 양가 부모님과 가족들에게도 늘 감사한 마음입니다. 마지막으로 친구, 멘토, 남편까지 1인 다역을 담당하는 든든한 지원군 태곤 씨에게도 지면을 빌어 감사의 인사를 전합니다.

서문

이번 개정판에
대하여

> 여기 사람들은 정말 순식간에 사라지는군요!
> - 도러시 게일(Dorothy Gale, 주디 갈랜드 분)
> 오즈의 마법사(The Wizard of Oz, 1939) 중

1 (옮긴이) 제1판의 번역서로 『상식이 통하는 웹사이트가 성공한다』(2001, 안그라픽스)가 있다.

『Don't Make Me Think』[1]의 초판을 쓴 때는 2000년으로 거슬러 올라간다.

2002년 즈음부터 매우 정중하게 책을 업데이트할 생각이 없는지 묻는 이메일이 도착하기 시작했다. 메일에는 불평하려는 건 아니고 도움을 주고 싶었다는 말이 자주 등장했다. 그리고 "여러 예시가 시대에 뒤처진다."라는 말도 많이 했다.

그러면 나는 이 책을 인터넷 버블이 시작될 무렵 썼으므로 예시로 등장한 많은 사이트가 책이 출판되기도 전에 사라졌다는 점을 언급하는 답장을 보내곤 했다. 예로 든 사이트가 사라졌다고 해서 예시로 활용하기 부적합하다는 생각은 들지 않았다는 말을 하고 싶었기 때문이다.

2 1판을 낸 회사가 이미 사라졌기 때문에 이 책 인세의 절반은 존재하지 않는 회사로 가고 있었다. 개정판을 내면 책 계약을 새로 해야 했고 그 말인즉 나에게 들어오는 인세가 두 배가 된다는 뜻이었다.

2006년은 이 책을 업데이트해야겠다는 강력한 사적 동기가 생긴 해였다.[2] 어떤 부분을 수정해야 할까 확인하기 위해 다시 읽어보았지만 '아직 그대로인 내용이 많은데'라는 생각이 계속 들었다. 결국, 바꿔야 할 부분을 거의 찾지 못했다.

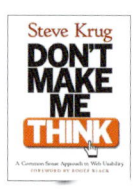 

2000   2006

어쨌든 개정판을 내려면 뭔가 바뀐 내용이 있어야 했다. 그래서 2000년에 마무리할 수 없었던 내용을 모아서 3장을 추가했다. 그렇게 임시로라도 알람을 껐으니 다시 이불을 뒤집어쓰고 버텨보자고 한 후에 또 7년이라는 시간이 흘렀다.

(글쓰기는 정말 어려운 일이다. 하지 않을 수 있는 핑계가 있다면 감지덕지할 따름이다. 글 쓰느니 차라리 치아 신경치료를 받는 편을 택하겠다.)

그런데 왜 개정판을 내는가? 두 가지 이유가 있다.

1. 솔직히 오래되었다

현재 시점에서 보면 구식이라는 느낌을 지울 수 없다. 흘러간 세월이 13년이나 되는데 더 말할 게 있겠는가. 13년은 인터넷 시간으로 따지면 수백 년이나 다름없다(사실 요즘은 '인터넷 시간'이라는 구식 표현을 쓰는 사람을 찾기도 어려울 거다).

www.orrinhatch.com 1999

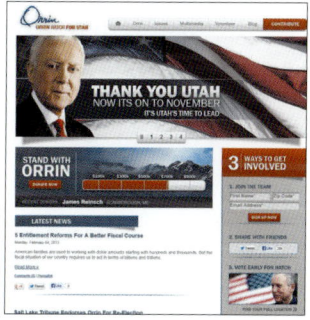
www.orrinhatch.com 2012

예시로 넣었던 오린 해치^{Orrin Hatch} 상원의원의 2000년 선거유세용 사이트 같은 웹 페이지는 지금 보면 정말 촌스러운 느낌이 든다.

여러분이 예상하다시피 최신 사이트는 훨씬 더 세련된 느낌이 든다.

나도 최근에는 담긴 내용이 너무 낡아서 쓸모없는 책이 되어 버린 것은 아닌가 하는 걱정을 하기 시작했다. 물론 아직 그 정도는 아니라는 것은 잘 알고 있다. 왜냐하면

- 이 책의 판매량은 아직 감소 조짐을 보이지 않고 스테디셀러의 대열에서 순항하고 있다. (감사한 일이다.) 그리고 여러 강좌에서 이 책이 필독서로 선정되기까지 했다. 이 또한 예상조차 못한 일이다.
- 이 책을 읽은 전 세계의 새로운 독자들이 책에서 배운 내용을 꾸준히 트위터에 올리고 있다.

조던 보먼
클릭 수가 늘어나는 건 괜찮다. 클릭할 때 고민할 필요만 없다면 말이다.

Startup 500
사용자는 웹 페이지를 읽지 않는다. 훑어본다.

■ 그리고 이러한 이야기가 꾸준히 들려온다. "제발 제가 하는 얘기를 이해해주셨으면 하는 마음으로 이 책을 상사분께 드렸어요. 이 책을 읽으시더니 저희 팀/부서/회사 전체에 그 책을 사서 선물하셨다니까요!" (이런 이야기를 들으면 정말 기쁘다.)

■ 이 책을 읽은 덕분에 직장을 구할 수 있었다거나 이 책이 직업 선택에 영향을 끼쳤다는 이야기도 듣곤 한다.³

3 물론 매우 기쁘고 즐거운 이야기이지만 마음 한구석 불안감이 엄습하기도 한다는 사실은 부인할 수 없다. '설마 의사가 되려던 사람은 아니었겠지? 어이쿠, 내가 지금 무슨 짓을 한 거야!'

시간이 지날수록 이 책의 독자가 점점 줄어들 거라는 사실은 물론 알고 있다. 아들이 흑백영화를 보기 싫어하는 것과 같은 이치다. 어릴 적 아무리 좋아했던 영화라고 하더라도 지금은 보려고 하지 않는다.

이제는 정말 새로운 예시를 넣어야 할 때가 되었다.

2. 세상이 바뀌었다

조심스럽게 표현하자면 컴퓨터와 인터넷, 그리고 이 두 가지를 사용하는 방식이 최근에 많이 바뀌었다. 아주 조심스럽게 표현한 것이다.

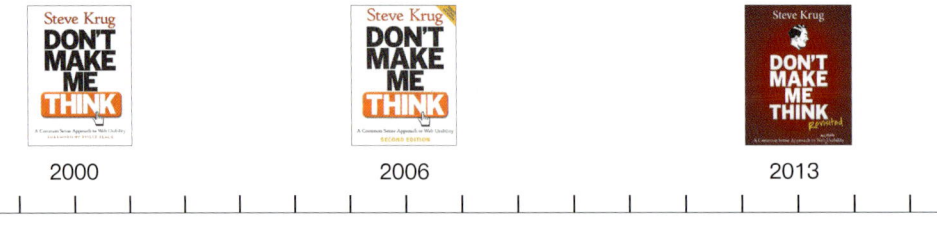

Don't Make Me Think

환경의 변화는 세 가지 방식으로 일어났다.

■ **스테로이드라도 맞은 듯 기술이 믿을 수 없을 정도로 빠르게 발전하기 시작했다.** 2000년에는 책상 앞에 앉아서 커다란 스크린, 마우스나 터치패드, 키보드를 이용해서 웹을 사용하는 게 일반적인 일이었다.

요즘 사람들은 소형 컴퓨터를 늘 휴대하고 다닌다. 그 안에는 카메라, 비디오카메라, 내가 어디 있는지 마법처럼 정확히 알아채는 지도, 읽은 책이나 감상한 음악이 내장된 라이브러리도 들어 있다. 인터넷에 언제든 연결되는 건 기본이다. 아, 그리고 이 컴퓨터는 전화기 역할도 한다.

그뿐 아니다. 내 '전화기'는 이러한 일도 할 수 있다.

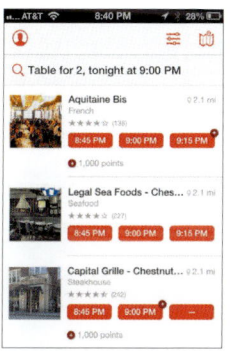
...몇 초 만에 음식점 예약하기

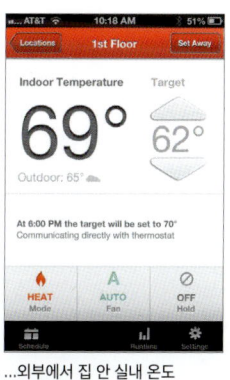
...외부에서 집 안 실내 온도 조절하기

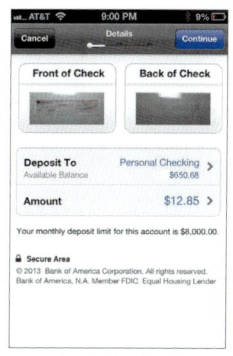
...ATM에 가지 않고 수표 입금하기

그렇다고 이런 전화기가 날아다니는 자동차 정도로 신기하진 않다. (그러고 보니 지금쯤이면 우리가 그런 차를 타고 다닐 거라는 말도 많이 들었던 것 같다.) 그래도 이 정도면 꽤 인상적인 수준이라고 할 만하다.

■ **웹도 계속 발전하고 있다.** 물건 구매하기, 여행 계획 짜기, 친구와 연락하기, 뉴스 읽기, 술집 내기 승패 결정 등 웹으로 하는 모든 활동은 여전히 데스크톱 컴퓨터를 통해서도 잘 할 수 있다. 다만, 어떤 방식으로 웹에 접속하느냐와 상관없이 사이트 자체의 성능이 점차 강력해지고 그 유용성이 날로 높아지고 있다는 점을 지적하고 싶다. 자동 제안^{autosuggest}, 자동 고침

정도의 기능은 이제
자연스레 기대하게
된다. 또 주차 위반
딱지 벌금 납부나 운

전면허 갱신을 온라인에서 할 수 없을 때면 답답한 느낌이 든다.

- **사용성이 주류로 인정받게 되었다.** 2000년에는 사용성의 중요성을 이해하고 있는 사람이 별로 없었다.

스티브 잡스와 조너선 아이브 덕분에 사용성이 중요하다는 인식이 널리 퍼졌다. 심지어 많은 이가 사용성이 무엇인지 정확히 모르는 데도 말이다. 단, 사람들은 사용성 대신 사용자 경험 디자인(User Experience Design, UXD 혹은 UX)이라는 용어를 사용한다. 이 용어는 사용자에게 더 나은 경험을 제공하는 데 이바지하는 모든 활동이나 계통을 가리킬 때 포괄적으로 쓰인다.

사용자를 고려한 디자인의 중요성을 강조하는 것은 좋다. 하지만 이후 새로이 등장한 직무 분석, 세부 전문 분야, 도구 등은 많은 이를 혼란에 빠뜨렸다. 실제 자신이 무슨 일을 해야 하는지 분간조차 못하는 사람이 많아진 것이다.

나는 이 세 가지 변화에 대해 책 전반에 걸쳐 논하려 한다.

오해는 말기 바란다…

이번 개정판에는 새로운 예, 새로운 원칙, 그간 내가 깨달은 약간의 내용을 추가했다. 하지만 책의 본질이나 목표는 그대로다. 이 책은 여전히 사용성이 뛰어난 웹 사이트 디자인에 대해 다룬다.

이 책은 전자레인지, 모바일 앱, ATM 등 사람들이 인터랙션 해야 하는 모든 물건의 디자인에 대해 말하고 있기도 하다.

4 이를 잘 보여주는 훌륭한 노르웨이 비디오가 있다. 영문 자막도 달려 있다. 이 비디오는 수도승이 '책'이라는 신식 물건의 사용법을 배우기 위해 다른 이의 도움을 받는 과정을 그리고 있다. 유튜브에서 'medieval help-desk'를 검색하면 나올 것이다.

환경이 아무리 변했다고 해도 기본 원칙은 변하지 않았다. 사용성은 기술이 아니라 사람에 대한 것이고 사람이 사물을 이해하고 사용하는 방법에 대한 것이다. 기술은 빠르게 변하지만, 사람은 매우 느리게 변화한다.[4] 제이콥 닐슨Jacob Nielsen은 이러한 상황을 아주 적절하게 잘 표현한 바 있다.

인간의 뇌 용량은 1년마다 바뀌는 게 아니다. 그러므로 인간 행동에 대한 연구에서 얻은 통찰은 시효가 길다. 20년 전에 사용자들이 어려워했던 부분은 오늘날 사용자도 어려워할 것이다.

여러분이 개정판을 재미있게 즐겨주길 바란다. 몇 년 안에 날아가는 차를 타고 가다가 나를 발견하거든 손이라도 흔들어주길.

스티브 크룩

2013년 11월

들어가며

본문에 앞서

목청을 가다듬고
면책 선언을 낭독하겠습니다

네가 원래 모르던 걸 내가 말해줄 수는 없어.
하지만 몇 가지를 명확하게 정리해주고 싶어.
- 고등학교 때 내 친구였던 조 페라라(Joe Ferrara)

나는 내가 하는 일이 참 좋다. 나는 사용성 컨설턴트로 일한다. 내가 하는 일은 이렇다.

■ 사람들('고객들')은 자신이 작업하던 것을 내게 보낸다.
　내가 그들에게 받은 것은 새로운 웹 사이트의 디자인이나 재설계하고 있는 사이트의 주소, 아니면 앱의 프로토타입일 것이다.

■ 나는 그들에게 받은 것으로 사용자에게 필요한 것, 혹은 사용자가 하고 싶어 할 만한 것을 수행해본다. 그리고 사용자의 작업이 막힐 법한 부분, 사용자가 헷갈릴 수 있는 부분에 대해 기록한다. 이를 '전문가 사용성 리뷰'라 한다.
　어떨 때는 다른 사람이 사용하는 모습을 관찰하며 그들이 어디에서 막히는지, 어디에서 혼란스러워

하는지 기록한다. 이를 '사용성 평가'라 한다.
- 프로젝트를 의뢰한 고객에게 사용자가 답답하다고 느꼈던 부분('사용성 문제')을 알려주고 최우선으로 수정할 문제와 수정 방법을 결정하는 회의를 진행한다.

전화로 일할 때도 있고

직접 만나서 일할 때도 있다.

내가 발견한 내용을 자세히 기술한 보고서를 작성하던 시절도 있었다. 나는 이를 '거창한 보고서'라고 부르곤 했다. 하지만 결국에는 이 보고서가 투입한 시간이나 노력만큼의 가치를 내지 못한다는 것을 깨달았다. 사람들이 나에게 궁금한 부분을 묻고 자신들이 걱정하는 부분에 대한 이야기를 들려줄 수 있는 실시간 프레젠테이션이 더 효과적이었다. 보고서를 보내는데 그쳤다면 사람들의 의견을 들을 기회는 없었을 것이다. 특히 애자일 개발 Agile development 이나 린 개발 Lean development 방식을 사용하는 팀에게는 서면 자료를 검토할 시간적 여유가 없다는 것도 보고서 방식의 걸림돌이었다.

- 고객이 나에게 비용을 지불한다.

컨설턴트로 일하는 동안 똑똑하고 좋은 사람들을 만나 흥미로운 프로젝트를 진행할 기회가 많았다. 거의 재택 형태로 근무하므로 지루한 회의에 매일 억지로 앉아 있어야 한다거나 사무실 안의 정치적인 문제에 골머리를 앓을 필요도 없다. 나는 내가 생각하는 바를 이야기하고 사람들은 보통 내 의견을 고맙게 받아들여 주었다. 그리고 보수도 적지 않게 받았다.

무엇보다도 나는 내 직업에 만족한다. 우리의 일이 끝날 즈음에는 사람들이 만들던 제품이 대개는[1] 훨씬 좋아져 있기 때문이다.

나쁜 소식: 여러분에게 사용성 전문가를 고용할 여력이 없을 수도 있다

나 같은 전문가의 도움을 받으면 제품의 사용성이 확실히 좋아지는 경우가 많다. 하지만 안타깝게도 사용성 전문가를 고용할 여력이 없는 경우가 더 많은 게 현실이다.

그리고 반대로 여력이 있다고 해서 필요할 때 아무 때나 고용할 수 있을 정도로 전문가의 수가 많지도 않다. 최근 통계를 보면 웹 사이트의 수는 물론이고 아이폰 앱만 하더라도 그 수가 무한하다고 한다.[2] 사용성 전문가의 수는 전 세계적으로 만 명 정도 존재한다. 답은 뻔하지 않겠는가.

그리고 전문가를 고용한다 해도 그 전문가가 모든 제품의 사용성 문제를 들여다 볼 수는 없다.

지난 몇 년간 많은 사람이 제품의 사용성을 개선해야 한다는 새로운 숙제를 떠안았다. 요즘은 시각 디자이너나 개발자도 인터랙션 디자인이나 정보 아키텍처 분야의 문제를 고민해야 하는 일이 많아졌다. 인터랙션 디자인에는 사용자가 클릭, 탭, 스와이프swipe를 한 후에 어떤 반응을 보여줄지 결정하는 등의 일이 포함되고 정보 아키텍처에는 전체를 어떻게 구성할지 고민하는 일이 포함된다.

이 책은 나 같은 전문가를 고용하거나 혹은 전문가의 능력을 빌려 쓸 형편이 되지 않는 이들에게 도움이 되길 바라며 썼다.

사용성 원칙을 숙지하면 여러분 스스로 문제를 발견하거나 애초에 그러한 문제를 만들지 않는 데 도움이 된다.

여력이 된다면 전문가를 고용하는 편이 무조건 더 좋다. 그러나 금전적으로나 시간적으로나 그러한 여력이 없을 때 하는 DIY 평가에 이 책이 도움이 된다면 좋겠다.

[1] '대개는'이라는 표현에 주목하라. 사용성 문제를 찾아냈다고 해서 모든 문제를 항상 완벽하게 고칠 수 있다는 뜻은 아니다. 이에 대해서는 9장에서 자세히 설명하겠다.

[2] 애플이 앱의 수가 많다는 사실을 왜 자랑하는지 모르겠다. 한 플랫폼에 좋은 앱이 수천 개 있다는 것은 정말 좋다고 할 만하다. 하지만 그저 그런 앱이 수백만 개 존재한다는 것은 좋은 앱을 찾기 어렵다는 뜻 밖에 되지 않으므로 큰 자랑거리는 아니라고 본다.

3 (옮긴이) 'rocket surgery'는 'rocket science(로켓 과학)'과 'brain surgery(뇌 수술)'이라는 용어가 합쳐서 만든 단어다. 일반인들이 하기 어려운 매우 전문적인 일이라는 메타포가 담겨 있는 두 용어를 결합함으로써 '존재하지도 않는 매우 어려운 일'이라는 뜻을 지닌 말이 탄생했다.

4 그래서 내가 설립한 컨설팅 회사의 이름을 '어드밴스드 커먼 센스(Advanced Common Sense)'[5]라고 지었다. 그리고 우리 회사의 사훈은 'It's not rocket surgery(우리가 하는 일은 로켓 수술이 아니다.)'이다.

5 (옮긴이) 'common sense'는 '상식'이라는 뜻이고 'advanced'는 '수준 높다'는 뜻이므로 이 회사 이름에는 상식을 수준 높게 사용한다는 뜻이 내포되어 있다.

좋은 소식: 로켓 수술™[3]처럼 어려운 일도 아니다

내가 하는 일은 다행히 상식 수준의 작업이다. 배우려는 의지가 있다면 누구나 배울 수 있다.

상식이란 누군가 지적하기 전까지는 잘 드러나지 않기 마련이다.[4]

나는 사람들이 이미 알고 있는 사실을 이야기하는데 많은 시간을 들이곤 한다. 그러므로 이 책을 읽다가 "별다를 것도 없네. 그 정도는 나도 아는데."라는 생각이 든다면 그건 어찌 보면 당연한 일이다.

이 책은 짧다

더 좋은 소식이 있다. 나는 이 책을 가능한 한 짧게 쓰기 위해 노력했다. 긴 비행 중에 다 읽을 수 있을 정도의 분량이기를 바라는 마음으로 말이다. 이렇게 한 데에는 두 가지 이유가 있다.

6 여기에 좋은 사용성 원칙 하나가 숨어 있다. 시간을 많이 들여야 하는 것 혹은 시간이 많이 들 것처럼 보이는 것은 사용될 가능성이 작아진다.

7 『A Study in Scarlet』에는 셜록 홈스가 지구의 태양 공전을 모른다는 사실에 왓슨 박사가 놀라는 장면이 나온다. 나는 이 구절을 무척 좋아한다. 셜록 홈스는 인간 두뇌 용량은 한계가 있다는 점을 지적하며 유용한 사실을 기억하는 데 쓸 수 있는 자리를 쓸모없는 사실로 채워 둘 여유가 본인에게는 없다고 한다. "그 망할 공전이 나랑 무슨 관계가 있지? 지구가 태양 주위를 돈다고 했지. 달 주위를 돈다 한들 나나 내 일에는 일말의 가치도 없지 않나."

■ **분량이 적으면 실제 활용할 가능성이 커진다.**[6] 나는 이 책을 실무 최전방에서 일하는 이들을 위해 썼다. 디자이너, 개발자, 사이트 제작자, 프로젝트 관리자, 마케팅 담당자, 자금을 대는 사람, 그리고 이 모든 일을 혼자서 하는 1인 기업 사장님들 말이다.

사용성은 여러분 필생의 과업이 아니다. 사용성 때문에 두꺼운 책을 읽을 시간은 없을 것이다.

■ **모든 것을 알아야 할 필요는 없다.** 여러분에게 유용한 정보는 정해져 있다.[7]

여러 프로젝트에서 내가 이루었던 가장 가치 있는 성과는 주요 사용성 원칙을 늘 염두에 두고 있었기에 가능했다. 해야 할 것, 하지 말아야 할 것이 빼곡한 목록을 외우는 것보다는 몇 가지 원칙을 잘 이해하고 있는 편이 훨씬 더 유용하다. 그래서 이 책에는 디자인 분야 종사자가 알아야 할 핵심적인 사용성 원칙만 담기 위해 애썼다.

이 책에 없는 내용

여러분의 소중한 시간이 허비되지 않도록 이 책에 없는 몇 가지를 미리 알려주고자 한다.

■ **절대적인 사용성 원칙.** 나는 이 분야의 일을 꽤 오래 해왔다. 그간 깨달은 진실 중 하나는 수많은 사용성 관련 질문을 한방에 잠재우는 단 하나의 '옳은' 대답은 존재하지 않는다는 것이다. 디자인은 복잡한 작업이다. 사람들이 내게 문의한 내용에 대한 대답은 거의 "그때그때 달라요."였다. 다만, 마음에 새기고 있으면 도움이 되는 유용한 원칙은 몇 가지 존재한다고 생각한다. 그래서 그런 길잡이가 될 만한 원칙을 이 책에서 소개하려 한다.

■ **기술과 웹의 미래에 대한 예측.** 솔직히 말해 여러분이나 나 모르기는 마찬가지다. 확실한 건 (a) 내가 들은 예측 대부분이 확실히 틀렸다는 것,

(b) 나중에 중요한 역할을 담당할 것들은 보통 생각지 못한 모습으로 나타난다는 것이다. 지난 후에 돌이켜 생각하면 이렇게 분명한 것을 어떻게 몰랐을까 싶겠지만 말이다.

■ **디자인이 잘못된 사이트나 앱에 대한 비방.** 약점을 놀리는 재미를 기대하는 분에게는 이 책을 권하지 않겠다. 웹 사이트나 앱을 훌륭하게 디자인하고 만들고 유지하는 건 매우 어려운 일이다. 골프와 비슷하다고 보면 된다. 홀에 공을 넣을 방법은 몇 가지 안 되지만 홀에 넣지 않을 방법은 수백만 가지나 된다. 그 중 절반이라도 제대로 하는 분에게는 찬사를 아끼지 않을 것이다.

따라서 이 책에는 가벼운 약점을 지닌 훌륭한 제품들이 예로 등장할 것이다. 나쁜 디자인보다 좋은 디자인을 볼 때 더 많이 배울 수 있다고 생각하기 때문이다.

모바일 부분 추가!

개정판을 집필하면서 직면한 딜레마 중 하나는 이 책이 사용성이 뛰어난 웹 사이트 디자인에 대한 책이었다는 점이다. 이 책에 기재된 원칙은 선거 개표기, 기표소, 파워포인트 프레젠테이션을 포함해 인간과 상호작용하는 모든 사물 디자인에 적용할 수 있기는 하다. 하지만 이 책은 명백히 웹 디자인에 초점을 맞추고 있으며 모든 예도 웹 사이트에서 왔다. 얼마 전까지만 해도 웹 분야 종사자가 대부분이었기 때문이다.

하지만 이제는 모바일 앱을 디자인하는 사람들이 많아졌다. 웹 사이트 관련 분야 종사자들도 자신이 작업한 사이트의 모바일 버전을 만들어야 하는 경우가 많다. 그래서 최근에는 사람들이 이러한 원칙이 모바일에 어떻게 적용될지 관심을 보인다는 사실을 나도 알고 있다.

그래서 세 가지 작업을 했다.

- 필요한 부분에 모바일 관련 예를 포함시켰다.
- 모바일에 국한된 사용성 문제를 다루는 장을 추가했다.
- 가장 중요한 부분은 표지상 부제에 '모바일'이라는 단어를 추가했다는 점이다.

보면 알겠지만 '웹 사이트'라고 썼던 부분을 '웹 사이트와 모바일 앱'이라고 고친 부분들이 있다. 그렇게 수정했을 때 의미가 더 명확해지는 경우에만 그렇게 했다. 하지만 복잡하다는 느낌이 들거나 집중력이 분산되는 일이 없도록 단어 선택은 거의 웹 위주로 했다.

시작하기 전 마지막 한 가지

한 가지 정말 중요한 부분이 남았다. 사용성이라는 말을 어떻게 정의하느냐 하는 문제다.

   사용성은 다양하게 정의되는데 사용성에 속하는 특성으로 거론되는 항목은 다음과 같다.

- **유용성**: 사람들이 필요로 하는 일을 하는가?
- **학습 용이성**: 사람들이 사용법을 알아볼 수 있는가?
- **기억 용이성**: 사용할 때마다 사용법을 다시 익혀야 하는가?
- **유효성**: 맡은 임무를 완수하는가?
- **효율성**: 작업을 수행하는데 드는 시간과 노력의 양은 합리적인 수준인가?
- **호감도**: 사람들이 이것을 갖고 싶어 하겠는가?

그리고 최근에는 이런 항목마저 더해졌다.

- **재미**: 사용할 때 즐겁거나 재미있다고 느끼는가?

이 부분에 대해서는 뒤에서 다시 논할 것이다. 하지만 정의의 핵심은 매우 단순하게 정리할 수 있다. 웹 사이트든 리모컨이든 회전문이든 무엇이든지 사용성이 뛰어나다는 것은 나에게 있어 다음과 같은 의미다.

평범한 혹은 평균 이하의 능력과 경험을 가진 사람이 어떤 사물을 사용해서 무엇인가 하려고 할 때 사용법을 스스로 알아낼 수 있다. 단 투입한 수고에 비해 얻은 가치가 더 커야 한다.

내 말을 믿어도 좋다. 정말 이렇게 단순하다.
이 책이 더 좋은 제품을 만드는 데 도움이 되길 바란다. 기왕이면 디자인을 두고 벌어지는 끝없는 논쟁의 횟수를 단 몇 번이라도 줄이는 데 도움이 되면 좋겠다. 그리고 가끔은 여러분이 일찍 퇴근해서 식구들과 함께 저녁 식사를 하는 데 도움이 된다면 더할 나위 없이 좋겠다.

1

사용자를 고민에 빠뜨리지 마라!

스티브 크룩의
사용성 제1원칙

> 마이클, 커튼이 왜 열려 있는 거죠?
> -영화 '대부 2' 중, 케이 코를레오네 Kay Corleone

나는 종종 이런 질문을 받는다.

"편리하게 쓸 수 있는 사이트나 앱을 만들기 위해 제가 해야 할 가장 중요한 일은 무엇인가요?"

답은 간단하다. "두 번 이상 클릭하게 하지 않는 것이 가장 중요해요.", "사용자의 언어로 이야기하세요.", "일관성을 유지하세요."라는 말처럼 복잡하지 않다.

그 답은 바로…

사용자를 고민에 빠뜨리지 마라!

내가 기억하는 한 사용성 첫 번째 원칙으로 난 늘 이 문장을 이야기했다.

이 원칙을 최우선으로 여겨라. 디자인이 걱절했는지 결정하는 최종 승부는 바로 이 지점에서 난다. 단 하나의 사용성 원칙을 기억할 생각이라면 이 원칙을 택하라.

이 말은 웹 페이지를 최대한 자명하게 만들어야 한다는 뜻이다. 설명이 없어도 보자마자 알 수 있게끔 말이다.

어디에 쓰이는 제품인지, 사용 방법은 어떠한지 고민하지 않고도 딱 보면 눈치 챌 수 있어야 한다.

그런데 자명하다면 어느 정도 수준을 말하는 것일까?

충분히 자명해야 한다고 해두자. 예를 들어 여러분이 만든 사이트에 담긴 내용에 전혀 관심이 없고 최근에 브라우저의 뒤로 가기 버튼 사용법을 배웠다고 좋아할 정도로 웹 관련 지식이 전혀 없는 지인이 있다고 가정해보자. 그 사람이 여러분의 홈페이지를 보고 "이게 ___구나."라고 할 수 있는 수준이라면 충분히 자명하다고 할 수 있다. 물론 이 말 뒤에 "좋네요!"라고 덧붙일 정도라면 금상첨화일 것이다. 하지만 그 부분은 다른 주제에 속하는 내용이므로 여기서는 다루지 않도록 하겠다.

이렇게 생각해보라.

고민할 필요가 없는 페이지를 볼 때는 내 머리 위로 이런 말풍선이 떠오른다. "좋아. ___는 여기 있군. 그리고 이건 ___이고. 내가 찾는 건 저기 있구나."

고민할 필요가 없을 때

고민해야만 이해할 수 있는 페이지를 볼 때면 머리 위 모든 말풍선에 물음표가 들어간다.

고민해야 할 때

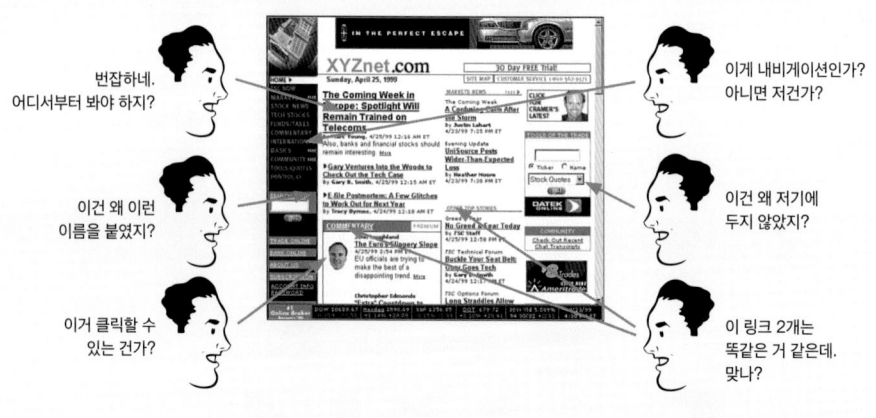

사이트를 만들 때는 이런 물음표가 사라지게 해야 한다.

사용자는 이럴 때 고민한다

웹 페이지에 있는 온갖 요소는 사용자가 작업을 멈추고 불필요한 생각에 빠지게 하는 원인이 될 수 있다. 메뉴 이름을 예로 들어보자. 흔히 귀엽고 참신한 이름, 마케팅에서 비롯된 이름, 특정 회사에서만 사용하는 이름, 익숙하지 않은 기술적인 이름들이 이런 문제를 일으키는 주범이다.

    일례로 친구가 XYZ사에서 여러분의 경력과 일치하는 자격 요건을 갖춘 직원을 고용한다는 소식을 전해주었다고 가정해보자. 그러면 XYZ사의 웹 사이트에 접속한 여러분은 구인 목록 페이지로 연결되는 링크를 찾기 위해 페이지를 훑어볼 것이다.

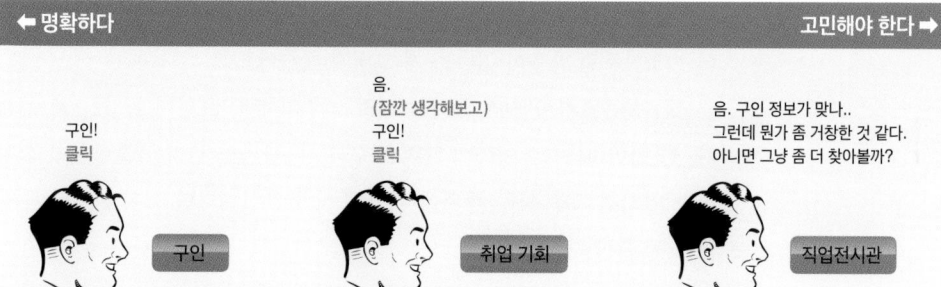

이러한 요소는 늘 '누구나 알아볼 수 있음', '전혀 이해할 수 없음', 이 두 극단 사이 어디엔가 존재한다는 것을 기억하기 바란다. 그리고 이런 문제에는 트레이드오프가 수반되기 마련이다.

XYZ사가 '구인'이라는 말을 쓰지 않은 이유는 여러 가지가 있을 수 있다. 그 단어는 품격이 떨어진다고 여겼을 수도, 복잡한 사내 정치 문제 때문에 '직업전시관'이라는 단어를 꼭 사용해야 했을 수도 있다. 아니면 사보에 늘 그렇게 실렸기 때문에 선택의 여지가 없었을 수도 있다.[1] 내가 말하고자 하는 핵심은 '구인'이란 단어를 사용하지 않았을 때 사이트의 명확성이 여러분의 예상보다 훨씬 떨어진다는 점이다.

클릭 가능 여부를 알아보기 어려운 링크와 버튼도 사용자를 고민에 빠뜨리는 또 다른 원흉이다. 사용자가 찰나의 순간이라도 클릭 여부를 고민하는 데 쓰게 하지 마라.

[1] 핑계 없는 무덤 없듯 모든 사용성 결함에는 늘 그럴듯한 이유가 있다. 설령 잘못된 결론에 이르렀다 한들 애초의 의도는 좋았을 것이다.

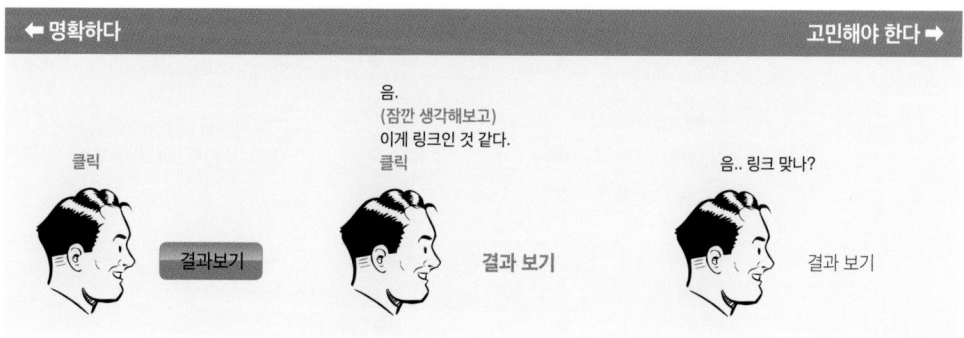

여러분은 이렇게 생각할지 모른다. "그게 그렇게 중요한가? 클릭하거나 탭했는데 아무런 반응이 없다는 게 그렇게 대수야?"

모든 물음표가 인지적 부하를 더하는 주의 분산 요인이 된다는 게 문제다. 한 번일 때는 그 영향이 가벼울 수 있다. 하지만 무엇을 클릭할지 결정하는 일처럼 자주 하는 행위에 매번 주의가 분산된다면 모여서 커다란 결함이 될 수 있다.

일반적으로 사람들은 사용 방법을 알아내기 위해 고민하고 싶어 하지 않는다. 도전 자체를 즐기기 위해 재미로 하는 활동이라면 예외가 될 수도 있다. 하지만 근처에 있는 세탁소가 몇 시에 문을 닫는지 확인하고 있다면 얘기가 달라진다. 명확하고 쉽게 만들기 위해 노력을 기울인 흔적이 없는 사이트를 방문하면 사이트뿐 아니라 사이트를 만든 회사에 대한 신뢰도 줄어든다.

일상적인 작업의 또 다른 예로 비행기 예약을 들어보자.

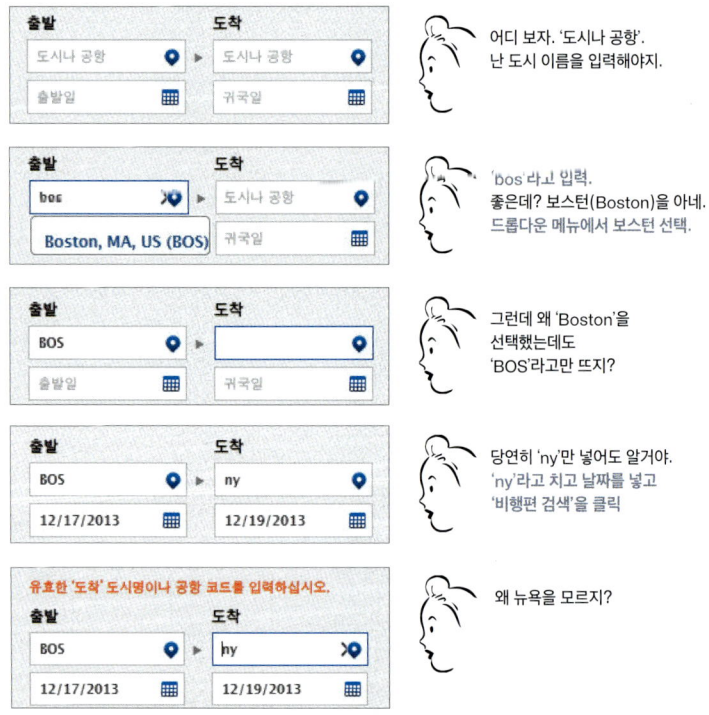

맞다. 이러한 '마음속 목소리'가 들리는 건 찰나의 순간에 불과하다. 하지만 이런 경험이 반복되면 꽤 성가신 존재가 된다. 그리고 마지막에는 영문 모를 에러가 발생한다.

사용자가 입력한 내용에 합리적으로 반응하는 사이트도 존재한다. 이런 사이트에서는 문제가 거의 발생하지 않는다.

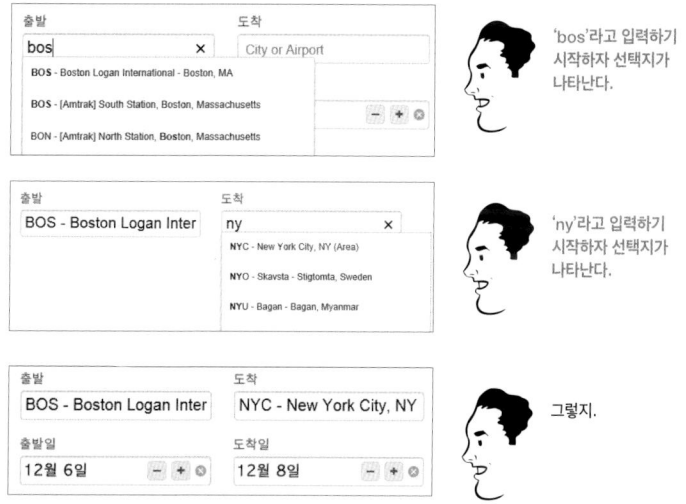

물음표가 없다. 마음속 목소리가 없다. 에러도 없다.

사용자를 고민에 빠뜨리지 않도록 주의해야 할 항목은 이 외에도 수십 개는 된다.

- 내가 지금 어디 있는 거지?
- 어디서 시작해야 하지?
- _____를 어디에 입력해야 하지?
- 이 페이지에서 무엇이 가장 중요하지?
- 왜 여기에 이런 이름을 붙였지?
- 이건 사이트에서 올린 거야? 광고야?

기존의 해야 할 일만으로도 버거울 텐데 그렇다고 디자인 체크리스트에 새로운 항목을 더하지는 마라. 물음표를 없애야 한다는 기본 원칙을 이해하는 게 중요하다. 이 원칙을 이해하면 여러분이 이용하는 사이트와 앱에서 사용자를 고민에 빠뜨리는 요소들이 눈에 들어올 것이다. 그리고 결국 여러분이 제품을 만들 때 그러한 요소를 인식하고 피하는 요령도 익히게 될 것이다.

모든 것을 자명하게 만들 수는 없다

여러분은 각 페이지나 화면을 자명하게 만드는 것을 목표로 해야 한다. 그래서 보기만 해도 평균 사용자[2]가 그것이 무엇인지 그리고 어떻게 사용하는지 알 수 있어야 한다. 다시 말해 평균 사용자가 고민하지 않더라도 딱 보면 알 수 있어야 한다는 뜻이다.

하지만 획기적이고 독창적인 작업을 한다거나 태생적으로 복잡한 작업을 할 때에는 설명이 필요 없는 수준 정도로 만족해야 할 수도 있다. 설명이 필요 없다는 말은 약간만 생각하면 금세 알아챌 수 있다는 뜻이다. 정말 약간이어야 한다. 사물의 외형(크기, 색상, 배치 등), 세심하게 고른 이름, 주의 깊게 작성한 설명을 종합해서 수월하게 이해할 수 있게 해야 한다.

원칙은 이렇다. 명백하게 만들기 어렵다면 최소한 설명을 추가할 필요는 없을 정도로 만들어야 한다.

웹 사이트를 명확하게 만들어야 하는 이유는 무엇인가?

희한하게도 사람들은 진짜 이유에 대해 잘 언급하지 않는다. 그 대신 사람들은 보통 이런 이유를 댄다.

---

2 진짜 평균 사용자는 제네바에 있는 국제 도량형국 금고에 용접 밀봉 상태로 꼭꼭 숨겨져 있다. '평균 사용자'에 대한 논의는 뒤에서 다시 이어가도록 하겠다.

> 인터넷 분야에서는 클릭 하나에 승패가 좌우됩니다. 사용자는 답답하다고 느끼면 바로 다른 사이트로 가버리죠.

인터넷 분야의 경쟁이 치열하다는 것은 사실이다. 모바일 앱 분야는 특히 더욱 치열하다. 비슷한 수준의 매력을 지닌 대체품이 수도 없이 존재한다. 게다가 갈아타는 비용은 무료이거나 유료라고 해도 99센트 정도이므로 거의 없다고 봐도 무방하다.

그러나 사람들이 늘 변덕스럽다는 건 사실이 아니다. 예를 들어보자.

- 다른 선택지가 없다면 계속 사용할 수밖에 없다. 회사 인트라넷, 주거래 은행 모바일 앱, 여러분의 마음에 꼭 드는 등나무 제품을 파는 유일한 사이트 등이 여기에 속한다.
- 답답한 사이트에서 오래 버티는 사람이 뜻밖에 많다. 때론 사이트 말고 본인을 탓하기도 한다. 그리고 "버스를 기다리는데 벌써 10분이나 지났다고. 조금 더 버텨보겠어." 이와 비슷한 마음이 드는 경우도 많다.
- 게다가 대체품을 찾는 일이 덜 답답할 거라고 누가 장담하겠는가?

그러면 진짜 이유는?

모든 페이지나 화면을 자명하게 만드는 일은 가게에 적절한 조명을 다는 일에 비유할 수 있다. 조명이 적절하면 모든 것이 더 좋아 보인다. 사소한 부분에 대해 고민하지 않아도 되는 사이트에서는 힘들다는 느낌이 들지 않는다. 반면 별로 중요하지도 않은 부분에 대해 고민하게 하는 사이트에서는 에너지, 열정, 시간이 통째로 낭비되고 있는 듯한 느낌이 든다.

하지만 사용자를 고민하게 하면 안 되는 진짜 이유는 따로 있다. 다음 장에서는 사용자가 웹을 실제로 사용하는 방식을 들여다볼 예정인데 그

답은 거기서 찾을 수 있다. 알고 보면 사람들은 여러분이 만든 페이지를 보는데 우리 상상보다 훨씬 더 적은 시간을 소비한다. 그게 진짜 이유다.

그러므로 효과적인 웹 페이지를 만들려면 사용자가 마법처럼 사용 방법을 한눈에 알아볼 수 있어야 한다. 그렇게 하려면 자명하게 이해되는 페이지, 아니면 최소한 설명이 없어도 이해할 수 있는 페이지를 만들면 된다.

2
___

우리가 실제 웹을
사용하는 방법

___

훑어보기, 만족하기,
임기응변하기

문제: 찾던 물건이 항상 마지막으로 간 장소에서 발견되는 이유는 무엇일까요?
답: 발견하자마자 찾기를 멈추기 때문이죠!
- 아이들이 내는 수수께끼

사용자가 웹을 사용하는 모습을 관찰하며 깨달은 가장 충격적인 사실은 이들의 실제 웹 사용법이 예상을 크게 벗어난다는 점이다.

사이트 제작자는 사용자가 페이지를 구석구석 세심히 보리라 생각한다. 자신이 신중히 선별해 올린 본문을 주의 깊게 읽고 페이지 구성 방식을 이해한 후에 선택지를 꼼꼼히 비교해서 클릭할 링크를 고를 것이라고 말이다.

사실 사용자는 각 페이지를 대충대충 보고 본문 일부를 훑다가 흥미를 끄는 부분이나 애초에 찾던 내용과 조금이라도 비슷한 내용이 눈에 띄는 즉시 클릭한다. 이 정도 수준은 그나마도 운이 좀 따라주는 경우에 해당한다.

제작자는 사이트가 '훌륭한 작품'이 되기를, 아니면 적어도 '제품 안내책자' 정도는 되기를 꿈꾸지만, 사용자는 우리가 만든 페이지를 '시속 95km로 달리는 차 안에서 보는 광고판'에 가깝다고 인식한다.

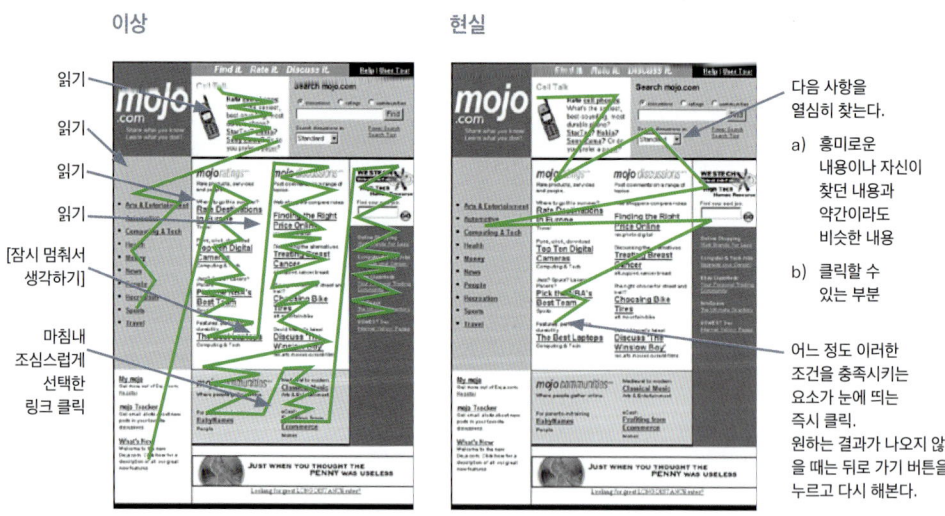

여러분이 예상하다시피 현실은 이보다 조금 더 복잡하다. 페이지의 종류나 사용자가 하려는 작업의 종류, 사용자가 얼마나 서둘러 작업을 마쳐야 하느냐 등의 요인에 따라 결과가 달라지기 때문이다. 하지만 지나치게 단순화한 듯 보이는 이 관점이 여러분의 생각보다는 현실에 더 가깝다.

사람은 누구나 본인이 질서정연하고 합리적인 방식으로 행동한다고 착각하며 살아간다. 그리고 다른 사람들도 자신과 똑같은 방식으로 웹을 사용하리라고 생각한다. 그러니 웹 페이지를 디자인할 때 합리적이고 조심성 있는 사용자를 상상하는 것은 어찌 보면 당연한 일이다.

하지만 웹 페이지를 효과적으로 디자인하고 싶다면 현실 세계의 사람들이 웹을 사용하는 방식에 대한 세 가지 진실을 짚고 넘어갈 필요가 있다.

첫 번째 진실:
사용자는 웹 페이지를 읽지 않는다
훑어본다

사용자는 웹 페이지를 읽는 데 대체로 매우 적은 시간을 할애한다. 이러한 사실은 문서 정리가 잘 이루어진 몇 안 되는 웹 사용 관련 진실 중 하나다. 사용자는 읽지 않고 시선을 사로잡을 단어나 문구를 찾으며 대강 훑어본다.

물론 뉴스나 보고서, 제품 설명서처럼 사용자가 읽을 만한 문서가 포함된 예외적인 페이지도 존재한다. 하지만 그 페이지에서도 사용자는 읽기와 훑기를 번갈아 하곤 한다.

훑어보는 이유는 무엇인가?

- **웹은 도구에 불과하다.** 웹은 보통 다른 업무를 완수하기 위한 도구로 사용된다. 그리고 마쳐야 하는 업무 중에는 속도가 관건인 것들도 많다. 상어는 끊임없이 움직이지 않으면 죽는다. 웹 사용자는 상어처럼 행동하는 경향이 있다. 필요 이상의 것을 읽을 시간이 없기 때문이다.

- **모든 것을 읽을 필요가 없다.** 사용자가 관심을 기울이는 내용은 페이지

일부에 지나지 않는 경우가 많다. 사용자는 자신의 관심을 끌 만한 요소나 진행 중인 작업과 연관성이 있는 요소를 찾고 있으므로 나머지는 필요 없는 내용이다. 관련 있는 요소를 찾기 위해 훑어보는 것이다.

■ **사용자는 훑어보기에 익숙하다.** 글 읽는 방법을 익힐 때 훑어보는 방법도 함께 배운다. 뉴스, 잡지, 책도 이렇게 훑어보곤 한다. 25세 이하의 사용자에게는 레딧reddit, 텀블러Tumblr, 페이스북Facebook도 그렇게 훑어보는 대상일 것이다. 사용자는 관심 있는 부분을 찾아내는 일을 평생 익숙하게 사용해왔고 그 방식이 효과적이라는 사실도 잘 안다.

게리 라슨Gary Larson은 자신의 대표작인 한 컷짜리 만화 「파 사이드Far Side」에서 사람들이 개에게 하는 말과 개가 듣는 말이 어떻게 다른지 보여준 적이 있다. 훑어보기의 순수한 효과는 이와 비슷하다. 만화에 등장한 진저Ginger라는 개는 주인의 말에 열심히 귀를 기울인다. 주인은 진저에게 쓰레기 근처에 가지 말라고 엄포를 놓는다. 하지만 진저의 귀에 주인의 말은 "어쩌고저쩌고 진저! 어쩌고저쩌고 진저! 어쩌고저쩌고."라고 들린다.

사용자 페이지에서 무엇을 보는지는 사용자가 무슨 생각을 하느냐에 달려 있다. 그리고 보통 그 범위는 페이지 일부에 그친다.

디자이너가 만든 내용

사용자가 보는 내용

 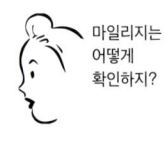

사용자도 진저처럼 (a) 진행 중인 작업이나 (b) 현재 본인이 관심을 기울이는 분야와 연관된 단어나 구절에 집중하는 경향이 있다. 그리고 물론 (c) 본인의 이름이나 '무료', '세일', '섹스'처럼 신경계에 각인된 단어도 이들이 집중하는 단어 목록에 포함된다.

두 번째 진실:
사용자는 최선의 선택을 하지 않는다
최소 조건만 충족되면 만족한다

웹 페이지 디자이너는 사용자가 페이지를 훑은 후에 가능한 모든 선택지를 두고 고민한 끝에 최선의 안을 고를 것으로 추정하곤 한다.

하지만 최선의 안을 고르는 사용자는 거의 없다. 합리적이라고 생각되는 첫 번째 안을 선택하는 사용자가 대부분이다. 이러한 선택 전략은 '만족하기satisficing'[1]라고 불린다.

게리 클라인Gary Klein의 저서 『Sources of Power: How People Make Decisions』을 읽기 전까지는 '만족하기' 전략을 몇 년간 보면서도 그 중요성을 명확히 이해하지 못했었다.

클라인은 여러 해 동안 자연스러운 의사결정 방식에 대해 연구했다. 연구 대상은 소방관, 비행사, 체스 게임 전문가, 원자력 발전소 직원이었으며 이들이 시간의 압박, 불투명한 목표, 제한된 정보, 변화하는 상황에서 막중한 책임이 따르는 의사결정을 어떤 방식으로 내리는지 관찰했다.

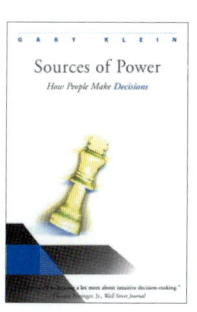

클라인이 꾸린 관찰 팀의 첫 번째 연구는 난관에 부닥친 사람이 통념상 합리적 의사결정 모델이라 인정되는 방식을 따르리라는 가정하에 진행됐다. 여기서 말하는 합리적 의사결정 모델이란 정보를 수집하고 그중 실행 가능한 선택지를 구별한 후 최고의 해법을 선택하는 일련의 절차를 가리킨다. 그리고 실험 대상으로는 화재 현장의 소방대장을 선

1 경제학자인 허버트 사이먼(Herbert Simon)이 『Models of Man: Social and Rational』(1957, Wiley)에서 'satisfying(흡족하다)'과 'sufficing(충분하다)'을 결합해서 만든 용어이다.

택했다. 소방대장은 위험성이 높고 극한의 시간적 압박을 받는 상황에 놓인다. 그래서 그들은 소방대장이 선택지 두 개만 비교한 후 그중 안전한 쪽으로 선택할 것으로 생각했다.

그러나 소방대장은 하나도 비교하지 않았다. 그들은 머리에 떠오른 첫 번째 합리적인 계획을 채택한 후 그 계획에서 발생할 가능성이 있는 문제에 대해 머릿속에서 빠르게 검토해보았다. 문제가 발견되지 않으면 바로 행동으로 옮겼다.

그러면 사용자가 최고의 선택지를 찾지 않는 이유는 무엇인가?

- **사용자는 보통 시간에 쫓긴다.** 클라인이 지적했듯이 "최적의 선택을 하는 일은 시간이 오래 걸리는 어려운 작업이다. 만족하기가 효율성이 더 높다."
- **추측이 틀렸을 때 발생하는 불이익이 별로 없다.** 화재 진압과 달리 웹 사이트상에서는 잘못된 추측을 하더라도 뒤로가기 버튼을 한두 번 누르는 정도의 불편만 감수하면 되므로 만족하기가 효과적이다. 그래서 뒤로가기 버튼이 웹브라우저상에서 가장 자주 사용되는 것이다.
- **선택지를 비교하더라도 결과가 나아지리라는 보장이 없다.** 디자인이 엉망인 사이트라면 최고의 선택지를 찾기 위해 아무리 노력을 기울여도 별 의미가 없다. 첫 번째 떠오른 안을 선택하더라도 결과에는 큰 차이가 없고 예상이 틀렸다 하더라도 뒤로가기 버튼을 누르면 그만이다.
- **추측하는 게 더 재미있다.** 추측은 선택지 비교보다 수고가 적게 드는데다 추측이 맞으면 작업 시간도 단축된다. 그리고 추측을 하면 운이라는 요소가 개입된다. 운에는 행운을 만날 수 있다는 기분 좋은 가능성도 내포된다.

세 번째 진실:
사용자는 작동방식까지 이해하려 하지 않는다
적당히 임기응변한다

웹 사이트, 소프트웨어, 가전기기 등 종류를 막론하고 무엇을 대상으로 하든 사용성 평가를 해보면 작동 방식을 모르거나 완전히 반대로 이해한 사용자도 그 제품을 어느 정도 사용한다는 사실을 알 수 있다.

새로운 기술을 접했을 때 설명서를 읽어보는 사용자는 극소수에 지나지 않는다. 대부분은 임기응변으로 위기를 적당히 모면하면서 처한 상황을 빠르게 헤쳐 나간다. 본인이 선택한 방법이 옳은 이유에 대한 핑계를 적당히 만들어 가면서 말이다.

이러한 상황을 보면 나는 『왕자와 거지』의 마지막 장면이 가끔 떠오른다. 진짜 왕자는 자기가 없는 동안 자신을 꼭 빼닮은 거지가 영국의 옥새를 호두까기로 사용했다는 사실을 알게 된다. 거지 눈에는 옥새가 커다랗고 무거운 금속 덩어리에 지나지 않았으니 그럴 만도 했던 것이다.

그리고 한 가지 확인할 사실이 남아 있었습니다.

왕자: 톰, 그런데 한 가지 궁금한 게 있어. 옥새가 어디 있는지 어떻게 정확히 기억하고 있었지?

거지: 왕자님, 그게 옥새인지는 몰랐답니다. 하지만 매일 사용했지요. 호두까기로 제격이었거든요.

『왕자와 거지』
('Classics Illustrated' 시리즈)

그리고 사실 사람들은 이러한 방식으로 일을 처리한다. 디자이너의 의도와는 거리가 먼 방식으로 소프트웨어나 웹 사이트, 소비재를 효과적으로 사용하는 사용자를 많이 보았다.

인터넷 사용의 주요 부분을 담당하고 있는 웹브라우저를 예로 들어 보자. 웹 사이트를 만든 이들에게 웹브라우저란 웹 페이지를 볼 때 사용하는 응용 프로그램을 의미한다. 하지만 사용자에게 브라우저가 무엇인지 물어보면 놀랍게도 대다수의 사람이 "뭘 찾으려고… 검색할 때 사용하는 거."라든가 "검색 엔진 아닌가요?"

2장 우리가 실제 웹을 사용하는 방법   27

라는 대답을 한다. 직접 확인하고 싶다면 웹브라우저가 무엇인지 가족에게 물어보라. 깜짝 놀랄 만한 대답을 할지 모른다.

많은 사람이 브라우저를 사용하고 있다는 사실을 인식하지 못한 채 웹을 광범위하게 사용한다. 그들이 알고 있는 사실은 네모 칸 안에 무언가 입력하면 결과가 나온다는 정도다.[2] 그래도 아무 상관이 없다. 그런 방식으로도 인터넷을 이럭저럭 잘 쓰고 있기 때문이다.

초보자만 이러한 임기응변 일변도의 사용법을 활용하는 것은 아니다. 기술적인 상식이 풍부한 사용자도 제품의 작동 방식에 대해 놀랄 정도로 무지한 경우가 종종 있다. 마크 저커버그Mark Zuckerberg나 세르게이 브린Sergey Brin이 간혹 이러한 방식을 사용한다고 해도 그리 놀라운 일이 아니다.

왜 이러한 현상이 발생할까?

- **사용자에게 별로 중요하지 않다.** 물건을 사용하는 데 지장만 없다면 작동 방식을 이해하지 못한다 해도 아무런 문제가 없다. 이러한 현상은 지적인 능력이 부족해서라기보다 관심이 없어서 발생한다.[3]
- **사용자는 물건이 작동하기만 한다면 그 물건을 계속해서 사용하는 경향이 있다.** 작동에 문제가 없는 물건이라면 작동 상태가 아무리 나쁘다 해도 굳이 더 좋은 방법을 잘 찾지 않는다. 더 좋은 방법을 우연히 발견한다면 이야기가 달라지겠지만, 일부러 찾아보는 일은 거의 없다.

디자이너와 개발자가 사용성 평가를 처음 관찰할 때 그들의 모습을 지켜보는 건 항상 재미있다. 이들은 사용자가 매우 부적절한 항목을 클릭하는 모습을 처음 보고 깜짝 놀란다. 예컨대 자신들은 내비게이션 바에 '소프트웨어'라고 크게 쓴 버튼을 눈에 잘 띄게 넣어두었건만, 사용자는 "소프트웨어를 찾으려는 거니까 여기 있는 '저렴한 제품'부터 봐야겠다. 싼 건 좋은 거니까."라는 말을 중얼거리기 때문이다. 마지막에 사용자가 본인이 원하던 것을 찾아내더라도 이를 관찰하던 사람들은 이 상황을 두고 좋아해도 되는 건지 혼란에 휩싸인다.

---

2 옆에 '구글'이라고 쓰인 네모 칸을 보통 가리킨다. 구글이 인터넷이라고 생각하는 이들이 많기 때문이다.

3 웹 개발자는 물건의 작동 방식에 매우 관심이 많은 경우가 대부분이므로 다른 사람들이 이렇게 생각하는 것을 이해하지 못하거나 믿기 어려워하는 경우가 많다.

이러한 상황이 또 발생하면 관찰하던 이들은 소리를 지르기 시작한다. "'소프트웨어'를 클릭하라고!" 그리고 세 번째쯤 되면 이렇게 바뀐다. "신경 써봐야 뭐해."

사용자는 어차피 그렇게 임기응변으로 제품을 사용하는 데 사용자가 '딱 보면 알도록 만드는 게 진짜 중요할까?' 좋은 질문이다. 답은 '무척 중요하다'이다. 운이 좋으면 임기응변 방식이 잘 들어맞을 때도 있다. 그러나 비효율적이고 오류가 발생하는 경우가 훨씬 더 많기 때문이다.

그래도 사용자가 딱 보고 알만한 사이트를 만든다면,

- 사용자가 찾던 것을 쉽게 발견할 가능성이 커진다. 그 편이 사용자에게나 여러분에게나 좋다.
- 여러분의 사이트에 우연히 방문한 사용자가 자신에게 필요한 정보를 찾는데 그치지 않고 사이트에서 제공하는 모든 내용을 이해할 가능성이 커진다.
- 사용자에게 노출되기를 바라는 콘텐츠 쪽으로 사용자를 유도할 가능성이 커진다.
- 사용자는 스스로 똑똑하다고 느끼게 되는 사이트, 막힘없이 척척 쓸 수 있는 사이트의 단골이 된다. 사용자는 이렇게 지적 자신감을 심어주는 사이트를 만나면 임기응변으로 쓰던 사이트를 떠난다.

피할 수 없다면…

웹 사용자와 그들의 웹 사용 방식에 대한 비판적인 설명을 접한 지금, 이런 생각이 드는 분도 있을지 모르겠다. "그냥 동네 편의점에서 아르바이트나 할 걸 그랬나. 거기서는 노력하면 알아주기라도 할 텐데."

그래서 그냥 포기할 생각인가?

사실 답은 간단하다. 사용자가 여러분이 하는 일을 광고판 디자인이라 생각한다면 광고판을 아주 훌륭하게 디자인하면 된다.

3

광고판 디자인 첫걸음

훑어보기 좋은 디자인

어떤 / 브랜드의 / 광고인지 / 아직 모르시겠죠? /
조금 더 / 와보세요 / 이 광고의 주인공은 / 버마 쉐이브!
- 도로변에 차례로 세운 광고판에 담긴 내용, 약 1935년경

사용자가 스치듯 지나간다는 사실을 알게 되었으니 그들이 알아야 할 내용 혹은 여러분이 그들에게 알려주었으면 하는 내용을 최대한 많이 전달하고 이해시키기 위해 여러분이 꼭 해야 할 몇 가지 중요한 사항을 알려주겠다.

- 관례를 이용하라
- 시각적 계층구조를 효과적으로 구성하라
- 페이지의 구역을 또렷하게 구분하라
- 클릭할 수 있는 요소를 명확히 표시하라
- 주의를 흩뜨릴 만한 요소를 없애라
- 내용을 훑어보기 좋은 방식으로 구성하라

관례를 이용하라

관례는 널리 사용되거나 표준화된 디자인 패턴을 가리킨다. 통용되고 있는 관례를 따르면 사용자가 내용을 빠르고 쉽게 이해하는 데 도움이 된다. 예를 들어보자.

정지

- **정지 표지판.** 정지 표지판이 날씨나 조명 상태와 관계없이 멀리서 한눈에 들어오게 하는 건 운전자의 안전을 위해 매우 중요한 문제이므로 모든 정지 표지판은 같은 형태로 제작된다. 나라에 따라 특정 요소가 조금씩 다를 수는 있지만, 세계 어디를 가나 전체적인 일관성이 잘 유지된다.

'정지'라는 단어와 관련된 관례는 특징적인 형태를 띤다. 주변 자연환경과 대조되어 눈에 매우 잘 띌 만한 색상을 사용하고 표준화된 크기, 높이, 위치를 적용한다.

- **자동차 제어 장치.** 렌터카를 쓰려고 하는데 가속 페달이 브레이크 페달 오른쪽에 없고 경적이 핸들에 없다고 상상해보라.

웹 페이지에 쓰이는 많은 관례는 지난 20년간 진화해 왔다. 그리고 관례에 대한 사용자의 기대치도 그만큼 높아졌다.

- **페이지상 항목의 위치.** 로고를 예로 들어보자. 사용자는 로고가 보통 페이지 상단 왼쪽 모서리에 있으리라 생각하며 최초의 탐색은 왼쪽 위에서 대각선 아래로 이루어진다. 적어도 왼쪽에서 오른쪽으로 글을 읽는 나라에서는 그렇다.
- **작동 방식.** 물건을 판매하는 거의 모든 사이트는 쇼핑카트 메타포를 쓴다. 그리고 지불 방법, 배송 주소 등 특정 항목에 매우 비슷한 형태를 적용한다.
- **보이는 형태.** 동영상 링크 아이콘, 검색 아이콘, SNS 공유 옵션 등 많은 요소의 외적 특징이 이미 표준화되었다.

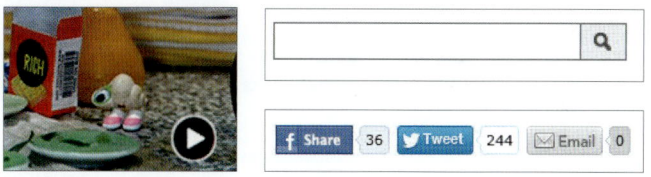

관례는 상거래, 교육, 블로그, 음식점, 영화 등 다양한 사이트에서 진화해 왔다. 그리고 같은 분야의 사이트는 비슷한 종류의 문제를 맞닥뜨리고 해결해왔다.

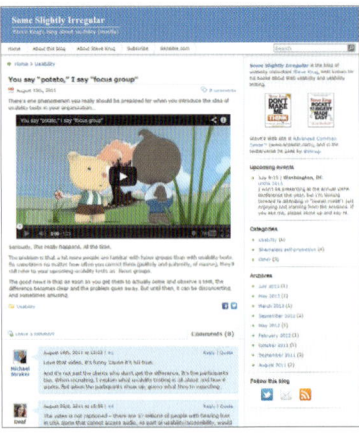

SomeSlightlyIrrregular.com

cityislandmovie.com

관례가 얼마나 도움이 되는지 증명해주길 원하는가? 그렇다면 이 페이지를 얼마나 이해할 수 있는지 확인해보라. 관례를 따르고 있다는 이유만으로 이 페이지에 있는 일본어를 한 단어도 모르는 이도 페이지의 구조를 상당 수준 이해할 수 있다.

관례는 어느 날 갑자기 생기지 않는다. 모든 관례는 누군가 낸 좋은 아이디어에서 시작되었다. 한 아이디어가 좋은 효과를 거두면 다른 사이트들이 그 아이디어를 따라 한다. 사용자들이 이 아이디어를 많은 곳에서 접하다 보면 마침내 별도의 설명 없이도 사용할 수 있는 상태에 이른다.

웹 관례가 자리를 잘 잡을수록 사용자들의 삶이 편해진다. 새로운 사이트를 갈 때마다 처음 접하는 요소가 어떤 역할을 하는지 어떤 방식으로 작동하는지 매번 이해하려고 노력할 필요가 없기 때문이다.

하지만 관례에도 한 가지 문제가 있다. 디자이너들이 종종 관례 이용을 꺼린다는 점이다.

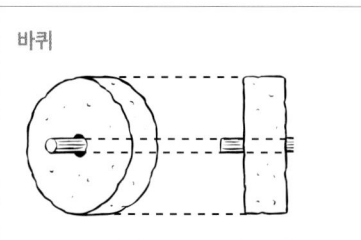

바퀴

Patent Pending 48,022 B.C., 42,639 B.C., 36,210 B.C., 30,599 B.C., 28,714 B.C., 28,001 B.C., 19,711 B.C., 15,690 B.C., 15,689 B.C., 15,675 B.C., 15,674 B.C.

관례를 따르면 사용자가 이해하기 쉬운 디자인이 완성될 가능성이 커지는 것을 알고 있다 하더라도 디자이너들은 바퀴를 재창조해야 한다는 유혹에 시달린다. 디자이너는 본인을 고용한 이유가 관례를 답습하는 데 있지 않고 무언가 새롭고 다른 것을 창조하는 데 있다고 생각하기 때문이다.

바퀴를 재창조하는데 들인 시간 덕분에 혁신적인 회전 장치가 탄생하는 때도 간혹 있다. 하지만 시간만 허비하고 원점으로 되돌아오는 때가 대부분이다.

혁신적인 결과를 내려면 대체하고자 하는 것이 지닌 가치를 이해해야 한다. (밥 딜런^{Bob Dylan}의 말을 빌리자면 '법을 떠나서 살려면 정직해야' 하기 때문이다.[1]) 하지만 관례가 주는 가치는 과소평가하기 십상이다. 주변에서 가장 흔히 볼 수 있는 예로 맞춤형 스크롤바를 들 수 있다. 디자이너들은 미관상 이유로 스크롤바의 디자인을 바꾸려 하는 때가 많다. 표준 운영체제 스크롤바는 수백 혹은 수천이나 되는 긴 시간 동안 섬세하게 조정하고 진화한 노력의 산물이다. 그래서 완전히 새로운 디자인의 스크롤바를 만들려는 디자이너들의 시도는 보통 이렇게 오랜 수고가 쌓여서 탄생한 발명품을 쉽게 뛰어넘을 수 없다는 사실을 깨달으며 끝나곤 한다.

웹 관례를 활용하지 않으려면 (a) 사람들이 별도로 익히는 수고를 하지 않아도 될 정도로 명확하거나 설명 없이도 이해할 수 있어서 관례 만큼이나 좋은 것으로 대체해야 한다. 아니면 (b) 익히는 수고를 약간 들이더라도 그만큼의 가치가 있는 것으로 대체해야 한다.

내가 추천하는 바는 이러하다. 여러분의 새로운 아이디어가 더 낫다는 것을 확신할 때 혁신하라. 하지만 그렇지 않을 때는 관례를 잘 활용하라.

내 말을 오해하지 않았으면 한다. 창의적인 의욕을 꺾으려는 의도는 전

---

1 (옮긴이) 밥 딜런의 'Absolutely Sweet Marie'라는 노래에 나온다. 원문은 'To live outside the law, you must be honest'다.

혀 없다. 혁신적이고 독창적인 웹 디자인은 나도 사랑한다.

Harlem.org 사이트는 내가 가장 좋아하는 예 중 하나다. 이 사이트는 아트 케인$^{Art Kane}$의 유명한 사진 작품을 바탕으로 만들었다. 사진에는 1957년 8월 할렘가 주택 건물 계단 앞에 앉아 있는 재즈 음악가 57명의 모습이 담겨 있다. 이 사이트는 텍스트 링크나 메뉴 대신 사진으로 사이트를 둘러볼 수 있게 했다.

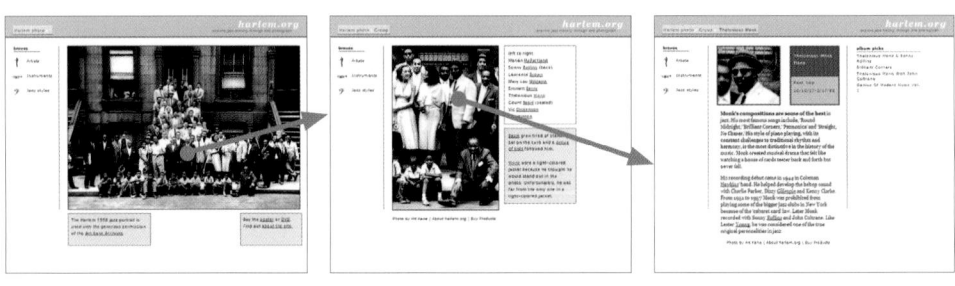

사진 일부 클릭하기   인물 식별   인물을 클릭하면 그 사람과 관련된 정보를 볼 수 있다.

획기적이고 재미있을 뿐 아니라 이해하기도 사용하기도 쉽다. 그리고 이 웹 사이트의 제작자는 시간이 지나면 재미는 반감될 수 있다는 사실도 잘 이해하고 있었다. 그래서 전통적인 카테고리 검색 방식 또한 쓸 수 있게 넣어두었다.

음악가의 이름, 악기, 재즈 스타일에 따라서 찾아볼 수 있다.

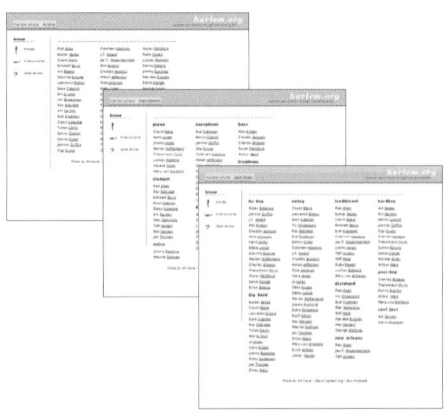

내가 경험상 내린 결론은 이러하다. 창의적이고 혁신적인 방법을 얼마든지 사용해도 좋다. 심미적인 요소도 얼마든지 넣어도 된다. 사실 그렇게 해야 마땅하다. 단, 사용자의 편의성을 확실히 보장한 상태에서 해야 한다.

그리고 마지막으로 일관성에 대해 한마디 하겠다.

여러분은 일관성이 절대적인 선인 양 언급되는 것을 자주 들었을 것이다. 디자인에 대한 토론에서 이 표현을 사용하면 쉽게 상대를 제압할 수 있다. "그건 안 돼. 일관성을 해치잖아."

사이트나 앱을 만들 때 일관성을 유지하기 위해 노력하는 것이 좋기는 하다. 내비게이션이 항상 같은 위치에 있다고 예를 들어보자. 그러면 내비게이션 때문에 고민하거나 내비게이션을 찾아다니느라 시간 낭비할 일이 없다. 하지만 경우에 따라 일관성을 약간 벗어나야만 전체적인 내용이 더 명확해지는 때도 있다.

앞으로는 다음 규칙을 마음에 새겨두라.

명료성이 일관성보다 더 중요하다

일관성을 약간 해쳐서 전체적인 명료성이 크게 증가한다면 명료성을 우선하라.

시각적 계층구조를 효과적으로 구성하라

페이지에 나타난 요소의 외형에 페이지 요소 간의 관계가 잘 드러나게 하는 것도 페이지를 빠르게 이해할 수 있도록 하는 하나의 방법이다. 무엇이 가장 중요하고 어떤 것들이 비슷하며 요소 간의 위계는 어떠한지 시각적 단서를 주는 것이다. 다시 말해 각 페이지는 시각적 계층구조를 명확히 보여주어야 한다.

시각적 계층구조가 분명한 페이지에는 세 가지 특성이 있다.

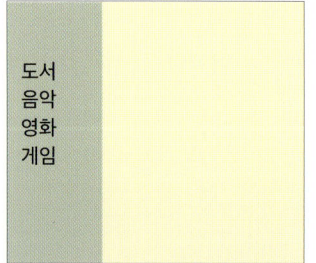

- **더 중요한 부분이 더 눈에 띈다.** 가장 중요한 요소는 크게, 두껍게 표시하거나 눈에 띄는 색을 쓰고 주변에 넓은 공간을 두어 분리하거나 페이지 맨 꼭대기에 가깝게 둔다. 아니면 이러한 시각적 요소 여러 개를 복합적으로 사용해서 눈에 띄게 한다.

- **논리적으로 연관된 요소가 시각적으로 연결되어 있다.** 비슷한 요소는 하나의 제목 아래 그룹으로 묶거나 동일한 시각적 스타일을 적용하거나 명확히 구분된 하나의 구역에 모아두라.

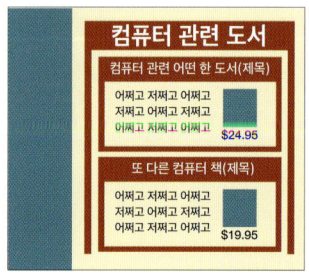

- **두 요소 간 상·하위 관계가 형성되어 있다면 이를 시각적으로도 보여준다.** '컴퓨터 관련 도서' 같은 섹션 이름은 그 섹션에 속하는 개별 도서 제목 위에 두어야 한다. 해당 도서들이 그 섹션의 일부라는 사실을 반영하는 것이다. 같은 맥락에서 각 도서 제목이 그 책에 속하는 모든 요소를 아우르게 하라.

시각적 계층구조는 새로운 개념이 아니다. 신문을 예로 들어보자. 신문의 모든 페이지는 중요도, 그룹 만들기, 상·하위 관계 보여주기 등의 방법으로 페이지에 담긴 내용에 대한 유용한 정보를 전달한다. 이런 정보는 내용을 전혀 읽지 않은 상태에서도 알 수 있다. 한 제목 아래 있는 것으로 볼 때 이 그림은 이 기사와 연결된다. 제목의 크기가 가장 크고 페이지에서 가장 중요한 위치에 배치한 것으로 볼 때 이 기사가 가장 중요하다.

제목이 네 단에 걸쳐있는 걸로 보아 아래에 있는 4개의 단이 한 기사라는 사실을 명확히 알 수 있다.

이 기사의 제목이 가장 크므로 이 기사가 가장 중요하다는 것을 한눈에 알 수 있다.

사용자는 늘 부지불식간에 시각적 계층구조를 분석한다. 분석이 매번 너무 빠르게 완료되어 인식하지 못하는 것뿐이다. 시각적 단서(혹은 이러한 단서의 부재) 때문에 고민하느라 분석이 막혔을 때만 이러한 행동을 하고 있었다는 사실을 어렴풋이 인식한다.

시각적 계층구조가 잘 구성된 사이트는 한눈에 이해하기 좋다. 내용에 우선순위를 매기고 조직화하는 작업을 미리 해둔 덕분에 사용자가 별도로 페이지를 분석할 필요가 없기 때문이다.

하지만 모든 요소가 똑같이 중요하게 보이는 사이트처럼 시각적 계층 구조가 명료하지 못한 페이지를 볼 때는 페이지를 훑어보는 처리 속도가 느려진다. 단어와 구절을 밝혀내고 중요한 내용은 무엇이며 어떤 방식으로 정리되어 있는지 이해하기 위해 훨씬 더 많은 과정을 거쳐야 하기 때문이다.

잘못된 시각적 계층구조 때문에 사이트를 나누는 4개의 메뉴가 컴퓨터 관련 도서의 하위분류처럼 보인다.

제목이 적절한 곳에 있으므로 관계가 더욱 명확히 드러난다.

3장 광고판 디자인 첫걸음 39

제목이 해당 기사와 상관없는 곳까지 이어져 있는 등 시각적 계층구조에 문제가 있는 페이지를 분석할 때는 부주의하게 구성한 문장을 읽는 듯한 느낌이 든다. 'Bill put the cat on the table for a minute because it was a little wobbly(빌이 고양이를 잠시 탁자 위에 두었다. 약간 흔들흔들했기 때문이다.)'라는 문장처럼 말이다.

이런 문장도 여러 번 읽으면 이해가 되긴 한다. 하지만 하지 않아도 되는 고민을 일시적으로나마 사용자에게 떠안기는 셈이다.

페이지의 구역을 또렷하게 구분하라

디자인이 잘 된 웹 페이지에서는 사용자가 옛날 게임쇼 $25,000 피라미드를 흉내 낼 수 있다.[2] 사이트를 둘러본 후 페이지의 각 부분을 가리키며 "이 사이트에서 내가 할 수 있는 것들!", "오늘 가장 중요한 기사 보기 링크!", "이 회사에서 파는 물건!", "이 회사에서 나에게 팔고 싶어 하는 물건!", "사이트 나머지 부분을 볼 수 있는 내비게이션!"이라고 말할 수 있다.

페이지 구역이 명확히 나뉘어 있어야 사용자가 페이지의 어떤 부분에 초점을 맞출지 어떤 부분은 마음 편히 무시할지 빠르게 결정할 수 있다. 웹 페이지를 훑어보는 사용자의 시선을 추적 연구해보면 페이지의 어떤 부분이 유용할지 한눈에 매우 빠르게 결정하는 걸 알 수 있다. 선택하지 않은 부분은 거의 거기 있지도 않은 것처럼 지나친다. 광고를 포함하고 있다고 생각되는 영역을 사용자가 철저히 무시할 수 있는 능력을 배너 맹Banner blindness이라고 하는데 이는 극단적인 예에 불과하다.

클릭할 수 있는 요소를 명확히 표시하라

다음에 클릭할 거리를 찾는 일은 사람들이 웹에서 하는 활동의 큰 부분을 차지한다. 그러므로 클릭할 수 있는 요소가 쉽게 구분되도록 디자인해야 한다.

[2] 이 게임쇼 참가자는 "렌치, 파이프 절단기, 오래 입지 못할 옷…" 등 상대가 예로 드는 단어를 듣고 "배관공이 쓰는 물건들!"처럼 제시된 물건이 속하는 카테고리를 맞혀야 했다.

사용자는 웹 페이지를 훑어볼 때 클릭할 수 있는 요소를 구분할 시각적 단서를 찾는다. 터치스크린이라면 탭 할 수 있는 요소가 될 것이다. 단서는 보통 형태(버튼, 탭), 위치(메뉴 표시줄 안), 서식(색상, 밑줄)을 통해 드러난다.³

사용법을 알려주는 외형적 단서를 찾아보는 일은 웹 페이지에만 국한되지 않는다. 돈 노먼^{Don Norman}은 최근 개정판이 출간된 사용성 관련 고전 도서, 『The Design of Everyday Things』⁴에서 이런 상황을 재미있게 설명한다. 우리는 이러한 단서를 찾기 위해 주변 환경을 끊임없이 분석한다. 문손잡이를 당겨야 하는지 밀어야 하는지 단서를 찾을 때처럼 말이다. 한번 읽어보라. 읽은 후에는 문손잡이가 완전히 다르게 보일 것이다.

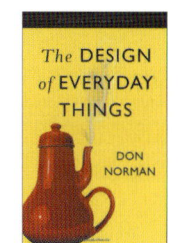

클릭할 수 있는 항목이 쉽게 구분되도록 페이지를 제작하는 문제는 웹이 시작된 이래 끈질기게 여러 사람을 괴롭힌 주제다.

---

3 사용자는 화살표 형태의 웹 브라우저 커서가 손가락으로 바뀌면 클릭할 수 있는 링크라는 사실을 알아챈다. 하지만 찬찬히 커서를 움직여봐야만 알 수 있으므로 상대적으로 느린 방법이다. 게다가 커서가 없는 터치스크린에서는 사용할 수 없는 방법이기도 하다.

4 (옮긴이) 번역서로 『디자인과 인간심리』(2001, 학지사)가 있다.

1995 — 고생대
상투적인 HTML 텍스트 링크와 버튼을 활용해서 개발자가 직접 디자인한 사이트가 많았다.

클릭할 수 있는 부분이 명확히 드러나는 대신 지루하다.

2000 — 서부시대
출판물 디자이너들은 웹에 내재한 한계(글꼴 부족, 못생긴 밑줄) 때문에 텍스트 이미지를 링크로 사용했다.

클릭할 수 있는 부분을 찾기 어려울 때가 있다.

2005 — 황금기
모든 한계를 CSS 덕분에 우아하게 극복했다.
클릭할 수 있는 모든 텍스트를 한 가지 색상으로 만든다.
못생긴 밑줄은 없어도 된다.

사용자도 이해하기 쉬운 좋은 시절이 도래했다.

최근 모바일 디자인 분야에서도 클릭할 요소를 명확히 표시하는 문제를 재조명하고 있다. 이에 대해서는 10장에서 다루도록 하겠다.

일반적으로는 모든 텍스트 링크에 한 가지 색상을 입히거나 클릭해도 된다는 걸 형태나 위치로 구분할 수 있게 하는 정도면 충분하다. 클릭할 수 없는 제목을 링크와 같은 색상으로 칠하는 어이없는 실수만 하지 않도록 주의하라.

주의를 흩뜨릴 만한 요소를 없애라

시각적 잡음$^{visual\ noise}$은 페이지 이해를 방해하는 주요 요소 중 하나다.

복잡성이나 주의 분산에 대한 허용치는 사용자마다 차이가 있다. 페이지에 잡음이 많아도 크게 신경 쓰지 않는 사람도 있긴 하다. 하지만 대부분은 짜증을 낸다. 심지어 읽으려던 페이지에 주의를 분산시키는 동영상이 있으면 접착식 메모지를 붙여서 가리는 사용자도 있다고 한다.

시각적 잡음은 세 종류로 나뉜다.

- **시끄러움.** 페이지에 있는 모든 요소가 주의를 끌기 위해 아우성을 치고 있다면 굉장한 부담으로 다가온다. 구매를 강요하는 초대장이 많고, 느낌표도 많고, 서체의 종류도 많고, 밝은 색상도 많다! 자동 슬라이드쇼, 동영상, 팝업을 비롯해 주의를 끌려는 새로운 광고 포맷은 끝도 없이 등장한다! 하지만 *모든* 요소가 중요할 리는 없다. 사용자를 안내할 시각적 계층 구조의 기준이 될 만한 가장 중요한 요소가 무엇인지 모를 때 이렇게 시끄러운 웹 사이트가 탄생한다.
- **무질서.** 도둑이 다녀간 방처럼 온갖 요소가 사방에 흩어져 있는 페이지도 있다. 페이지 요소를 기준선에 따라서 배열하지 않았을 때 이런 문제가 발생한다.
- **어수선함.** 누구나 너무 많은 내용을 담은 페이지를 본 적 있을 것이다. 특히 홈페이지에 이런 현상이 잘 발생한다. 한 번 방문했을 뿐인데 친한 친구라도 된 듯 열심히 이메일을 보내는 사이트가 간혹 있다. 어수선한 페이지를 보면 이렇게 열성적으로 연락하는 사이트들이 보낸 뉴스레터로 가득 찬 받은 편지함을 보는 것 같은 기분이 든다. 진짜 신경 써야 할 메시지

를 찾아서 집중하기 어렵다. 결국, 기술자들이 신호 대 잡음비^{signal-to-noise ratio}가 낮다고 말하는 상태에 처하게 된다. 잡음만 많고 정보는 적으므로 유용한 부분이 잡음에 가려 잘 보이지 않는다.

웹 페이지를 편집할 때 모든 것이 시각적 잡음이라고 가정하고 시작하는 편이 좋다. '결백이 증명되기까지 유죄로 추정'하는 접근법이라고 할 수 있다. 진짜 도움이 되는 부분만 남기고 나머지는 모두 없애라. 사용자의 시간과 주의력에는 한계가 있으므로 정말 중요한 부분 외에 모두 없애도록 하라.

내용을 훑어보기 좋은 방식으로 구성하라

여러분이 만든 웹 페이지에 방문한 사용자 대부분은 자신이 원하는 것을 찾기 위해 텍스트를 훑어보는 데 많은 시간을 쓴다.

훑어봐야 한다면 둘 중 어느 쪽을 선택하겠는가?

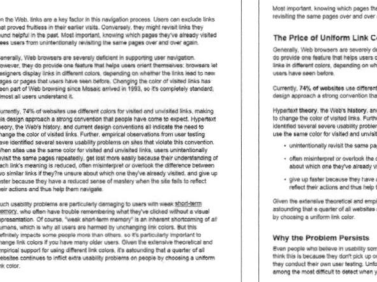
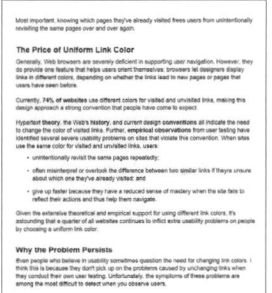

내용을 적절한 방식으로 정리해두면 사용자가 쉽게 훑어보는 데 도움이 된다.

웹 페이지를 훑어보기 좋은 방식으로 구성하기 위해 여러분이 할 수 있는 일은 다음과 같다.

■ **제목을 많이 넣어라.** 사려 깊게 잘 지은 제목이 사이사이에 있으면 페이지 내용의 개요나 표를 대신하는 역할을 한다. 사려 깊게 작성한 각 섹션

에 어떤 내용이 담겨 있는지 보여주고, 혹시 내용을 충실히 담아내지 못한 때라도 사용자의 호기심은 자극할 수 있을 것이다. 둘 중 어느 쪽이든 어떤 부분을 읽고, 훑어보고, 건너뛰어야 할지 결정하는 데 도움이 된다.

여러분의 생각보다 제목의 수를 더 늘리고 제목을 작성할 때 더 많은 노력을 들여야 한다고 보면 된다.

그리고 제목에 적절한 서식을 적용하라. 제목의 서식을 정할 때 사람들이 흔히 간과하는 두 가지 중요한 요소가 있다.

최상위 제목	최상위 제목
제목	제목
소제목	소제목
나쁜 예	좋은 예

To take a trivial example, which of us ever undertakes laborious physical exercise, except to obtain some advantage from it. **제목이 떠다니게 하지 마라** We currently have in the train comes to find fault with that produces no resultant pleasure is to be online applications.	To take a trivial example, which of us ever undertakes laborious physical exercise, except to obtain some advantage from it. **위에 공간을 더 넣고 아래는 적게 넣어라** We currently have in the train comes to find fault with that produces no resultant pleasure is to be online applications.
나쁜 예	좋은 예

제목이 여러 수준으로 나뉜다면 수준 간에 누구나 명확히 알아볼 수 있는 차이를 두라. 제목의 단계가 높아질수록 크기를 키우거나 제목 위에 더 넓은 공간을 남기면 된다.

그리고 이보다 더 중요한 건 제목이 둥둥 떠다니게 하지 않는 것이다. 앞에 나온 섹션보다 그 제목이 속하는 섹션에 더 가까이 위치하게 하라.

이러한 요소를 신경쓰지 않으면 결과가 크게 달라진다.

■ **단락의 길이를 짧게 유지하라.** 단락이 길어지면 캐롤라인 자렛[Caroline Jarrett]과 지니 레디쉬[Ginny Redish]가 '단어의 장벽[wall of words]'이라 명명한 현상[5]이 독자를 방해한다. 긴 단락을 만난 독자는 벅차다는 느낌 때문에 읽는 데

---

[5] (옮긴이) 지니 레디쉬의 저작 『Letting Go of the Words』(2007, Morgan Kaufmann)에 등장하며 많은 정보가 빽빽하게 채워져서 즉시 이해하기 어려운 단락을 가리키는 용어다.

어려움을 느낀다. 짧은 단락 여러 개를 훑어보는 것보다 긴 단락 하나를 훑어보는 것이 더 어렵다.

여러분은 단락이 주제 문장 하나, 이를 설명하는 여러 문장과 결론 문장 하나로 이루어져야 한다고 배웠을지 모른다. 하지만 온라인상에서는 다르다. 문단이 문장 하나로 구성되어도 괜찮다.

긴 단락을 읽어보면 둘로 나눌 수 있는 적당한 위치가 눈에 띄기 마련이다. 이렇게 문단 분량을 짧게 유지하는 습관을 들여 보라.

■ **불릿 목록을 사용하라.** 이렇게 생각하라. 불릿 목록으로 만들 수 있는 항목이라면 만드는 편이 좋다. 여러분이 만든 단락에 쉼표나 세미콜론으로 나눈 일련의 항목이 있는지 살펴보라. 불릿 목록으로 만들 만한 괜찮은 후보들이 몇 개 보일 것이다.

읽기 좋은 최적의 상태를 만들려면 항목 사이에 추가 공간을 약간 넣어야 한다.

나쁜 예	좋은 예
• 정보는 글 안에 그냥 나열해두는 것보다 불릿 목록으로 만들었을 때 훑어보기 쉽다. • 불릿 목록이 있으면 페이지가 시각적으로 더 흥미로워진다. • 긴 단어의 장벽처럼 사용자에게 부담을 주지 않는다.	• 정보는 글 안에 그냥 나열해두는 것보다 불릿 목록으로 만들었을 때 훑어보기 쉽다. • 불릿 목록이 있으면 페이지가 시각적으로 더 흥미로워진다. • 긴 단어의 장벽처럼 사용자에게 부담을 주지 않는다.

■ **주요 용어를 강조하라.** 페이지를 훑어볼 때 주로 찾는 것은 중요한 단어나 구절이다. 가장 중요한 단어가 본문에 처음 등장할 때 굵게 표기하면 찾기 쉬워진다. 텍스트 링크라면 자연히 서식에 차이가 생기므로 굳이 별도의 조처를 하지 않아도 된다. 하지만 너무 많은 항목을 강조하지는 마라. 너무 자주 사용하면 효과가 떨어진다.

본문을 훑어보기 쉽게 만드는 방법이나 화면상에 글을 쓸 때 일반적으로 고려해야 할 사항을 배우고 싶다면 당장 인터넷에 연결되는 기기로 달려가서 지니 레디쉬의 저서 『Letting Go of the Words』를 주문하라.

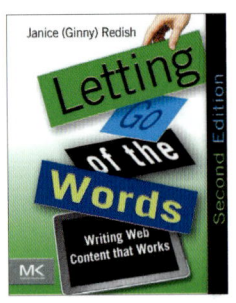
온라인상에 글을 쓰거나, 편집하거나 혹은 디지털 콘텐츠 창작과 조금이라도 관련이 있는 일을 하는 지인이 있다면 주문하는 김에 그들을 위해 한 권 더 주문하라. 그 책을 받은 사람은 아마 여러분을 평생 고마워하게 될 것이다.

4
―

동물입니까, 식물입니까,
무생물입니까?

―

사용자가 고민 없이 선택하길
좋아하는 이유

클릭 수가 늘어나는 건 괜찮다.
클릭할 때 고민할 필요만 없다면 말이다.
스티브 크룩의 사용성 제2원칙

사용자가 원하는 결과에 도달하기까지 좌절하지 않고 클릭 혹은 탭 할 수 있는 횟수는 몇 번일까를 두고 웹 디자이너와 사용성 전문가는 오랜 세월 논쟁을 벌여왔다. 심지어 사이트의 모든 페이지에 도달할 때 필요한 클릭 수가 특정 수준(보통 3, 4, 5 정도)을 절대 넘으면 안 된다고 디자인 규칙을 정해두는 경우도 있었다.

언뜻 보기에는 '목적지에 도달하기까지의 클릭 수'가 유용한 기준이 될 수도 있을 것 같았다. 하지만 시간이 지날수록 진짜 중요한 것은 원하는 페이지에 도달하기 위한 클릭 수보다 클릭 한 번에 얼마나 수고가 드느냐에 있다는 생각이 들었다. 물론 클릭 수가 지나치게 많을 때는 수고가 적게 들더라도 문제가 될 수 있지만 말이다. 여기서 말하는 수고란 내가 하는 선택이 옳은지 판단하기 위해 고민해야 하는 양, 불확실성의 정도로 측정할 수 있다.

별 고민 없이 클릭할 수 있고 본인이 옳은 방향으로 가고 있다는 확신만 꾸준히 든다면 클릭을 많이 하더라도 사용자는 크게 개의치 않는 편이다. 사용자는 흔히 '정보의 냄새scent of information'라고 부르는 자취를 따라간다.[1] 목표를 분명히 보여주는 링크는 사용자가 따라갈 수 있는 강력한 냄새를 뿜어낸다. 사용자는 그 링크를 클릭하면 자신의 '먹잇감'에 한 걸음 가까워진다는 것을 확실히 안다. 하지만 모호하거나 헷갈리는 용어를 사용한 링크는 이러한 역할을 하지 못한다.

경험상 '아무 고민 없이 할 수 있는 클릭 3번은 고민해야 하는 클릭 1번과 같다.' 정도의 결론을 내릴 수 있었다.[2]

"동물입니까, 식물입니까, 무생물입니까?"라는 질문은 스무고개를 할 때 단골로 등장하는 첫 번째 질문이다. 바로 이 문장이 고민하지 않고 답할 수 있는 질문의 대표적인 예다. 식물이나 동물에 속하지 않는 피아노, 5행

---

[1] 이 용어의 출처는 피터 피롤리(Peter Pirolli)와 스튜어트 카드(Stuart Card)가 제록스 파크(XeroxPARC)에서 진행한 'information foraging(정보 먹잇감 찾기)' 연구다. 이 연구는 정보를 찾는 인간(informavore)과 먹잇감의 냄새를 따라다니는 동물이 비슷하다는 사실을 드러냈다.

[2] 물론 예외는 있다. 한 사이트에서 같은 경로로 반복적인 검색을 해야 한다거나 페이지를 불러들이는데 시간이 오래 걸리는 경우라면 클릭 수가 적은 것이 중요해진다.

시, 치즈 케이크 등 온갖 사물이 무생물에 속한다는 전제를 받아들인다면 이 질문에는 거의 아무 고민 없이 답할 수 있다.³

안타까운 사실은 웹에서 하는 선택이 대부분 이렇게 명확하지 않다는 점이다.

최근 몇 년 사이에 겪은 일을 예로 들어보겠다. 프린터처럼 홈 오피스에서 사용할 물건과 서비스를 한창 구매하던 때가 있었다. 제조업체 웹 사이트들은 나에게 다음과 같이 수준 높은 질문을 던졌다.

3 스무고개가 어떤 놀이인지 기억나지 않는다면 www.20q.net에 가서 연습 게임을 해보라. 이 사이트는 로빈 버그너(Robin Burgener)가 신경 회로망 알고리즘을 활용해서 만들었으며 뛰어난 스무고개 게임 상대가 되어준다.

내가 원하던 게 둘 중 무엇이었을까? 나는 고민할 수밖에 없었다. 결국, 고르긴 했지만 내가 한 선택에 자신은 없었다. 사실 마지막 페이지에 뜬 내용을 보고 내가 맞는 선택을 했는지 고민이 더욱 심해졌다.

상용 반송 메일
우편 요금은 수신인이 지불합니다.

미국 내 발송 시
우표 필요 없음

이때 느끼는 기분은 상용 반송 엽서를 들고 '소인 찍은 우편물'과 '요금 별납 우편'이라고 적힌 두 개의 우체통 앞에 섰을 때 느끼는 기분과 비슷하다. 우체국은 이 우편물을 소인이 찍힌 것, 요금 별납 우편 중 어떤 것으로 분류할까? 틀린 우체통에 넣으면 어떤 일이 벌어질까?

또 다른 예를 들어보겠다.

온라인으로 기사를 읽으려고 들어간 웹 페이지에는 이렇게 많은 선택지가 놓여 있었다.

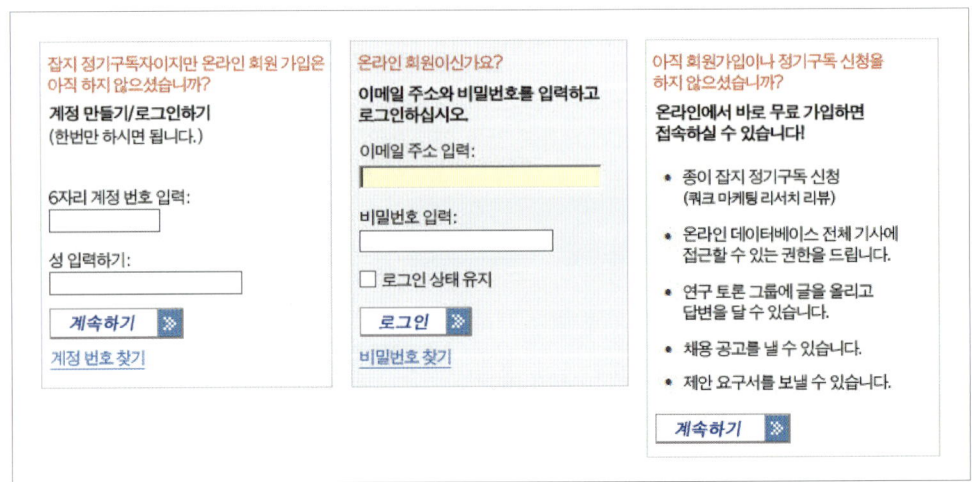

나는 글귀를 모두 훑어보고 정기구독자이지만 회원은 아닌지, 혹은 회원인지, 혹은 둘 다 아닌지 생각해보아야 했다. 그리고 내가 사용하던 계정 번호나 비밀번호를 찾아야 할지, 가입할 가치가 있는지 고민해야 했다.

이쯤 되면 나의 고민은 '이 질문에 뭐라고 답하지?'에서 '이 정도 수고를 들여야 할 정도로 꼭 읽고 싶은 기사였던가?'로 옮겨간다.

뉴욕타임스 The New York Times는 모든 세부사항을 이렇게 한꺼번에 늘어놓지 않는다. 그 덕분에 사용자는 더 쉽게 접근할 수 있다. 첫 페이지에는 로그인할지 정기구독 옵션을 고를지를 먼저 선택하게 한 후 다음 페이지에서는 선택한 내용에 관련된 질문이나 정보만 보게 한다.

사용자에게 답하기 어려운 질문이나 선택권을 주는 일은 자주 있을 뿐 아니라 그 형태도 다양하다. 캐롤라인 자렛의 저서 『Forms that Work: Designing Web Forms for Usability』는 이 문제에 한 개 장을 할애했다.

폼form[4]과 관련된 작업을 하는 사람이라면 웹에 올릴 글을 작성하는 방법에 대해 다루는 지니 레디쉬의 저서와 이 책을 잘 읽어둘 필요가 있다.

도움이 필요할 때도 있다

하지만 삶이란 그렇게 단순하지 않으므로 모든 선택이 간단할 수는 없다.

[4] (옮긴이) 'HTML 폼 태그'를 줄여 부르는 말이며 사용자가 입력한 데이터를 서버로 전송하는 영역을 가리킨다. 가입 양식이나 설문 조사 응답 페이지에 자주 등장하며 텍스트를 입력할 수 있는 박스나 체크박스 등의 형태로 나타난다.

사용자에게 고민이 필요한 선택지를 줄 수밖에 없다면 그들이 딱 필요로 할 만큼의 적절한 안내를 함께 제공하라. 지나쳐도 안 된다.
적절한 안내란 다음과 같은 특성을 띤다.

- **간결성**. 사용자에게 도움이 되는 정보를 선별해서 최소한의 양만 남기라.
- **적시성**. 사용자가 딱 필요로 할 순간에 마주칠 위치에 두라.
- **불가피성**. 반드시 놓치지 않고 볼 수 있는 포맷을 사용하라.

폼 필드 근처에 있는 팁이나 "이것은 무엇일까요?What's this?" 링크, 툴 팁이 예가 될 수 있다.

이렇게 적절한 안내를 보여주는 좋은 예가 있다. 내가 런던의 거리 모퉁이에서 발견한 것이다.

오른쪽을 가리키는 화살표와 함께 'LOOK RIGHT(오른쪽을 보시오)'라고 적혀 있다. 이는 간결성을 보여준다. 정보가 딱 필요한 순간에 시선이 닿는 위치에 있다. 이는 적시성이다. 도로변으로 내려설 때는 보통 시선이 바닥을 향한다. 이는 불가피성을 보여준다.

이 안내 신호는 차량의 흐름이 반대인 다른 나라에서 온 많은 관광객의 목숨을 살렸으리라 쉽게 추측할 수 있다. 내 목숨은 확실히 한 번 살렸기 때문이다.

사용자는 웹에서 늘 선택을 해야 하기 마련이다. 안내를 넣어야 할지 고민될 때는 여러분이 만든 사이트를 사용하기 편하게 하려고 할 때 가장 중요한 요소가, 선택을 고민 없이 할 수 있게 하는 데 있다는 점을 기억하라.

5

~~불필요한~~ 단어를
덜어내라

웹에 글 쓰는 방법

> 각 페이지에 담긴 단어의 절반을 덜어내라.
> 그리고 남은 부분에서 또 절반을 덜어내라.
> -스티브 크룩의 사용성 제3 원칙

대학에서 배운 대여섯 가지 중에 뇌리에 가장 깊게 각인된 부분이자 가장 큰 도움을 받기도 한 부분은 E. B. 화이트^{E. B. White}가 『The Elements of Style』에서 언급한 일곱 가지 글쓰기 원칙이다.

17. 불필요한 단어는 생략하라.
건강한 문체는 간결하다. 문장에 불필요한 단어가 없어야 하고 문단에는 불필요한 문장이 없어야 한다. 그림에 불필요한 선이 없어야 하고 기계에 불필요한 부품이 없어야 하는 것과 같은 이치다.[1]

1 윌리엄 스트렁크 주니어(William Strunk, Jr.), E. B. 화이트(E. B. White), 『The Elements of Style』 (1979, Allyn and Bacon).

(옮긴이) 번역서로 『영어 글쓰기의 기본』(2007, 인간희극)이 있다.

아무도 읽지 않을 텐데 단순히 자리만 차지하고 있는 단어로 가득한 웹 페이지를 보고 자주 놀라곤 한다. 사용자에게는 거기에 있는 불필요한 단어들까지 다 읽어야만 그 페이지를 이해할 수 있을 거라는 생각이 들기 때문에 그 페이지를 본 것만으로도 필요 이상의 부담을 느끼게 된다.

내가 제시한 사용성 원칙 세 번째 명제에는 불필요하게 중복된 표현이 등장한다. 일부러 그렇게 했다. 단어의 절반을 빼라는 정도가 현실적인 목표다. 웹 페이지에 있는 단어의 절반을 제거하는 일은 그리 어렵지 않다. 그렇게 해도 그 페이지의 가치는 전혀 손상되지 않는 경우가 많다. 하지만 사람들이 이 작업을 가차 없이 하기를 바라는 마음으로 남아 있는 부분에서 또 절반을 제거하라는 말을 덧붙였다.

아무도 읽지 않을 단어를 없앴을 때 얻는 몇 가지 유익한 효과가 있다.

- 페이지의 소음 수준이 낮아진다.
- 유용한 부분이 더욱 도드라진다.

- 페이지 길이가 짧아지므로 사용자는 스크롤을 내리지 않고도 한눈에 전체를 훑어볼 수 있다.

2 (옮긴이) 건강 관련 정보를 알려주는 사이트

WebMD.com[2]나 NYTimes.com의 기사가 더 짧아져야 한다는 얘기가 아니다. 길지 않아도 되는데 의미 없이 긴 글이 존재한다는 뜻에서 한 말이다.

불필요한 인사말을 빼라

불필요한 인사말은 딱 보면 안다. 방문객을 환영하며 그 사이트가 얼마나 훌륭한지 혹은 그 사이트에서 무엇을 보게 될지 알려주는 부분이다.

특정 부분이 불필요한 인사인지 아닌지 구분이 잘 되지 않을 때는 본문을 소리 내어 읽어본다. 이때 머릿속에 들리는 소리에 주의를 기울여보라. 모깃소리처럼 작은 목소리가 "어쩌고저쩌고… 어쩌고저쩌고…."라고 하는 게 들리는 부분이 불필요한 인사말이다.

이런 인사말은 흔히 형편없는 글솜씨로 자기만족을 위해 쓴 홍보용 글인 경우가 많다. 좋은 홍보용 글과 달리 이런 글에는 유용한 정보가 없다. 단순히 그 사이트가 얼마나 훌륭한지 떠드는 데 집중할 것이다.

이런 인사말은 홈페이지에도 간혹 등장한다. 섹션이 시작되는 첫 번째 페이지에 "환영합니다…"라는 말과 함께 나타나곤 한다. 이런 페이지는 제대로 된 콘텐츠 없이 링크만 나열하는 때가 많으므로 이런 인사말이라도 넣어서 채우려는 유혹에 빠지기 쉽다. 출판사가 목차 페이지에 "이 책에는 ___, ___, ___에 대해 흥미로운 내용이 많이 담겨 있습니다. 재밌게 보시길 바랍니다."라는 말로 채워야겠다고 의무감을 느끼는 것과 비슷하다.

이런 인사말은 잡담이나 다름없다. 사교적인 활동의 일환일 뿐 내용은 없다. 하지만 웹 사용자에게는 잡담할 시간이 없다. 그들은 바로 본론으로 들어가길 원한다. 그러니 이런 부분은 삭제해도 무방할 뿐 아니라 그러는 편이 더 좋다.

설명을 없애라

설명 부분에도 불필요한 단어가 잔뜩 모여 있다. '임기응변' 방식으로 탐색하며 실패를 반복하지 않는 한 설명을 읽는 사람이 없다는 사실을 꼭 기억해야 한다. 설사 읽는다 해도 설명이 장황하다면 사용자가 본인이 필요로 하는 정보를 찾을 확률은 매우 낮다.

항상 모든 내용이 자명해서 설명이 없어도 이해가 되는 수준을 목표로 하고 디자인하라. 정 어려울 때는 적어도 그러한 이상에 가능한 한 가까워지게 하라. 설명이 꼭 필요할 때는 양을 최소로 줄이도록 하라.

한 사이트가 설문조사 시작 지점에 남긴 설명을 예로 들어보겠다.

> 이 설문지는 여러분에게 필요한 내용을 이해하고 본 사이트를 개선하는 데 도움이 될 만한 정보를 얻기 위해 만들었습니다. 아래 드롭다운 메뉴나 라디오버튼에서 원하는 답변을 고르세요. 설문조사에 응하는 데 드는 시간은 2-3분 정도밖에 되지 않습니다.
>
> 설문지의 마지막 부분에 여러분의 이름, 주소, 전화번호를 남기실 수 있습니다. 이름과 전화번호를 남긴 분에게는 사이트 개선용 설문조사를 위해 향후 연락을 드릴 수 있습니다.
>
> 지적할 사항이나 문의할 내용이 있는 분은 고객센터로 연락 주십시오.
>
> 1. 이 사이트에 몇 번 방문하셨습니까?
>   [첫 방문입니다. ▼]

불필요한 부분을 열심히 잘라내면 훨씬 도움이 된다.

교정 전: 209자	
이 설문지는 여러분에게 필요한 내용을 이해하고 본 사이트를 개선하는 데 도움이 될 만한 정보를 얻기 위해 만들었습니다.	이 첫 번째 문장은 아무 내용이 없는 인사말이다. 참가자는 설문조사의 목적이 무엇인지 잘 알고 있으니 여기서 필요한 표현은 '도와주세요'다. 참가자가 이 설문조사에 응답하는 것은 호의에서 비롯된 친절한 행동이라는 사실을 이 사이트가 이해한다는 것을 보여주기만 하면 된다.
아래 드롭다운 메뉴나 라디오버튼에서 원하는 답변을 고르세요.	사용자 대부분은 웹 폼을 채우는 방법을 알고 있다. 그리고 설명이 필요한 사용자라면 '드롭다운 메뉴'나 '라디오버튼'이라는 용어가 무슨 뜻인지도 모를 가능성이 크다.
설문조사에 응하는 데 드는 시간은 2-3분 정도밖에 되지 않습니다.	참가자는 이 시점까지도 이 설문지에 응답하는 수고를 할지 결정하지 못했다. 그러므로 설문지가 짧다는 정보는 유용하다.
설문지의 마지막 부분에 여러분의 이름, 주소, 전화번호를 남기실 수 있습니다. 이름과 전화번호를 남긴 분에게는 사이트 개선용 설문조사를 위해 향후 연락을 드릴 수 있습니다.	이 설명은 설문지 마지막 부분에 도달했을 때 필요한 정보이므로 이 시점에서는 필요 없다. 설명을 복잡하게 하는 데 한몫할 뿐 아무 도움이 되지 않는다.
지적할 사항이나 문의할 내용이 있는 분은 고객센터로 연락 주십시오.	참가자가 지적할 내용이 있을 때 이 폼을 사용하면 안 된다는 사실은 유용하고 중요한 정보다. 한 가지 안타까운 점은 고객센터에 연락할 방법을 언급하지 않았을 뿐 아니라 여기서 바로 문의할 수 있는 링크를 주지도 않았다.

교정 후: 97자

사이트를 개선할 수 있도록 도와주세요. 설문을 마치는 데 드는 시간은 2-3분 정도입니다.
주의: 지적할 사항이나 문의할 내용이 있는 분은 이 폼을 사용하지 마십시오. 답변이 필요할 때는 <u>고객센터</u>로 연락 주시면 감사하겠습니다.

이제 다음 단계로 넘어가자

맨 앞의 몇 장에서는 웹 사이트를 제작할 때 염두에 두면 좋은 몇 가지 원칙을 전달하기 위해 노력했다.

   이제 이러한 원칙이 웹 디자인의 가장 크고 중요한 두 가지 도전 과제인 내비게이션과 홈페이지에 어떻게 적용되는지 두 개의 장에 걸쳐 살펴보겠다.

   도시락을 준비하는 게 좋을 수도 있다. 꽤 긴 내용을 담고 있으니 말이다.

6

표지판과
빵부스러기

내비게이션 디자인하기

아름다운 집, 아름다운 아내, 모든 걸 얻은 당신
어느 날 문득 자신의 존재에 의문을 표하게 될지 모른다네.
여기까지 어떻게 왔는지 이젠 기억조차 나지 않네.
- 토킹 헤즈Talking Heads, 「Once In a Lifetime」 가사 중.

부인할 수 없는 사실이 하나 있다.

사람들은 사용법을 스스로 알아낼 수 없는 웹 사이트는 사용하지 않는다

여러분도 웹 사용자로서 비슷한 경험을 한 적이 있을 것이다. 어떤 사이트를 방문해서 필요한 내용을 찾지 못하거나 사이트가 어떻게 구성되었는지 이해할 수 없다면 그 사이트에 오래 머물러 있지도, 다시 방문하지도 않을 공산이 크다. 흔히 말하는 '이해하기 쉽고 단순하고 일관성 있는' 내비게이션은 어떻게 만드는 것일까?

쇼핑몰에서

토요일 오후 전기톱을 사러 쇼핑몰에 간다고 상상해보자.

1 (옮긴이) 미주 전역에 지점이 있는 대형 쇼핑몰

시어스Sears1 매장에 들어서자마자 '전기톱이 어디에 있을까?'부터 생각할 것이다. 그래서 천정에 붙어 있는 상품 분류 안내판을 먼저 확인한다(안내판은 쇼핑몰 어디서든 볼 수 있게 큰 글씨로 적혀 있을 것이다).

잠깐 고민에 잠긴다. '공구 쪽에 있을까? 원예용품 쪽에 있을까?' 둘 다 답이 될 수 있긴 하다. 하지만 확인을 해야만 답을 알 수 있으므로 공구 쪽으로 먼저 가본다.

공구를 파는 구역에 가면 각 진열대 끝에 붙어 있는 표지판을 확인하기 시작한다.

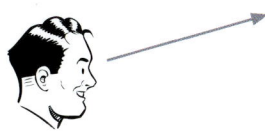

진열대를 잘 찾아왔다고 생각되면 제품을 하나씩 확인하기 시작한다.

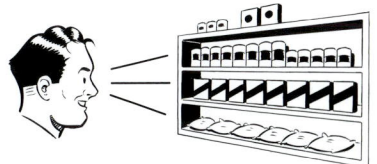

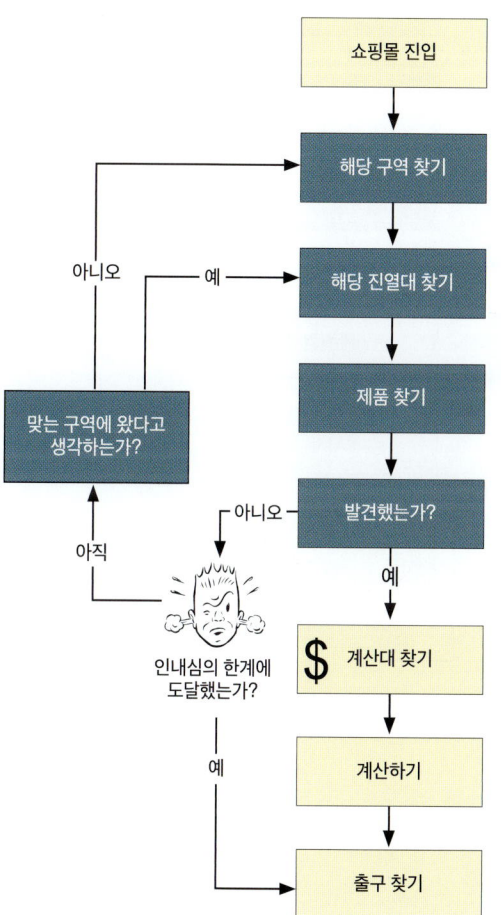

예상이 틀렸다면 다른 진열대를 확인하거나 원예용품 구역 쪽으로 가서 다시 찾아보기 시작할 것이다. 임무를 완수하고 난 후 그 과정을 되짚어보면 다음과 같다.

여러분은 안내판과 그 안내판을 통해 드러나는 매장 구성 체계, 즉 쇼핑몰 내비게이션 시스템과 진열대 선반을 훑어보며 원하는 물건을 찾아내는 자신의 능력을 활용한다.

물론 실제 과정은 이보다 조금 더 복잡하다. 한 가지 예를 들어보자. 여러분은 쇼핑몰에 들어선 후 찰나의 순간 안에 중요한 결정을 내리곤 한다. 전기톱을 직접 찾을 것인가? 아니면 어디 있는지 다른 사람에게 물어볼 것인가?

해당 쇼핑몰 방문 빈도나, 그 쇼핑몰의 제품 배치 및 정리 수준, 쇼핑에 할애할 시간의 양, 혹은 붙임성 수준 등 여러 변수에 따라 답은 달라진다.

이 부분을 추가하면 전체 과정이 이렇게 바뀐다.

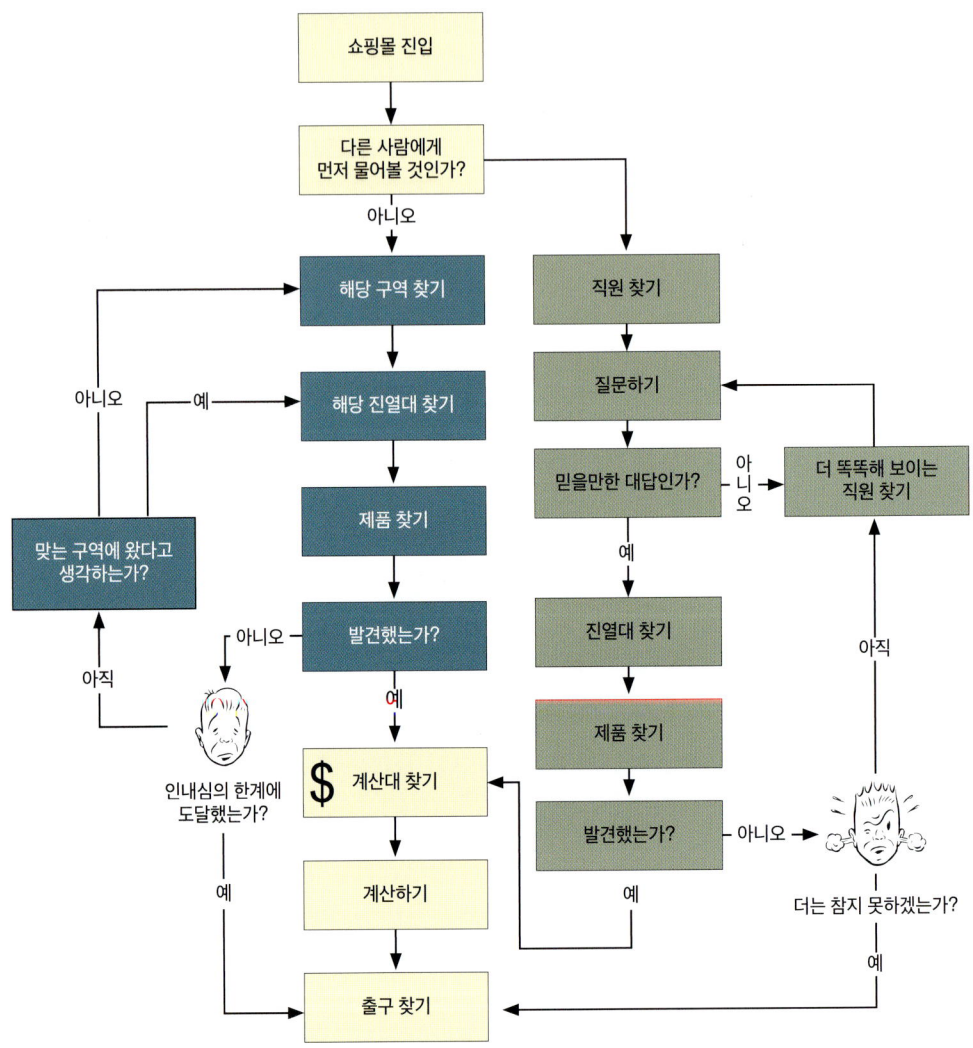

스스로 찾기로 했다고 해도 마음대로 일이 풀려나가지 않는다면 결국 누군가에게 물어보게 될 가능성이 크다는 점을 기억하라.

웹 내비게이션 첫걸음

여러분이 웹 사이트에 들어가서 거치는 과정도 여러 면에서 이와 비슷하다.

- **웹 사이트에는 보통 무언가를 찾기 위해 들어간다.** 찾는 대상이 '실제' 세계에서라면 응급실이나 대용량 케첩 제품 등이 될 것이고 웹에서라면 헤드폰 제품에 대한 정보나 영화 「카사블랑카」의 릭스(Rick's 카페에서 수석 웨이터 역을 맡았던 배우의 이름)에 대한 정보가 될 것이다.[2]

- **다른 사람에게 물어볼지 직접 찾아볼지 선택한다.** 웹 사이트의 차이점은 무엇이 어디에 있는지 알려줄 사람이 없다는 점이다. 웹에서는 길을 묻는 대신 검색할 수 있다. 검색 상자에 여러분이 찾고 있는 것을 입력하면 그 대상이 있을 수도 있는 위치를 알려준다.

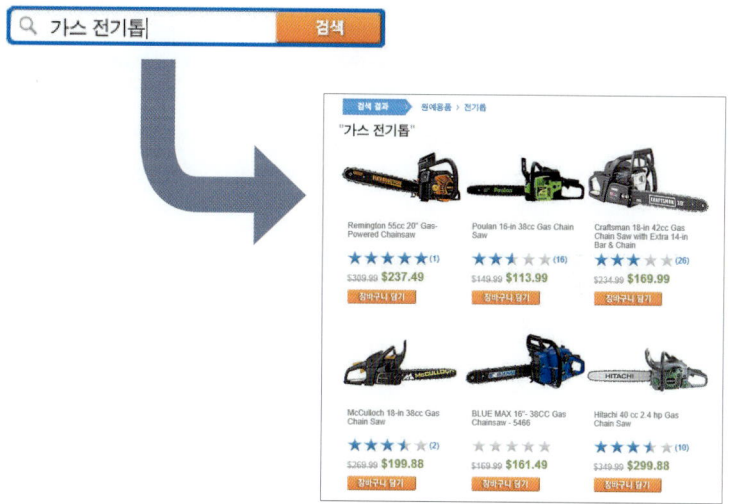

어떤 사이트에 들어가든지 검색 상자부터 찾는 이들도 있다. 제이콥 닐슨 Jakob Nielsen은 이를 '검색 중심' 사용자라고 명명했다.

---

[2] 이 배우의 이름은 커들 사칼(S. Z. Cuddles Sakall)이다. 이 인물은 1884년 부다페스트에서 유진 사칼(Eugene Sakall)이라는 이름으로 태어났다. 얄궂게도 릭스 카페에서 나치를 증오하는 시민 배역을 맡은 배우들은 실제 나치를 피해 할리우드로 온 유명한 유럽 출신 연극배우, 영화배우가 많았다.

반면 훑어보기를 선호하는 이들도 있다. 제이콥 닐슨은 '링크 중심' 사용자라는 이름을 붙였다. 이들은 클릭할 만한 링크는 다 클릭했거나 심하게 답답하다고 느낄 때만 검색한다.

그 외의 사람들은 시간 여유가 얼마나 있는지, 들어간 사이트의 내비게이션 상태가 괜찮아 보이는지 등 닥친 상황에 맞게 탐색 방식을 결정한다.

■ **훑어보기로 했다면 안내에 따라서 사이트의 계층구조를 찾아볼 것이다.** 쇼핑몰로 치면 상품 분류 안내판에 해당하는 홈페이지 사이트 주요 섹션 목록을 확인하다가 옳다고 생각되는 항목을 클릭해볼 것이다.

그리고 세부 항목 목록 중 원하는 것을 고른다.

운이 좋다면 클릭 한두 번 만에 원하던 제품이 담겨 있는 목록을 만날 수도 있다.

자세히 확인하려면 진열대 선반에서 제품 라벨을 읽어보듯 목록에 있는 링크를 하나씩 클릭해 본다.

■ **찾던 항목이 눈에 띄지 않으면 그 사이트를 떠난다.** 쇼핑몰에서와 똑같은 결과가 웹 사이트에서도 재현된다. 여러분이 찾던 대상이 그 사이트에 없다는 확신이 들거나 더 찾아볼 수 없을 정도로 답답해졌을 때 그 사이트를 떠난다.

이 과정은 다음과 같다.

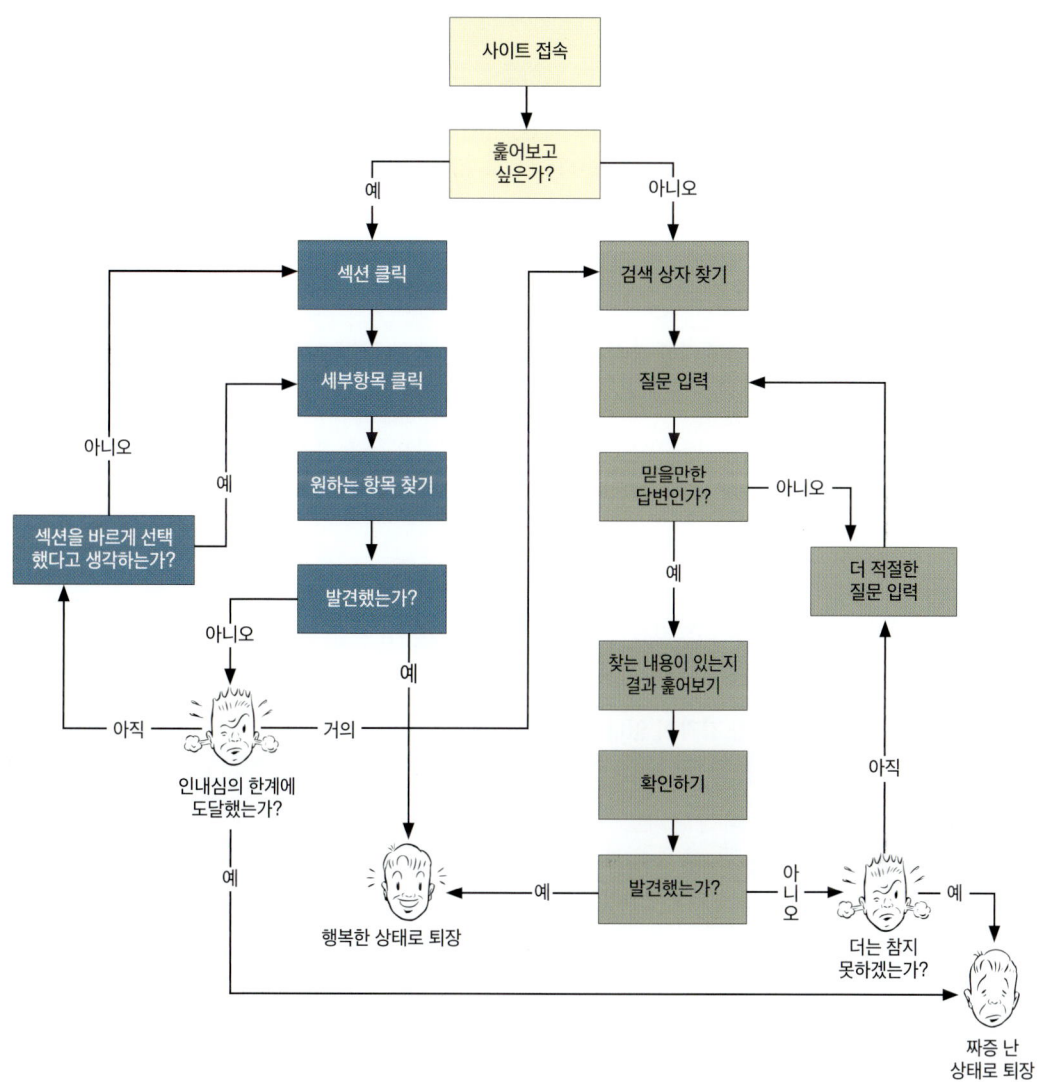

참을 수 없는 브라우징의 가벼움

웹 사이트에서나 '실제' 세계에서나 원하는 것을 찾는 과정은 유사하다. 여러 가지 면에서 웹을 탐색할 때 물리적 공간에서 움직이는 것과 비슷한 느낌이 들기도 한다. '크루징cruising', '브라우징browsing', '서핑surfing' 등 웹에서 하는 경험을 묘사하는 단어들을 떠올려보라. 링크를 클릭해도 페이지가 '로딩loading'이나 '디스플레이display'3 되지 않는다고도 하고 링크가 사용자를 다른 페이지로 '데려간다take to'고 표현하기도 한다.

하지만 실제 생활에서 공간을 가늠하기 위해 활용하는 많은 단서가 웹 경험에는 없다. 웹이 지닌 특이성을 정리하자면 다음과 같다.

■ **규모에 대한 감각이 없다.** 웹 사이트에 담긴 내용이 매우 적은 경우를 제외하면 웹 사이트를 아무리 많이 사용하더라도 그 웹 사이트의 규모가 어느 정도인지(50? 1,000? 17,000 페이지?) 감을 잡기 어렵다.4 기껏해야 아직 보지 않은 내용이 많다는 사실을 짐작하는 정도에 그친다. 잡지나 박물관, 백화점과 비교해보라. 그런 대상은 본 부분과 보지 않은 부분의 비율이 어느 정도인지 감이 오기 마련이다.

그 사이트에서 여러분의 관심을 끄는 내용을 전부 보았는지 알기 어려우므로 얼마나 더 보아야 할지도 알기 어렵다.5

■ **방향 감각이 없다.** 웹 사이트에서는 상하좌우 구분이 없다. 위아래로 가라고 말하긴 하지만 계층구조상 위아래를 의미하는 것이다. 즉, 위 단계 혹은 아래 단계로 가라는 것이다.

■ **위치 감각이 없다.** 물리적 공간에서는 움직이는 동안 그 공간에 대한 정보를 수집하므로 사물의 위치에 대한 감각이 생겨서 특정 사물에 도달하는 지름길도 알아낼 수 있다.

전기톱을 처음 찾을 때는 안내판에 의존했던 사람이라도 두 번째 왔을 때는 아마 이렇게 생각할 것이다.

'전기톱? 어디 있었는지 기억 나. 오른쪽 뒤에 냉장고 옆에 있었어.'

그리고 바로 그 방향으로 향한다.

---

3 (옮긴이) 물리적 세계를 묘사할 때 'load'라는 동사는 '짐을 싣는다'라는 뜻으로, 'display'는 '전시하다'라는 뜻으로 쓰인다. 하지만 웹 공간에서 쓰일 때 'load'는 '데이터나 프로그램을 읽어들인다'는 뜻으로, 'display'는 '화면에 정보를 표시한다'는 뜻으로 쓰인다.

4 웹 사이트 운영자라고 해도 사이트 규모가 어느 정도인지 알고 있는 경우는 드물다.

5 클릭한 링크의 색상이 바뀌는 기능이 유용한 이유 중 하나도 여기에 있다. 얼마나 보았는지 확인할 징표로 쓸 수 있기 때문이다.

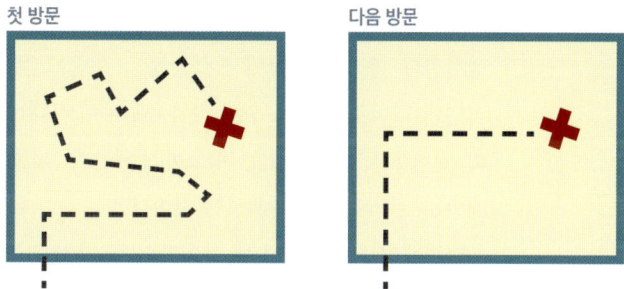

하지만 웹에서는 공중을 둥둥 떠다닌다. 바닥을 딛는 대신 링크를 클릭하며 길을 찾아간다. '전동공구'를 클릭하면 전동공구 진열대로 순간 이동한다. 가는 길에 다른 곳을 들르거나 다른 물건을 구경하는 건 불가능하다.

웹 사이트에서 특정 부분으로 되돌아가려면 물리적 공간감에 의존하기보다 개념적 계층구조상 어디에 있었는지 기억해서 본인이 갔던 길을 되짚어가는 방식을 사용해야 한다.

바로가기나 즐겨찾기 기능이 중요한 이유나 웹브라우저의 뒤로가기 버튼이 가장 자주 사용되는 이유도 여기에 있다.

홈페이지라는 개념이 중요한 까닭도 이런 관점에서 설명할 수 있다. 홈페이지는 상대적으로 고정적인 장소다. 홈페이지는 사이트의 북극성 같은 존재다. 홈페이지를 클릭하면 처음으로 돌아가 다시 시작할 수 있다.

물리적인 특성이 없어서 생기는 장점도 있고, 단점도 있다. 떠다니는 듯한 즐거운 느낌 덕분인지 웹에 접속해 있을 때는 시간 가는 줄 모를 때가 많다는 건 장점이다. 우리는 마음에 드는 책을 몰입해서 읽을 때도 비슷한 느낌을 받는다.

백화점이나 도서관 같은 공간과 달리 웹에서는 '내비게이션^{navigation}'이라는 표현을 쓴다. 이런 표현을 쓰는 이유가 웹에 물리적인 특성이 없어서 생기는 단점을 설명해준다. '내비게이션'의 사전적 정의에는 두 가지 행동이 내포되어 있다. 하나는 한 장소에서 다른 장소로 가는 것이고 다른 하나는 본인이 어디에 있는지 알아내는 것이다.

물리적 공간에 비해 웹에서는 본인이 어디에 있는지 알아내야 하는 상황이 훨씬 자주 발생한다. 웹 내비게이션이라는 표현도 그래서 생겼다고 생각한다. 우리는 웹상에서 길을 잃을 수밖에 없다. 현재 위치가 어디인지 진열대 너머로 훔쳐볼 수도 없다. 웹 사이트 내비게이션은 계층구조를 통해 사용자가 '어디'에 있는지 느끼게 해준다. 계층구조가 물리적 세계에 존재하는 공간 감각을 대체하는 것이다.

내비게이션을 단순히 웹 사이트의 한 가지 기능으로 보면 안 된다. 내비게이션은 웹 사이트 그 자체다. 쇼핑몰의 건물, 진열대, 계산대가 쇼핑몰 그 자체인 것처럼 말이다. 내비게이션이 없으면 '어디'에 있다는 감각도 없다.

우리가 여기서 얻는 교훈은? 웹 내비게이션을 잘 구축해야 한다는 것이다.

내비게이션의 숨은 용도

내비게이션에는 꽤 명확한 두 가지 목적이 존재한다. 우리가 원하는 것을 찾아주고 우리가 어디 있는지 알려주는 것 말이다.

하지만 그와 똑같이 중요함에도 쉽게 간과되는 몇 가지 기능이 더 존재한다.

- **사이트에 어떤 내용이 있는지 알려준다.** 내비게이션은 사이트의 계층구조를 드러내는 역할을 한다. 그러면 사이트에 어떤 내용이 있는지 알아보기 쉬워진다. 콘텐츠가 내비게이션 덕분에 잘 보이는 것이다. 목적지로 안내하거나 현재 위치를 알려주는 기능보다 콘텐츠가 잘 보이게 해주는 기능이 더 중요할 수도 있다.
- **사이트 이용 방법을 알려준다.** 내비게이션은 우리가 그 사이트를 어디서부터 봐야 하는지, 또 어떤 선택지가 있는지 간접적으로 알려주는 역할을 한다. 제 역할을 하는 내비게이션은 사이트 설명서나 다름없이 쓰이기도 한다. 사용자들은 별도의 설명을 무시하는 경향이 있으므로 이 부분은 큰 장점이다.
- **사이트를 만든 사람에 대한 신뢰도를 높인다.** 웹 사이트에 접속해 있는

동안 우리 머릿속에는 '제대로 만든 사이트인가?'라는 질문이 맴돈다. 그렇게 매긴 점수는 계속 누계되고 있다. 이 점수는 사이트를 떠날지, 다시 방문할지 결정하는 주요 요소다. 면밀한 계산을 통해 명확한 내비게이션을 완성하면 사용자에게 좋은 인상을 남길 수 있다.

웹 내비게이션 관례

도시, 건물 같은 물리적 공간이나 책, 잡지 같은 정보 공간에는 오랜 시간 진화해 온 자체 내비게이션 시스템과 관례가 존재한다. 그런 시스템의 예로는 도로 표지판, 페이지 번호, 장 표제chapter title 등을 들 수 있다. 내비게이션 요소의 모습이나 위치가 어느 정도 관례를 따르기 마련이므로 무엇을 어디에서 찾을지 사용자가 쉽게 알 수 있다.

내비게이션 요소의 위치를 통일하면 적은 시간과 수고를 들여도 찾을 수 있다. 형태를 통일하면 다른 요소와 구분하기도 쉽다.

도로 표지판을 찾을 때를 예로 들어보자. 이때 우리는 보통 길모퉁이 주변을 살펴본다. 시선은 아래가 아닌 위로 향할 것이다. 그리고 눈이 찾는 물체는 일반 도로 표지판 형태에 가까운, 가로로 긴 사각형일 것이다.

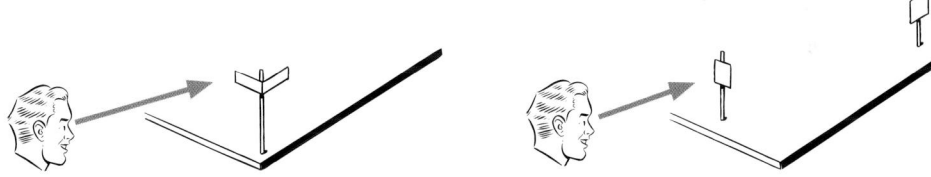

그리고 건물의 이름은 정문 바로 위나 옆에, 마트의 안내판은 각 진열대 끝부분에, 잡지의 목차는 책 앞부분에, 페이지 번호는 각 페이지 가장자리에 있으리라 예상한다. 모양도 목차는 목차답게, 페이지 번호는 페이지 번호답게 생겼으리라고 생각할 것이다.

페이지 번호가 없는 잡지 광고면을 보면 답답한 느낌이 든다. 이처럼 관례 중 하나만 지켜지지 않아도 우리가 얼마나 답답하다고 느끼는지 생각해보라.

구체적인 형태는 많이 다를 수 있지만 웹에는 다음과 같은 내비게이션 기본 관례가 존재한다.

어딜 가든 따라온다

웹 디자이너들은 사이트 모든 페이지에 드러나는 내비게이션 요소 세트를 부를 때 고정 내비게이션persistent navigation이라는 용어를 사용한다. 글로벌 내비게이션global navigation이라 불리기도 한다.

정상 작동 중인 고정 내비게이션은 차분한 목소리로 이러한 메시지를 전달해야 한다.

> "내비게이션은 여기 있습니다. 여러분이 어떤 페이지에 있느냐에 따라서 약간 변하는 부분도 있을 수 있습니다. 하지만 저는 항상 한 위치에서 같은 방식으로 작동할 것입니다."

모든 페이지에서 내비게이션이 같은 위치에 일관성 있는 형태로 나타나면 사용자는 자신이 동일한 사이트에 머무르고 있다는 사실을 한눈에 확인할 수 있다. 이렇게 확인할 수 있다는 사실은 생각보다 더 중요하다. 사이트 전체의 내비게이션을 통일하면 사용법을 한 번만 이해해도 되기 때문이다.

고정 내비게이션에는 사용자가 가장 자주 사용하는 네 가지 요소가 포함되어야 한다.

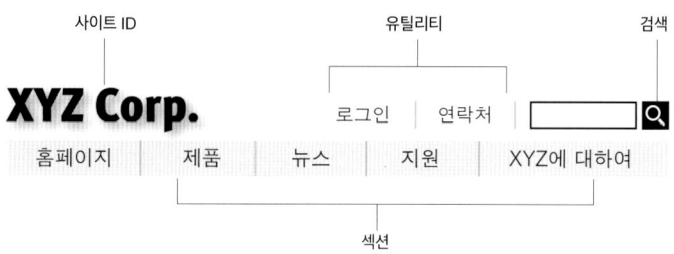

잠시 후에 각 항목을 살펴보도록 하겠다. 하지만 우선…

내가 방금 '어딜 가든'이라고 했던가?

거짓말이었다. '어딜 가든 나를 따라온다'라는 원칙에는 한 가지 예외가 있으니 그 주인공은 바로 폼이다.

채워 넣어야 할 폼이 있는 페이지에서는 고정 내비게이션이 주의력을 분산시키는 불필요한 요소에 지나지 않는다. 쇼핑몰 사이트에서 구입한 물건값을 결제하는 상황을 예로 들어보자. 결제 페이지에 폼을 채우는 것과 관련이 없는 다른 요소는 방해가 될 뿐이다. 가입 페이지, 등록 페이지, 의견이나 설문을 받는 페이지도 마찬가지다.

이런 페이지에서는 고정 내비게이션을 최소 버전으로 유지하는 편이 좋다. 사이트 ID, 홈페이지에 연결되는 링크, 폼을 채우는 데 도움이 되는 유틸리티 정도만 포함되게 하라.

여기는 캔사스가 확실히 아냐[6]

6 (옮긴이) 영화 「오즈의 마법사」에서 회오리바람에 날려서 오즈에 도착한 도로시가 강아지 토토에게 하는 말

웹 사이트의 사이트 ID나 로고는 건물의 이름 같은 역할을 한다. 시어스 쇼핑몰이라면 들어갈 때만 이름을 확인하면 된다. 내부로 들어온 이후에는 건물 밖으로 나오기 전까지 시어스 건물 안에 있다는 사실을 확신할 수 있다. 하지만 순간 이동 방식을 주로 사용하는 웹에서는 각 페이지에서 이름을 확인할 수 있어야 한다.

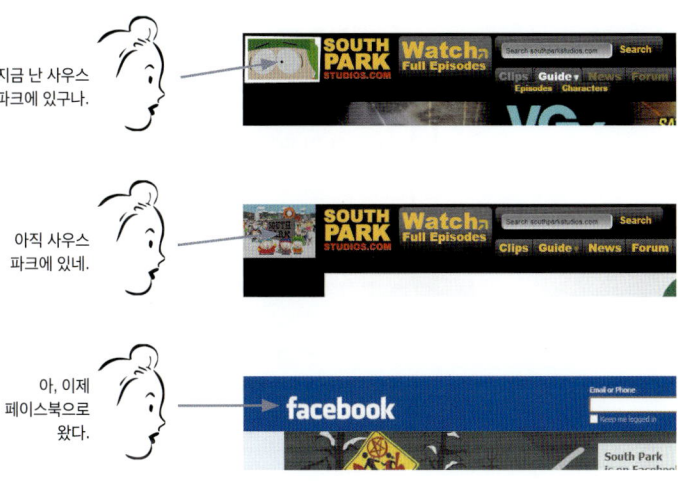

건물 정문 근처에 건물의 이름이 있으리라 예상하듯이 페이지 맨 위쪽에는 사이트 ID가 있을 거라 예상한다. 보통은 맨 위 왼쪽 가장자리에 아니면 적어도 그 근처에 있다.[7]

7 왼쪽에서 오른쪽으로 읽는 언어로 작성된 페이지라면 말이다.

그 이유는? 사이트 ID가 사이트 전체를 대표하기 때문이다. 이 말은 사이트 ID가 사이트 전체 논리적 계층구조의 최상위에 있다는 뜻이다.

    사이트
      사이트의 섹션
        섹션의 세부 항목
          세부 항목의 세부 항목 등
            현재 페이지
              페이지의 구역
                페이지상 개별 항목

시각적 계층구조상 최상위 계층을 페이지에 드러내는 방법은 두 가지다. 페이지에서 그 부분을 가장 두드러지게 디자인하거나 그 부분 위주로 전체 페이지를 구성하는 것이다.

6장 표지판과 빵부스러기   73

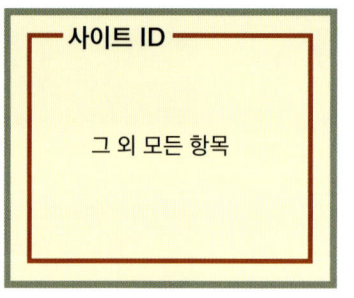

홈페이지를 제외한 다른 페이지에서는 사이트 ID만 도드라지길 원하지 않는 게 보통이다. 이럴 때 사용자의 고민을 덜어주는 가장 좋은 위치는 페이지 맨 꼭대기이다. 꼭대기는 페이지 전체 틀을 잡는 위치이기 때문이다.

사이트 ID의 위치가 사용자의 예상에 맞는 것도 중요하지만, 사이트 ID를 사이트 ID 다운 모양으로 제작하는 것도 중요하다. 단추 만한 작은 크기에서 광고판 만한 큰 크기에 이르기까지 어떤 크기로 두더라도 쉽게 구분되도록 눈에 띄는 서체와 그래픽을 사용해서 사이트 ID가 가게 밖에 붙이는 브랜드 로고나 표지판이 지닐 법한 특징을 지녀야 한다는 뜻이다.

섹션

섹션은 사이트 계층구조상 최상위에 있는 사이트 주요 구역으로 이어지는 링크를 가리킨다. 이는 기본 내비게이션이라 불리기도 한다.

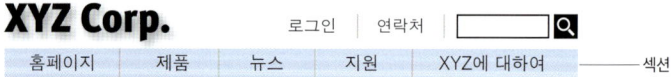

기본 내비게이션에 현재 섹션 세부 항목의 목록을 보여주는 하위 내비게이션을 표시할 공간을 남겨두는 디자인도 있다.

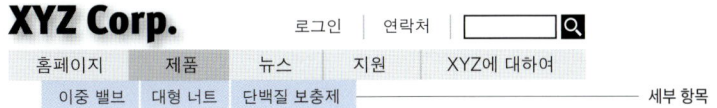

섹션 이름을 가리키거나 클릭했을 때 드롭다운 메뉴가 드러나는 디자인도 있고 클릭하면 하위 내비게이션이 담긴 섹션 첫 페이지로 데려가는 디자인도 있다.

유틸리티

유틸리티는 콘텐츠 계층구조에 포함되지 않는 사이트 주요 요소로 연결되는 링크를 가리킨다.

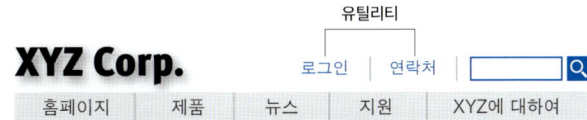

로그인/가입하기, 고객센터, 사이트맵, 장바구니처럼 사이트 사용을 도와주는 요소나 회사 소개, 연락처처럼 제작자에 대한 정보를 제공하는 요소가 여기에 해당한다.

   쇼핑몰 내부 시설을 안내하는 표지판 같은 유틸리티 목록은 섹션보다 덜 눈에 띄는 편이 좋다.

사이트 종류에 따라 유틸리티도 달라진다. 예를 들어 기업 사이트나 쇼핑몰 사이트라면 아마 다음 요소 중 포함되는 것이 있을 것이다.

가입하기	개인정보 보호정책	검색	게시판
결제하기	고객센터	구매 방법	구인 정보
나의 _____	나의 계정	뉴스	다운로드
도움말	디렉터리	로그인	매장찾기
배송 조회	보도 자료	사이트맵	아카이브
연락처	자주 묻는 질문	장바구니	투자자용 홍보 자료
포럼	홈	회사 소개	회사 정보

고정 내비게이션에는 사용자가 가장 자주 사용하는 4~5개 정도의 유틸리티만 넣는 것이 좋다. 많이 넣을수록 번잡해 보여서 혼란만 유발할 가능성이 크다. 자주 사용하지 않는 유틸리티는 하단 내비게이션에 두라. 하단 내비게이션이란 각 페이지 맨 아래에 있는 작은 텍스트 링크를 가리킨다.

세 번 클릭하고 이렇게 말해보세요. "집이 최고야" [8]

8 (옮긴이) 집으로 돌아가고 싶어하는 도시에게 마법사가 알려준 집으로 돌아갈 수 있는 주문

사용자를 홈페이지로 데려다 주는 버튼이나 링크는 고정 내비게이션을 이루는 가장 주요한 요소 중 하나이다.

홈 버튼이 시야에 들어오면 사이트 내부에서 길을 잃더라도 언제든 다시 시작할 수 있다는 안정감이 든다. 홈 버튼을 쓸 때는 리셋 버튼을 누를 때나 모노폴리의 '석방' 카드[9]를 사용할 때와 비슷한 느낌이 든다.

9 (옮긴이) 모노폴리는 주사위를 굴려 전 세계를 여행하며 부동산과 증권을 매매하면서 재산을 늘리고 가장 오래 살아남는 이가 승리하는 보드게임이다. 석방 카드는 여행 중에 감옥에 갇혔을 때 무료로 감옥에서 나올 수 있게 해주는 카드를 가리킨다.

웹 사용자 다수는 사이트 ID가 홈페이지로 연결되는 버튼이라고 생각한다. 나는 사이트 메인 섹션에도 홈페이지로 연결되는 버튼을 포함시키는 게 좋다고 생각한다.

검색 방법

검색이 무척 유용하다는 사실이나 그냥 훑어보기보다 검색하는 방식을 선호하는 사람들의 수가 많다는 사실을 고려해볼 때 모든 페이지에 검색 상

자나 검색 페이지로 연결되는 링크를 넣는 것이 좋다. 규모가 매우 작고 정리가 아주 잘 되어 있는 사이트가 아니라면 말이다. 그리고 검색할 이유가 특별히 적은 사이트가 아니라면 링크보다 검색 상자를 넣는 게 더 낫다.

　새로운 사이트에 처음 접속했을 때 검색 창을 찾기 위해 페이지부터 훑어보는 사용자의 비율이 꽤 높다는 사실을 기억하기 바란다. 이들이 기대하는 검색창의 모양은 다음 세 가지 정도 된다.

공식은 단순하다. 상자와 버튼, '검색Search'이라는 단어나 전 세계에 보편적으로 사용되는 돋보기 아이콘까지 총 세 가지 요소로 구성된다. 이보다 복잡하게 구성하지 말고 공식에 따르라. 특히 다음 사항을 피하는 게 좋다.

- **미사여구.** 사용자는 '검색'이라는 단어를 찾는다. 그러니 찾기Find, 빠르게 찾기, 빠른 검색Quick Search, 키워드 검색 등 다른 말을 쓰지 말고 검색이라는 단어를 사용하라.(상자에 '검색'이라는 이름을 붙이고 버튼에 'Go'라는 단어를 넣어라.)

- **설명.** 공식대로 만든 검색창이라면 웹을 접한 지 며칠 정도밖에 되지 않는 사용자라도 사용법을 이미 알고 있을 것이다. '키워드를 넣으세요.' 같은 설명은 전화 음성 메시지를 남길 때 나오는 "삐 소리가 나면 메시지를 남기세요."라는 안내 메시지처럼 사족이나 다름없다. 옛날에는 필요했을지 모른다. 하지만 지금은 너무 뭘 모르고 만들었다는 느낌이 들게 할 뿐이다.

- **옵션.** 검색 범위가 헷갈릴 우려가 있다면 무슨 일이 있어도 설명을 붙여두라. 검색 대상이 사이트 전체인지 사이트 일부인지 웹 전체인지 말이다.

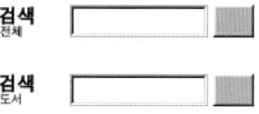

6장 표지판과 빵부스러기

하지만 검색 범위를 해당 사이트의 현재 섹션에 국한하는 등 검색 범위에 옵션을 설정할 생각이라면 결정하기 전에 심사숙고하도록 하라. 그리고 제목이나 작가명, 부품 번호, 제품 이름처럼 특정 검색어로만 검색하도록 검색 방법에 제한을 두는 옵션을 설정하려고 할 때도 마찬가지다.

사용자는 검색 옵션이 있으면 옵션의 내용이 무엇인지, 본인에게 유용한 옵션인지 따져봐야 한다. 이처럼 옵션이 추가되어 사용자에게 고민을 안겨주면서 발생하는 손해에 비해 얻게 되는 이득이 큰 경우는 좀처럼 보지 못했다.

검색 결과 페이지에 나타나는 결과가 너무 많아서 범위를 좁힐 필요가 있을 때처럼 검색 옵션이 실제로 유용할 때만 설정하도록 하라.

1, 2단계 이후의 내비게이션에 대해서도 고민하라

나와 함께 일해본 적 없는 디자이너들은 내게 사용성 문제 확인용 예비 페이지 디자인을 보내곤 한다.

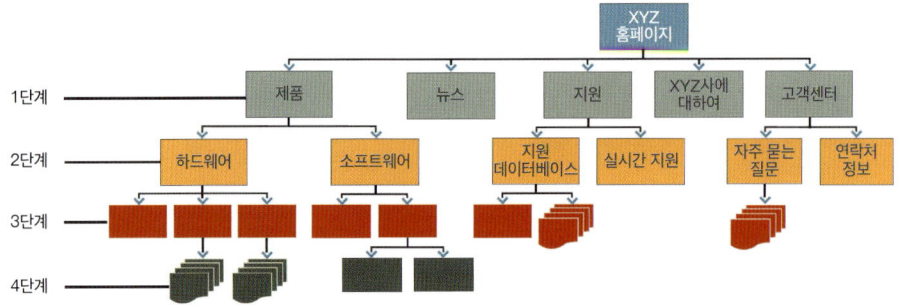

사실 열어 보지 않아도 어떤 내용이 있는지 뻔하게 예상되기는 한다. 아마도 4단계까지 담긴 플로 차트와 홈페이지, 그리고 상위 2단계까지만 작성한 샘플 페이지가 담겨 있을 것이다.

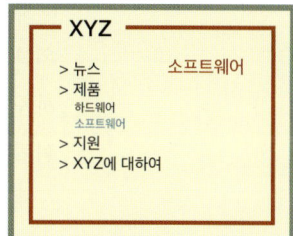

내용이 더 있는지 보기 위해 페이지를 넘겨본다. 최소한 "여기에 무언가 멋진 효과를 넣을 겁니다."라는 메모라도 남겨두지 않았을까 하는 기대감을 가지고 뒤적여보지만 그런 메모 또한 본 적이 없다. 웹 디자인 시 상위 단계에 비해 하위 단계에 적은 관심을 기울이는 일은 무척 흔하게 접한다. 이런 문제는 사이트가 클수록 더욱 자주 발생한다. 두 번째 단계만 가도 내비게이션 시스템이 무너져서 임시방편 수준이 되는 경우가 많다. 세 번째 단계 내비게이션에 대한 좋은 예는 찾아보기 무척 어렵다.

왜 이러한 일이 발생할까?

여러 단계로 이루어진 웹 사이트 내비게이션은 원래 만들기 어렵다는 게 부분적 원인이다. 제한된 페이지 공간에 다양한 요소를 욱여넣어야 한다는 점을 고려하면 그럴 수밖에 없다.

다른 부분적인 요인으로는 디자이너들에게 주어진 시간이 보통 첫 두 단계를 생각하기에도 부족한 경우가 태반이라는 것을 들 수 있다.

그리고 이 문제가 그렇게 중요하게 보이지 않는다는 것도 또 다른 요인이다. 사실 이런 문제가 얼마나 중요하겠는가? 주요 문제이기는커녕 부차적인 문제라고 하기도 어렵다. 게다가 디자이너들은 사이트에 그 정도 단계까지 진입한 사용자라면 그 사이트의 작동 방식을 이해하고 있을 거라 생각하는 경향이 있다.

그뿐 아니라 하위 단계에 대한 콘텐츠나 계층구조 예시를 찾기 어렵다는 문제도 있다. 디자이너들이 콘텐츠 책임자에게 하위 단계에 대한 예를 요청한다고 한들 그들도 그 단계까지는 보통 생각해두지 않기 때문이다.

하지만 실제 사용자들이 머무는 시간의 양은 상위 페이지나 하위 페이지나 비슷하다. 그리고 처음부터 내비게이션 전체 구조를 고려해서 설계하지 않았다면 나중에 이어 붙인 부분에서도 일관성이 유지되길 기대하긴 어렵다.

여기서 우리는 무엇을 배울 수 있는가? 사이트에 포함될 가능성이 있는 전 단계를 아우르는 내비게이션이 포함된 샘플 페이지 제작이 중요하다는 사실이다. 색채 배합에 대한 언쟁을 벌이기에 앞서 이러한 부분을 생각해야 한다.

LA에서 드라이브하기 즐거운 데는 이유가 있다

10 (옮긴이) 디온 워릭(Dionne Warwick)이 부른 「Do you know the way to san jose」라는 곡에는 'L.A. is a great big freeway.'라는 가사가 등장한다.

로스앤젤레스에 갈 때마다 'L.A.는 거대한 고속도로'[10]라는 노랫말이 진실을 담고 있다는 사실을 실감하게 된다. L.A. 사람들이 드라이브를 좋아하기 때문인지 L.A.의 도로 표지판은 지금껏 내가 경험한 다른 표지판과 비교할 때 최고 수준을 자랑한다. L.A.에 가면,

- **도로 표지판이 크다.** 교차로 앞에 멈춰 서면 다음 교차로에 있는 표지판을 읽을 수 있을 정도다.
- **도로 표지판을 적절한 위치에 두었다.** 차도 위에 걸려 있어서 살짝 올려다보기만 해도 잘 보인다.

이 정도 되면 내가 이런 서비스에 사족을 못 쓴다는 사실을 고백할 수밖에 없다. 내가 거주하는 보스턴에서는 표지판을 읽기가 참 어렵기 때문이다. 간혹 표지판을 확인하는 동시에 회전할 여력이 있다면 운이 좋다고 생각될 정도로 말이다.

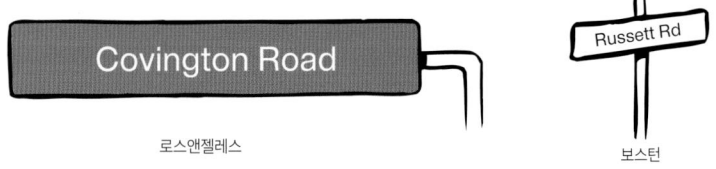

로스앤젤레스　　　　　　　　　보스턴

11 (옮긴이) 미국 NPR 인기 시사 라디오 프로그램

그 결과는? L.A.에서 운전할 때는 내가 어디 있는지에 온 신경을 빼앗기지 않아도 된다. 그보다는 교통상황이나 대화, '올 씽즈 컨시더드'All Things Considered'11를 듣는 데 더 집중할 수 있다. 그래서 나는 L.A.에서 운전하는 걸 좋아한다.

웹 페이지 이름은 거리에 있는 도로 표지판에 해당한다. 도로 표지판이 그렇듯 사이트를 사용할 때 별다른 문제가 없다면 사이트 이름은 눈에 들어오지 않는다. 하지만 내 의도와 달리 이상한 방향으로 가고 있다고 느껴질 때 현 위치를 알려주는 페이지 이름이 눈에 잘 띄어야 당황하지 않을 수 있다.

페이지 이름에 대해 다음 네 가지 사항을 알아둘 필요가 있다.

■ **모든 페이지는 이름이 필요하다.** 길모퉁이마다 도로 표지판이 있어야 하듯 페이지에도 이름이 필요하다.

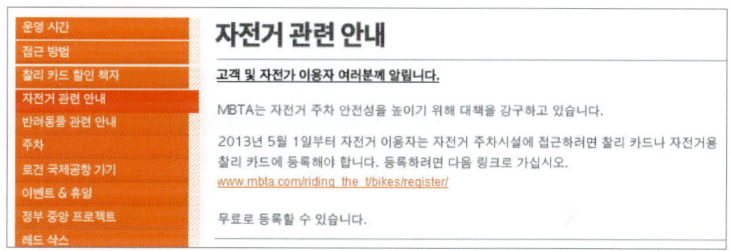

디자이너들은 가끔 이런 생각을 한다. '내비게이션에서 페이지 이름을 강조했으니 그 정도면 충분하겠지.' 그러면 공간이 절약되고 페이지 레이아웃에서 작업할 요소가 하나 줄어드니 좋은 방법 같다는 생각도 든다. 하지만 그 정도로 충분하지 않다. 페이지 이름은 꼭 있어야 한다.

■ **이름이 있는 위치가 적절해야 한다.** 페이지 계층구조를 고려할 때 페이지 이름은 그 페이지에만 해당하는 콘텐츠 전체를 아우르는 역할을 해야 한다. 내비게이션이나 광고처럼 단순히 인프라에 해당하는 요소가 아니다. 어쨌든 이름이니 말이다.

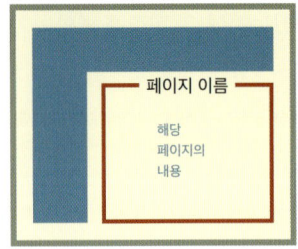 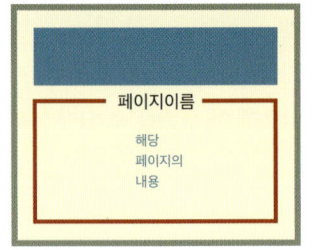 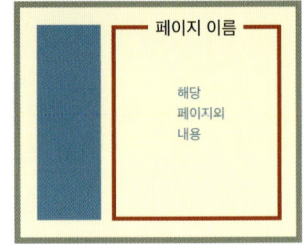

- **이름은 눈에 띄어야 한다.** 위치, 크기, 색상, 서체를 조합해서 이름에서 "이것이 이 페이지 전체의 제목입니다."라는 사실이 드러나야 한다. 그래서 보통 페이지에 있는 글자 중 이름을 가장 크게 표시한다.

- **이름은 내가 클릭한 것과 일치해야 한다.** 이런 사실에 대해 아무도 언급하지 않을지 모르지만 모든 사이트는 방문객과 다음과 같은 사회적 계약을 암묵적으로 맺고 있다.

페이지 이름은 해당 페이지에 도달하기 위해 클릭한 단어와 일치한다

12 (옮긴이) 감자를 삶은 후 뜨거운 상태로 으깨어 우유, 버터, 소금, 후추를 넣어서 완성하는 요리

다시 말해 '뜨거운 매시드 포테이토'[12]라고 쓰인 링크나 버튼을 클릭했다면 사이트는 '뜨거운 매시드 포테이토'라는 이름의 페이지로 이동해야 한다.

이러한 합의는 사소하게 여겨지기 십상이지만 사실 매우 중요하다. 이러한 합의가 깨질 때마다 사용자는 '왜 이 두 개가 다르지?'라는 생각을 하게 된다. 물론 이러한 생각이 드는 순간은 찰나에 불과할지 모른다. 링크 이름과 페이지 이름 간에 큰 차이가 하나 있거나 작은 차이가 여러 개 있다면 그 사이트나 사이트 제작자의 능력에 대한 신뢰가 감소한다.

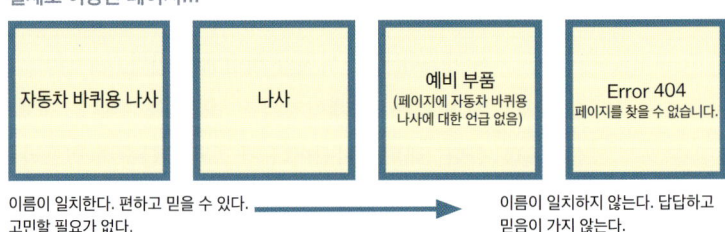

물론 타협해야 할 때도 간혹 있다. 이런 타협은 보통 공간의 제약 때문에 하게 된다. 클릭한 단어와 페이지 이름을 정확히 일치시키지 못할 때는 (a) 가능한 한 비슷하게 해야 하고 (b) 차이가 있을 수밖에 없는 이유가 명확해야 한다. '그를 위한 선물', '그녀를 위한 선물'이라는 이름의 버튼을 클릭했을 때 '남성용 선물', '여성용 선물' 페이지가 열린다면 완벽히 똑같은 단어가 아니더라도 의미가 같으므로 차이점에 대해 생각하지 않을 것이다.

현재 위치를 표시하라

사용자는 사이트에서 '길을 잃은 듯한' 느낌을 자주 받는다. 본인이 사이트상 현재 어디에 있는지 확인할 수 있으면 이런 느낌이 많이 줄어든다. 이러한 장치는 쇼핑몰이나 국립공원 지도에서 '현재 위치'를 보여주는 표시와 같은 역할을 한다고 보면 된다.

웹에 이런 정보를 표시하려면 페이지 내비게이션 바나 목록, 메뉴 어디에든 사용자의 현재 위치를 강조해서 보여주면 된다.

이 그림에는 현재 있는 섹션(침실)과 세부 항목(조명), 둘 다 표시되어 있다.

다음은 현재 위치를 두드러지게 표시하는 몇 가지 방법이다.

항목 옆에 화살표 두기	글자 색깔 바꾸기	볼드체 적용하기	버튼 반전시키기	버튼 색깔 바꾸기
스포츠 경제 ▶ 연예 정치	스포츠 경제 연예 정치	스포츠 경제 **연예** 정치	스포츠 경제 연예 정치	스포츠 경제 연예 정치

차이를 너무 미묘하게 둘 때 '현재 위치' 표시가 제 역할을 하지 못하곤 한다. 표시는 눈에 잘 띄어야 한다. 그렇지 않다면 시각적 단서로서의 가치가 없어지므로 페이지에 시각적 잡음만 더하는 꼴이 된다. 확실히 눈에 잘 띄게 하려면 시각적으로 차별 요소를 하나 이상 두는 것도 방법이다. 색상을 다르게 할 뿐 아니라 글꼴을 두껍게 하는 것처럼 말이다.

감지하기 어려운 미묘한 시각적 단서는 주변에서 흔하게 볼 수 있다. 디자이너들은 미묘한 단서를 좋아한다. 미묘한 느낌을 살렸을 때 세련된 디자인이 완성되는 경우가 많기 때문이다. 하지만 일반 웹 사용자들은 급하게 본인의 일을 처리하려고 하는 때가 많으므로 이러한 미묘한 단서를 쉽게 놓치곤 한다.

디자이너인 여러분의 눈에 어떤 요소가 조금 과하게 눈에 띈다는 느낌이 드는가? 그렇다면 과하게 보이는 그 상태보다도 2배 더 강조하면 된다고 생각하라.

빵부스러기

13 (옮긴이) 원어는 'Bread-crumb'이고 '이동 경로 표시 막대'라고 옮기기도 한다. 웹 사이트 안에서 사용자가 움직인 경로를 보여주는 역할을 한다.

빵부스러기[13]도 '현재 위치' 표시처럼 여러분이 어디 있는지 알려준다.

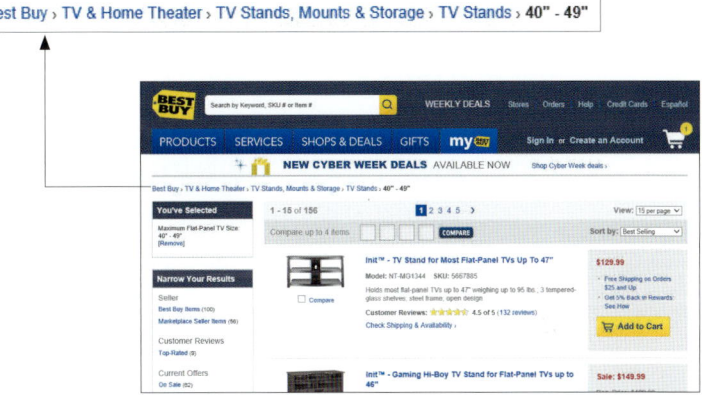

빵부스러기라는 이름은 헨젤이 숲 속에 빵부스러기를 뿌려서 그레텔과 함께 집으로 돌아오는 길을 찾을 수 있었던 것에서 유래했다.[14]

14 헨젤과 그레텔 원작에는 새엄마가 아이들을 버려야 한다고 남편을 설득하는 장면이 나온다. 어려운 시기에 온 가족이 굶어 죽지 않으려면 그 방법밖에 없다는 것이었다. 하지만 헨젤은 의심이 많고 영리했다. 버려질 길목에 자갈을 떨어뜨리는 방법으로 집으로 돌아오는 길을 찾아내고 그 덕분에 새엄마의 계획은 물거품이 된다. 하지만 새엄마는 두 번째 버릴 때(!) 자갈 대신 빵부스러기를 사용하라고 종용했다. 하지만 빵부스러기는 헨젤과 그레텔이 집으로 돌아오기 전에 새들이 주워 먹어버렸다. 결과적으로 빵부스러기는 그리 적절한 대체재가 아니었던 것이다. 결국, 이 야기는 식인 행위 미수, 절도, 희생으로 치닫는다. 하지만 한편으로는 길을 잃으면 얼마나 불편한 상황이 발생하는지 보여주는 이 야기라 볼 수도 있다.

빵부스러기는 홈페이지에서 여러분이 있는 현 위치까지의 경로를 보여주는 동시에 사이트 상위 체계로 쉽게 거슬러 올라갈 수 있게 도와준다.

오랫동안 빵부스러기는 거대한 데이터베이스와 여러 계층구조로 구성된 사이트에서만 찾아볼 수 있는 특이한 기능이었다. 하지만 요즘은 빵부스러기를 넣는 사이트가 점점 많아지고 있으며, 때로는 신중하게 구성해 내비게이션 대신 쓰이기도 한다.

빵부스러기만 잘 만들어두면 설명이 필요 없다. 공간은 많이 차지하지 않지만, 상위 단계로 거슬러 올라가기, 홈으로 가기처럼 사용자가 가장 자주 사용하는 두 가지 행동을 편하게 할 수 있는 일관성 있는 방법을 제공한다. 복잡한 계층구조로 구성된 큰 사이트에서 그 유용성이 가장 큰 빛을 발한다.

빵부스러기를 적용하는 최고의 방법 몇 가지를 소개해보겠다.

- **맨 꼭대기에 두어라.** 빵부스러기는 페이지 맨 위에 있을 때 제몫을 가장 잘해내는 듯하다. 거기 있으면 액세서리처럼, 혹은 책이나 잡지의 페이지 번호처럼, 본문과 격리된 느낌이 들어서 빵부스러기의 역할에 잘 어울리기 때문이다.
- **각 단계 사이에 〉 기호를 넣어라.** 각 단계를 구분하기 가장 좋은 기호는 '더 크다'는 의미의 부등호 '〉'다. 이는 시행착오를 거치며 밝혀낸 결과이다. 아래 단계로 내려가는 움직임을 시각적으로 보여주기 때문인 듯하다.
- **마지막 항목의 서체를 볼드체로 표기하라.** 목록의 마지막 항목은 현재 페이지의 이름일 것이다. 그러니 이 부분이 눈에 잘 띄도록 굵게 표시하는 게 적절하다. 그리고 마지막 항목은 사용자가 현재 머물고 있는 페이지를 나타내므로 링크가 아닐 것이다.

내가 탭을 여전히 사랑하는 세 가지 이유

탭이 달린 인덱스를 발명한 이는 15세기 후반 레오나르도 다빈치가 아닐까 하고 진지하게 생각해 본다. (아직) 증명하지는 못했지만, 탭은 인터페이스 기기의 발전사에서 중요한 자리를 차지하는 천재적인 누군가의 발명품임이 분명하기 때문이다.

탭은 사용자 인터페이스에 물리적인 메타포를 실제로 적용한 몇 안 되는 사례 중 하나다. 3공 바인더 파일이나 파일 서랍에 달린 인덱스가 튀어나와 있는 것처럼 웹용 탭도 돌출된 부분이 섹션을 분리하는 역할을 한다. 그리고 탭을 당기면 해당 섹션을 쉽게 열어볼 수 있듯이 웹에서는 탭을 클릭하면 해당 섹션이 열린다.

나는 탭이 훌륭한 내비게이션 방식이라고 생각한다. 안타깝게도 충분히 활용되지 못하고 있지만 말이다. 내가 탭을 좋아하는 이유는 다음과 같다.

- **탭의 사용법은 자명하다.** 아무리 심한 컴맹이라고 해도 탭 인터페이스를 보고 "이건 어떻게 쓰는 거지?"라고 말하는 사람은 보지 못했다.
- **탭은 눈에 잘 띈다.** 사용성 평가를 할 때 사람들이 웹 페이지 상단에 있는 가로 탐색 바를 간과하는 일은 생각보다 훨씬 자주 일어난다. 하지만 탭의 형태는 시각적으로 도드라지므로 사람들이 잘 놓치지 않는다. 그리고 탭은 내비게이션 외에 다른 용도가 있다는 착각도 잘 일으키지 않는다. 그 덕분에 내비게이션과 콘텐츠가 한눈에 구분된다.
- **탭은 보기 좋다.** 웹 디자이너들은 시각적으로 더 흥미로운 페이지를 만들기 위해 항상 노력한다. 그들이 열심히 노력해서 만든 탭은 보기에 좋을 뿐 아니라 본연의 목적도 훌륭하게 구현한다.

단, 탭을 쓸 거라면 올바른 사용법을 알아야 한다.

사용자가 탭을 잘 활용하게 하려면 활성화된 탭이 다른 탭보다 앞으로 나와 있는 듯한 착시 효과를 내야 한다. 그러면 진짜 탭 같은 느낌이 난다. 탭 형태에 눈에 띄는 스타일을 적용하는 것보다 이러한 착시 효과가 더 효과적이다.

활성화된 탭의 색상을 다르게 하거나 대비되는 음영을 주고 탭 아래 공간과 끊어지지 않게 만들어야 이런 효과가 난다. 그러면 활성화된 탭이 전면으로 '튀어나온' 듯 보인다.

나쁜 예: 연결되지 않아서 튀어나온 느낌이 나지 않는다.

좀 더 나은 예: 연결이 되었지만 대비가 되지 않는다. 튀어나온 느낌이 약간 난다.

좋은 예: 사용자 쪽으로 툭 튀어나온 느낌이다.

트렁크 평가를 하라

이제 부품 준비를 마쳤다고 생각될 때 웹 내비게이션이 잘 완성되었는지 확인하는 진짜 방법을 알려주겠다.

눈가리개를 한 상태로 자동차 트렁크에 갇혀서 끌려다닌 후에 어떤 웹 사이트의 깊숙한 곳에 있는 페이지에 던져졌다고 상상해보라. 도착한 페이지가 잘 설계되어 있다면 다음 질문에 망설임 없이 명확한 답을 낼 수 있어야 한다.

- 이 사이트는 무슨 사이트인가? (사이트 ID)
- 내가 지금 무슨 페이지에 있는가? (페이지 이름)
- 이 사이트의 메인 섹션은 무엇인가? (섹션)
- 현재 페이지의 내비게이션 상태는 어떠하다고 생각하는가? (로컬 내비게이션)
- 전체 사이트 구성에서 현재 위치는 어디에 해당하는가? ('현재 위치' 표시)
- 검색은 어떻게 하는가?

왜 영화 「좋은 친구들」 흉내를 내는지 궁금한가? 사실 웹 경험은 공원 산책보다 납치에 가깝게 이루어지는 경우가 많기 때문이다. 페이지를 디자인할 때 방문자들이 여러분이 깔끔하게 정돈해둔 경로를 따라서 홈페이지부터 차례로 둘러볼 거라고 생각하고 싶을게다. 하지만 현실은 다르다. 우리는 보통 사이트 한가운데 뚝 떨어지므로 지금 내가 어디에 와 있는지도 모르는 경우가 다반사다. 보통 검색 엔진이나 SNS, 친구가 보낸 이메일에 있는 링크를 따라서 다니는 데다 사이트 내비게이션 체계를 검토할 만한 여유도 보통 없기 때문이다.

눈가리개를 썼던 부분은 사이트 평가 시 어떻게 재현할까? 시야를 약간 흐리게 하고 보도록 하라. 자세히 연구해볼 만한 시간이 충분히 있다고 가정하고 진행하는 평가로는 제대로 된 결과가 나오지 않는다. 꼼꼼히 볼 시간이 없는 사람들도 각 요소를 쉽게 찾을 수 있을 정도로 페이지가 명확하게 구성되어 있는지 확인하는 편이 좋다. 그러니 세부사항 말고 전체적인 형태만 보고도 답을 할 수 있어야 한다.

트렁크 평가를 수행하는 방법은 다음과 같다.

1단계: 사이트에 있는 페이지 중 하나를 임의로 고르고 인쇄한다.
2단계: 인쇄한 페이지를 약간 거리를 두고 보거나 눈을 가늘게 뜨고 흐릿하게 보이는 상태를 만든다.
3단계: 최대한 빠른 속도로 다음 항목을 하나씩 찾아서 동그라미 표시한다.

- 사이트 이름
- 페이지 이름
- 섹션 (고정 내비게이션)
- 로컬 내비게이션
- '현재 위치' 표시
- 검색

여러분이 만든 사이트도 이러한 방식으로 평가를 수행해보라. 친구에게도 같은 방식으로 평가해달라고 부탁해보라. 결과를 보고 깜짝 놀라게 될지도 모르겠다.

7

웹 디자인의
빅뱅이론

사용자와 처음부터
좋은 관계를 맺는 게 중요하다

> 루시, 당신이 설명 좀 해줘야겠는데.
> - 리키 리카르도^{RICKY RICARDO} 역을 맡은 데시 아나즈^{DESI ARNAZ}의 대사[1]

1 (옮긴이) 1950년대 큰 사랑을 받았던 미국 CBS 시트콤 '왈가닥 루시(I Love Lucy)'에 나온 대사로 여자 주인공 루시가 어처구니없는 일을 벌일 때마다 남편이었던 리키가 하던 말이다.

홈페이지 디자인을 하다 보면 '비트 더 클락^{Beat the Clock}'이라는 옛날 TV 게임쇼가 생각나곤 한다.

열심히 미션을 수행하고 있는 출연자에게 버드 콜리어가 용기를 북돋아 주고 있다.

이 쇼에 출연한 사람은 진행자 버드 콜리어^{Bud Collyer}의 설명을 주의 깊게 듣고 그에 따라 어떤 '묘기'를 해야 한다. 묘기란 예를 들면 이런 것이다. "45초 동안 끈으로 머리에 묶어둔 소쿠리에 물풍선 5개를 받아야 합니다."

어려워 보이지만 운이 조금 따라주면 할 만한 수준이다.

하지만 출연자의 도전이 시작되려고 할 때 진행자는 항상 이런 말을 덧붙인다. "아, 그런데 한 가지 조건이 더 있습니다. 눈을 가리고 해야 합니다." 라거나 아니면 "물속에서" 혹은 "5차원에서 하셔야 합니다." 같은 말이다.

홈페이지도 이와 비슷한 면이 있다. 기본사항을 전부 고려해서 만들었다고 마음을 놓으려는 그때 항상 하나... 더...가 등장한다.

홈페이지에 포함되어야 하는 요소를 전부 떠올려보자.

- **사이트 정체성과 임무** 홈페이지는 사용자가 접속하는 즉시 이 사이트가 뭘 하는 곳이고 왜 존재하는지 바로 알게 해야 한다. 그리고 가능하다면 왜 다른 사이트 말고 이 사이트를 사용해야 하는지도 알려주면 좋다.

- **사이트 계층구조** 홈페이지는 사이트가 제공하는 내용의 개요를 보여주어야 한다. 내용이라 함은 '이 사이트에서 내가 어떤 내용을 볼 수 있을까?'에 해당하는 콘텐츠와 '내가 할 수 있는 것은 무엇일까?'에 해당하는 기능, 두 부분 모두 포함되어야 한다. 이 역할은 고정 내비게이션이 담당하는 경

우가 많다.
- **검색** 검색 상자는 홈페이지에서 쉽게 눈에 띄어야 한다.
- **관심을 끌 만한 요소** 홈페이지는 잡지 표지처럼 안에 '좋은 내용'이 들어 있다고 사용자를 유혹할 수 있어야 한다.

- **콘텐츠 홍보** 머리기사나 할인 폭이 큰 제품처럼 최신 콘텐츠나 가장 인기 있는 콘텐츠를 강조해서 보여주는 데 쓰인다.
- **특집 홍보** 사이트의 추가 섹션이나 특별한 내용을 확인해보라고 사용자를 불러들이는 역할을 한다.
- **신규 콘텐츠** 사이트의 성패가 사용자가 다시 방문하는 데 달려 있다면 홈페이지 콘텐츠를 자주 업데이트해야 한다. 정기적인 방문객이 별로 필요 없는 사이트라고 해도 사용자의 눈에 방치된 사이트라는 느낌을 주지 않으려면 살아 있다는 신호 정도는 주어야 한다. 최신 보도 자료 링크 업데이트를 통해서라도 이러한 신호를 주면 좋다.
- **제휴광고** 홈페이지에는 광고나 상호 판촉 광고, 제휴 브랜드 광고를 기재할 공간이 필요하다.
- **바로가기** 소프트웨어 업데이트처럼 가장 많이 읽히는 콘텐츠는 사용자들이 찾아 헤매지 않도록 홈페이지에서 바로 이어지는 링크가 있으면 좋다.
- **등록** 등록할 수 있는 사이트라면 처음 방문한 사용자에게는 등록 안내용 링크나 텍스트 상자를, 기존 사용자에게는 로그인했다는 사실을 알려줄 "환영합니다, 스티브 크룩 님" 같은 인사를 표시하면 좋다.

홈페이지는 이러한 구체적인 요구사항뿐 아니라 추상적인 목표도 몇 가지 달성해야 한다.

- **사용자가 찾는 내용 보여주기** 사용자가 원하는 내용이 그 사이트에 있다면 사용자가 그 내용을 찾을 방법을 홈페이지에서 명확히 보여주어야 한다.
- **사용자가 찾지 않는 내용도 보여주기** 홈페이지는 사용자가 적극적으로 찾던 것은 아니지만, 혹시 관심이 있을지 모르는 훌륭한 콘텐츠를 사용자에게 노출할 필요가 있다.
- **어디서 시작할지 보여주기** 처음 방문한 사용자에게 어디서부터 봐야 할지 반드시 알려주어야 한다.
- **신뢰 쌓기** 어떤 방문자는 홈페이지만 보고 나갈 수 있다. 좋은 인상을 남길 유일한 기회가 될 수 있다는 점을 유념하라.

"아, 그런데 한 가지 조건이 더 있습니다. 눈을 가리고 해야 합니다."

마치 이 정도로는 충분치 않다는 듯이 우리가 이런 작업을 완수해야 하는 환경은 우리에게 불리한 조건을 제시한다. 흔히 가해지는 제약은 다음과 같다.

- **홈페이지 공간은 누구나 원한다** 홈페이지만 보고 나가는 사용자도 많은 까닭에 다른 어떤 페이지보다 방문객이 많은 곳이므로 홈페이지에 눈에 띄게 홍보한 내용은 매우 큰 트래픽을 얻곤 한다.

  그 결과 홈페이지는 가장 비싼 몸값을 자랑하는 존재가 되었다. 부동산계에서 바닷가 조망권이 확보된 땅의 가격이 가장 비싼 것처럼 말이다. 수요가 가장 높은데 공급은 매우 적다. 사이트와 관련이 있는 이라면 누구나 홈페이지에 자신과 관련 있는 홍보물이나 자신의 섹션과 연결되는 링크를 올리기 원한다. 홈페이지에 자리를 얻기 위한 영역싸움은 꽤 험악해질 수 이해관계자들이 디자인한 결과.

100% 정확한 벤다이어그램은 아니다. 어떤 대학교 웹 사이트 홈페이지에는 학교 공식 명칭조차 없다.

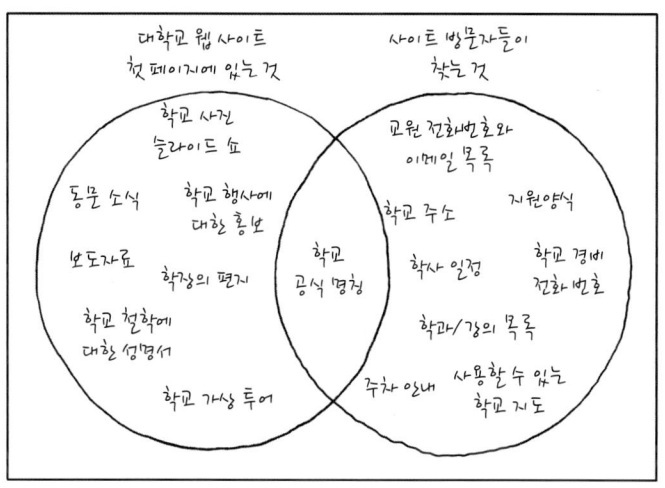

대학교 웹 사이트 | xkcd.com

있다. 그래서 홈페이지를 보다가 가끔 영화 「식스 센스The Sixth Sense」속 소년이 된 듯한 느낌이 들 때가 있다. "나는 이해관계자들이 보여요."[2]

2 (옮긴이) 영화 「식스 센스」의 주인공 소년 콜 세어 역의 명대사 "I see dead people(나는 죽은 사람들이 보여요.)" 패러디.

사용자 다수가 본인이 관심 있는 링크를 찾을 때까지만 페이지를 훑어보는 경향이 있다는 사실을 고려할 때 상대적으로 분량이 적고 눈에 잘 띄는 홈페이지 윗부분은 바닷가 전망 부동산 중에도 노른자위에 속하게 된다. 그러므로 이를 차지하기 위한 경쟁은 더 치열할 수밖에 없다.

- **사공이 많다.** 홈페이지는 누구나 의견을 내려고 할 만큼 중요한 단 하나의 페이지다. CEO도 예외는 아니다.

- **모두의 취향에 두루 맞아야 한다.** 홈페이지는 하위 페이지와 달리 사이트에 방문한 모든 사람을 유혹할 수 있을 정도로 매력이 있어야 한다. 모두의 취향이 제각각인데도 말이다.

영역싸움의 첫 번째 사상자

홈페이지는 수행할 임무가 많다. 그 복잡성을 고려한다면 홈페이지를 아무리 훌륭히 디자인한다 해도 그 모든 것을 해낼 수는 없다. 그래서 홈페이지를 디자인할 때 타협을 피할 수 없고 협상이 진행되다 보면 하나라도 더 집어넣으려는 압박에서 오는 혼란 때문에 자리를 잃는 항목이 생기기 마련이다.

잊어서는 안 되지만 가장 많이 놓치는 요소가 하나 있다. 바로 **전체적인 그림을 보여주는 것**이다. 홈페이지 디자인을 검토해달라는 의뢰를 받을 때마다 확신에 가깝게 예상되는 한 가지 사항이 있다. 그 사이트가 뭘 하는지 의뢰한 본인들도 잘 모를 거라는 점이다.

새로운 사이트에 처음으로 들어가면 내 머리에 떠오르는 4가지 질문이 있다. 홈페이지는 이 질문에 최대한 빠르고 명확하게 답해야 한다.

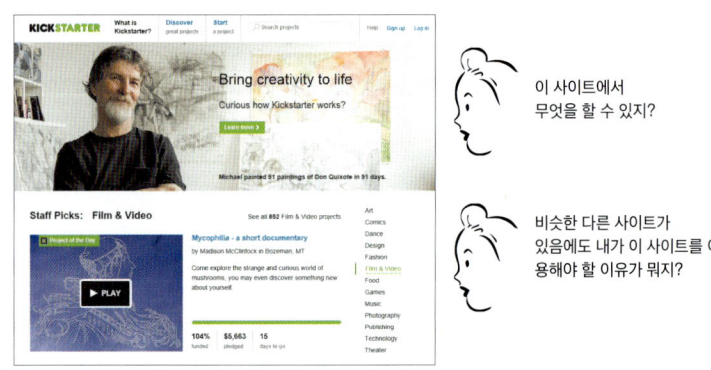

별다른 수고를 들이지 않아도 즉시 정확하고 명료하게 답할 수 있어야 한다.

만약 몇 초안에 원하는 답을 얻지 못한다면 페이지에 있는 모든 것을 해석하기가 더 어려워지고 다른 부분을 잘못 해석하거나 답답함을 느끼게 될 가능성이 커진다.

하지만 만약 내가 이렇게 기본적인 부분을 쉽게 이해할 수 있다면 페이지에서 본 모든 것을 바르게 해석할 가능성이 훨씬 커진다. 그리고 그 덕분에 만족스럽고 성공적인 경험을 할 가능성 또한 커진다.

나는 바로 이것을 웹 디자인의 빅뱅이론이라고 부른다. 이 이론의 바탕에는 우리가 알고 있는 그 빅뱅이론처럼 새로운 웹 사이트나 웹 페이지에 처음 접속한 몇 초가 매우 중요하다는 아이디어가 깔려있다. 페이지를 열자마자 얼마나 많은 일이 일어나는지 보여주는 명쾌한 실험이 있다. 검색 엔진에서 'Attention Web Designers: You Have 50 Milliseconds to Make a Good First Impression!'[3]을 검색해보라. 어떤 웹 사이트가 보기 좋은지, 콘텐츠 양이 많은지 혹은 적은지, 페이지에 공간이 있는지, 어떤 부분이 내 흥미를 끄는지 등 웹 사이트를 빠르게 훑어보고 첫인상을 형성하는 정보를 얻는 데 걸리는 시간은 1,000분의 1초 정도밖에 되지 않는다.

그 실험에서 가장 흥미로웠던 점은 이렇게 초기에 받은 인상이 실제 그 페이지에서 어느 정도 시간을 보낸 후에도 거의 변하지 않는다는 데 있다. 다시 말해 사람들은 빠르게 판단을 내리는 경향이 있다. 성급한 판단임에도 이는 논리적인 근거에 따라 진행한 평가의 결과를 예상할 만한 꽤 신뢰도 높은 예측 변수가 된다.

초기에 이해한 내용이 항상 옳다는 뜻은 아니다. 사실 사용성 평가를 진행해보면 대상이 무엇인지, 그 대상이 어떻게 작동하는지 초기 예상과 크게 다른 경우가 정말 많다. 그런데도 사용자들은 초기에 본인이 얻은 '지식'으로 그들이 보는 모든 것을 해석하곤 한다.

사용자들은 "이 사이트는 _____을 위해 존재한다."라는 가정을 초기에 만들어 놓는다. 이 가정이 틀려도 뒤에 나오는 모든 내용을 억지로 끼워 넣기 시작한다. 그게 잘 안 되면 잘못된 해석만 자꾸 늘어난다. 처음에 잘 이해하지 못한 사용자는 보통 점점 더 잘못된 방향으로 간다.

처음부터 사용자를 제대로 안내해서 전체적인 그림을 명확히 그릴 수 있게 도와주는 일이 중요한 이유는 바로 여기에 있다.

오해는 없길 바란다. 다른 부분도 모두 중요하다. 사용자에게 강한 인상을 남기고 매력을 발산하고 길을 안내하고 광고를 보여주는 부분도 필요하다. 하지만 이런 부분은 빠뜨리는 경우가 별로 없다. 개발팀 내부뿐 아니라 외부에서도 많은 사람이 이런 부분을 꼼꼼히 챙기고 있기 때문이다. 그러나 안타깝게도 사이트의 핵심 역할이 무엇인지 이해시키는 데 관심을 기울이는 사람은 없다.

---

3 (옮긴이) '웹 디자이너라면 주목하세요. 좋은 첫 인상은 찰나의 순간에 결정됩니다!'

홈페이지에 전체적인 그림을 설명하지 않을 때 갖다 붙이는 그럴듯한 변명 TOP 4

필요 없어요. 누구에게나 뻔히 보이니까요.

사이트를 만드는 사람에게는 자신의 사이트가 제공하는 콘텐츠가 무엇인지, 그 내용이 왜 대단히 훌륭한지 명확히 보이므로 모든 사람이 이러한 사실을 분명히 보지 못한다는 사실을 이해하기 어렵다.

설명은 한번 보고 나면 귀찮은 존재가 되어버리죠.

사이트에 방문할 때마다 똑같은 설명이 눈에 띈다는 이유만으로 그 사이트에 다시 방문하지 않는 사용자의 수는 매우 소수에 불과하다. 설명이 페이지의 절반 이상을 차지하고 있지 않다면 말이다.

우리 사이트가 꼭 필요한 사람이라면 스스로 알아낼 거에요.

여러분이 만든 사이트를 바로 '이해하지' 못하는 사람은 진짜 우리가 찾는 사용자가 아닐 거로 생각하고 싶을 것이다. 하지만 진실은 그렇지 않다.
"아, 이게 이럴 때 쓰는 거였어요? 늘 쓰는 건데 뭔지도 몰랐네요." 사이트를 평가할 때 이런 말은 흔하게 들을 수 있다.

광고에서 설명했으니 됐잖아요.

어떤 사용자가 TV, 라디오, 웹, 지면 광고를 이해했다고 치자. 그 사용자가 여러분의 사이트에 왔을 때 자신이 봤던 내용을 정확히 기억할 수 있으리라 생각하는가?

홈 페이지가 아직도 그렇게 중요하다고요?

이런 생각을 하는 분들도 있을 것이다.

"아직도 홈페이지로 들어가는 사람이 있나? 2004년에나 그랬지."

맞는 말이다. 웹 초창기에 비하면 홈페이지의 중요성은 크게 줄었다. 이메일이나 블로그, SNS에 있는 링크를 통해 사이트 한복판으로 진입하는 사용자의 수가 홈페이지를 통해 사이트에 방문하는 사용자 수와 비슷이거나 이젠 더 많을 때도 있다.

그래서 이제는 모든 페이지가 홈페이지처럼 사용자를 인도하는 역할을 해야 한다. 여러분이 누구이고, 하는 역할은 무엇인지, 그리고 여러분이 만든 사이트에 담긴 내용은 무엇인지 알려주어야 한다.

페이지에 그런 역할을 할 만한 공간이 있는 경우가 별로 없다는 게 문제다. 그래서 많은 사용자가 새로운 행동 양식을 따르게 되었다.

사용자들은 링크를 통해 사이트 한가운데로 순간이동해서 접속한 페이지를 둘러본다. 그 다음에 가장 많이 하는 행동은 자신이 있는 위치를 가늠하기 위해 홈페이지를 방문하는 것이다. 나는 이 행동이 잠수부가 위치를 확인하기 위해 물 위로 올라오는 것과 비슷하다고 생각한다. 방문한 페이지가 재미있다고 느낀 사람은 그 사이트에 어떤 내용이 더 담겨 있는지 보고 싶어한다. 자신에게 필요한 정보가 담겨 있다면 누가 이 정보를 올렸는지, 믿을 만한 정보인지 확인하고 싶어한다.

이런 행동이 계속 홈페이지를 중심으로 일어나는 한 홈페이지를 잘 만들어 둘 필요가 있다.

중요한 메시지는 이렇게 전달하라

홈페이지에 있는 모든 부분은 사이트에 대한 사용자의 이해를 도와줄 수 있다. 하지만 어떤 사이트인지 명확한 안내가 담겨 있으리라고 사용자가 특별히 주목하는 주요 부분이 세 군데 있다.

- **태그라인** 사이트 ID 바로 옆 공간은 몸값이 가장 비싼 곳 중 하나다. 우리는 ID에 시각적으로 연결된 문구가 태그라인이며 그 문구가 사이트 전체를 설명한다는 사실을 안다. 태그라인에 대해서는 뒤에서 자세히 다루도록 하겠다.
- **환영 문구** 환영 문구는 사이트를 간단하게 설명하는 문구다. 홈페이지 상단 왼쪽이나 중앙의 콘텐츠 부분처럼 홈페이지에서 눈에 잘 띄는 자리에 놓이므로 방문자의 시선을 처음에 사로잡는다.

태그라인

RESERVATION READY
예약을 도와드립니다

환영 문구

Online Booking Software
Rezdy is the easiest way to take online bookings for tours, activities, rentals, charters, shuttles & tickets.

온라인 예약 소프트웨어
레지(Rezdy)와 함께라면 여행, 활동, 임대, 전세, 셔틀, 입장권 예약 등 각종 온라인 예약을 가장 편하게 하실 수 있습니다.

■ **'더보기'** 혁신적인 제품이나 비즈니스 모델은 일정 분량의 설명을 필요로 하는 경우가 많다. 일반 사용자는 통상적으로 그런 설명을 끝까지 읽을 정도 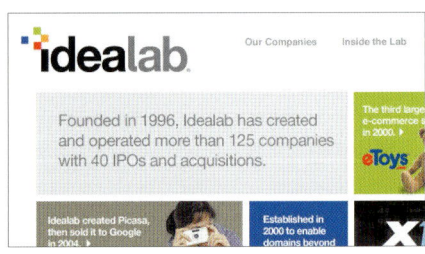 의 인내심을 보이지 않는다. 하지만 컴퓨터나 모바일 기기에서 짧은 동영상을 보는 일에 익숙해진 사용자들이 늘어나고 있다. 그래서 설명을 담은 짧은 동영상이 있으리라 기대하거나 그런 동영상을 보고 싶다고 생각하는 사람들 또한 늘어나고 있다.

모든 사용자가 이 세 가지 요소를 확인할 것이라는 말을 하는 게 아니다. 이러한 요소의 존재를 모든 사용자가 인식할 거라는 얘기도 아니다. 사용자 대부분은 우선 홈페이지 전반에 담긴 콘텐츠를 통해 무슨 사이트인지 추측할 것이다. 하지만 그것만으로 맞추기 어렵다면 알아내는 데 도움이 되는 요소가 페이지 어딘가에라도 있기를 바랄 것이라는 이야기를 하고 싶었다. 이렇게 중요한 메시지를 전달할 몇 가지 방법을 소개하도록 하겠다.

■ **필요한 만큼 공간을 마음껏 사용하라.** (a) 어떤 사이트인지 이해하지 못하는 사용자가 있다는 걸 상상조차 하기 어렵고 (b) 홈페이지 공간은 다른

목적으로 사용해야 한다고 목소리를 높이는 사람들이 많으므로 아마 홈페이지 공간을 마음껏 쓰는 게 꺼려질 수도 있다.

Kickstarter.com을 예로 들어보자. 킥스타터는 새로운 유형의 사이트였으므로 설명해야 할 부분 또한 많았다. 그래서 이들은 이런 설명을 하는데 홈페이지 많은 부분을 현명하게 활용했다. 페이지상 거의 모든 요소가 어떤 사이트인지 설명하거나 설명을 보완하는 역할을 하고 있다.

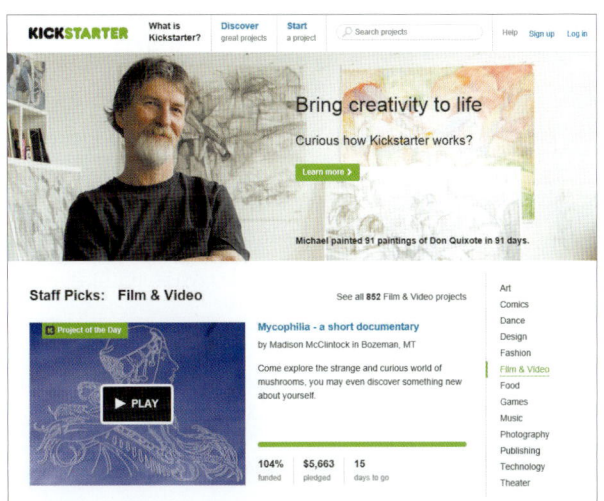

킥스타터에 태그라인은 없는 듯하다. 'Bring creativity to life(생활에 창의성을 도입하자)'라는 문구가 태그라인이 아니라면 말이다. 하지만 이 사이트가 어떤 역할을 하고 어떤 방식으로 작동하는지 사용자들이 확실히 이해할 수 있도록 그들은 감탄스러울 정도로 대단한 양의 노력을 쏟아부었다.

기본 내비게이션에서 가장 눈에 띄는 자리에 'What is Kickstarter(킥스타터란 무엇인가?)'라는 질문을 두었다.

- **필요한 정도 이상의 공간을 사용하지 마라.** 기본적인 내용을 전달하는데 굳이 넓은 공간을 쓰지 않아도 되는 사이트가 대부분이다. 그리고 홈페이지 전체를 메시지 전달에 할애하면 사용자의 몰입도가 떨어지기 쉽다. 메시지는 간결하게 전달하라. 요점을 전달할 정도면 충분하니 일부러 길게 만들지 마라. 좋은 특징을 모두 나열할 필요도 없다. 중요한 몇 가지만 언급하라.

- **기업 강령을 환영 문구로 사용하지 마라.** 미스 아메리카 결승에 오른 후보라도 되는 것처럼 홈페이지에 기업 강령^{mission statement}을 적어 놓는 경우가 많다. "XYZ사는 급성장하고 있는 무슨 무슨 분야의 문제들에 대해 세계적인 수준의 해결책을 제공합니다…." 하지만 그런 글은 아무도 읽지 않는다.

■ **홈페이지는 반드시 평가를 거쳐야 할 아주 중요한 요소다.** 여러분 스스로 내린 판단을 믿지 마라. 홈페이지 디자인을 조직 외부 사람에게 보여주고 디자인이 제 역할을 살하고 있는지 꼭 확인해달라고 부탁해야 한다. 빠진 부분이 '핵심적'일수록 조직 내부 사람들 눈에는 잘 보이지 않는다.

좋은 태그라인이 최고야™ 4

태그라인은 한 기업의 특징을 설명하는 함축적인 한 구절을 가리킨다. 여기에는 그 기업이 하는 활동에 대한 소개와 그 기업이 훌륭한 이유가 담겨 있어야 한다. 태그라인은 '말도 안 되게 저렴한 가격의 자동차 수천 대', '하늘의 별보다 더 많은 스타'5, '종이 매체에 적합한 모든 뉴스'6 등의 예에서 볼 수 있듯이 광고, 엔터테인먼트, 출판업계에서 오랫동안 활용되었다.

태그라인은 웹 사이트상 사이트 ID 바로 아래, 위 혹은 바로 옆에 위치한다.

태그라인은 메시지를 매우 효율적으로 전달하는 도구다. 사이트의 목적을 단순한 문구로 표현한 데다 사용자가 가장 먼저 확인하는 좋은 위치에 두기 때문이다.

태그라인을 선택할 때 고려해야 할 몇 가지 특성은 다음과 같다.

■ **좋은 태그라인은 명확하고 유익하며** 여러분이 만든 사이트나 여러분이 몸담은 조직이 하는 일을 정확하게 설명한다.

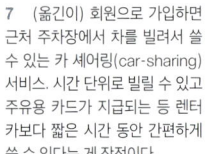
필요할 때 여러분 곁에 있습니다7

식당 예약 · 무료 · 즉시 · 확정

4 (옮긴이) 저자는 'Nothing beats a good tagline!'을 실제 상표로 등록할 생각에 상표 기호(Trade Mark)를 붙여둔 것이라 한다. 물론 기본적으로 농담의 뜻으로 보면 된다.

5 1930~1940년대 MGM (Metro-Goldwyn-Mayer) 스튜디오의 태그라인

6 뉴욕타임스의 태그라인. 개인적으로는 「매드(Mad)」지의 패러디 버전을 더 좋아한다. '적합한 모든 뉴스를 인쇄합니다(All the News That Fits, We Print.)'

7 (옮긴이) 회원으로 가입하면 근처 주차장에서 차를 빌려서 쓸 수 있는 카 셰어링(car-sharing) 서비스. 시간 단위로 빌릴 수 있고 주유용 카드가 지급되는 등 렌터카보다 짧은 시간 동안 간편하게 쓸 수 있다는 게 장점이다.

■ 좋은 태그라인은 **충분한 내용을 담고 있되 과하게 길지 않다.** 6~8 단어 six to eight words 정도의 분량이 적당하다. 그 정도면 전체 생각을 담지 못할 정도로 짧지 않고 집중도가 떨어질 정도로 길지도 않다.

열 소비율 정보를 제공하는 미국 정부 공식 사이트

정부 사업 관련 정보를 한눈에

■ 좋은 태그라인은 **차이점을 전달하고** 명확한 이득을 보여준다. 제이콥 닐슨은 해당 서비스에만 적합한 문구가 진짜 좋은 태그라인이라고 했다. 나도 이 방식이 좋은 태그라인을 구분하는 훌륭한 방법이라고 생각한다.

Urbanspoon Boston
Boston restaurants and reviews from critics, food bloggers, and friends.

보스턴 식당과 평론가, 음식 블로거, 친구들이 남긴 후기

Urbanspoon Tucson
Tucson restaurants and reviews from critics, food bloggers, and friends.

투손 식당과 평론가, 음식 블로거, 친구들이 남긴 후기

Urbanspoon Brisbane
Brisbane restaurants and reviews from critics, food bloggers, and friends.

브리즈번 식당과 평론가, 음식 블로거, 친구들이 남긴 후기

■ 나쁜 태그라인은 **포괄적이다.**

'생활에 편리함을 더합니다', '훌륭한 선택을 하셨습니다', 혹은 '여러분을 지켜주고 도와줍니다' 등의 기업 모토motto와 태그라인을 혼동하지 마라. 기업 모토는 지침, 목표, 이상을 표현하고 태그라인은 제안하는 가치를 전달한다, 모토에는 고결하고 고무적인 표현을 사용한다. 대상이 어떤 역할을 하는지 모르는 사용자에게 모토는 답을 주지 못한다.

시간 절약. 돈 절약. 정신 절약

8　(옮긴이) 우리나라의 한국전력공사처럼 미국과 영국 내 전기와 가스 공급을 담당하는 공공기업

당신과 함께. 당신을 위해.

내셔널그리드(NationalGrid)[8]는 굳이 기업 모토와 태그라인을 구별해서 쓸 필요가 없을 것이다. 공공기업인 내셔널그리드(NationalGrid)를 사용하는 사람들에게는 선택의 여지가 없을 것이므로 차별화하는 것이 의미 없기 때문이다.

- 좋은 태그라인은 **매력 있고 생생하며 때론 기발하다.** 기발하다는 사실이 장점으로 작용하려면 기발한 표현을 통해 가치를 더욱 명확히 전달해야 한다. 기발한 표현 때문에 가치가 불투명하게 전달된다면 기발하다는 것은 아무 의미가 없다.

생활이 더 편해집니다

이걸 읽으면 다른 것을 읽을 필요가 없습니다

최고의 계란 요리 맛집을 찾아서

태그라인 따위 없어도 그만이야

태그라인 없이 그럭저럭 잘 운영되는 사이트도 존재한다. 예를 들면

- 누구나 아는 몇몇 사이트
- 오프라인상으로 이미 유명세를 탄 업체가 만든 사이트

하지만 나는 이런 사이트에도 태그라인이 도움 된다고 생각한다. 여러분

이 아무리 유명하다고 한들 사용자를 크게 방해하지 않는 방식으로 여러분의 사이트의 장점을 알릴 좋은 방법이 있는데 굳이 사용하지 않을 이유는 또 무엇이겠는가? 또 오프라인 브랜드가 아무리 강력하다고 해도 온라인상에서 해야 할 임무가 똑같을 리는 없다. 그 차이를 설명하는 것도 중요한 일이다.

다섯 번째 질문

사용자가 자신이 도착한 사이트가 어떤 곳인지 알게 되었다고 해도 홈페이지에는 해야 할 숙제가 하나 더 남아 있다.

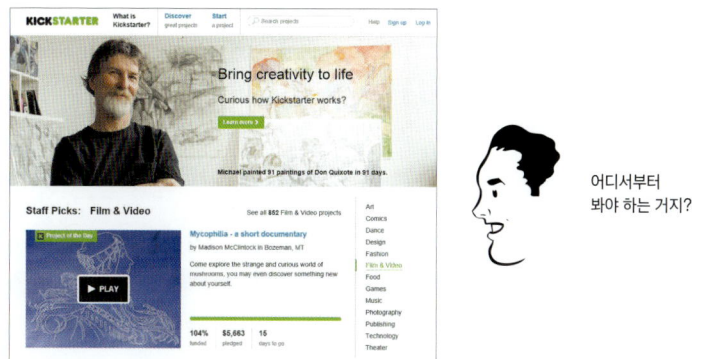

새로운 사이트에 방문해서 홈페이지를 잽싸게 둘러본 것만으로도 사용자가 다음 사항을 자신 있게 말할 수 있게 해주어라.

- 검색은 여기서 하면 되는구나.
- 브라우징은 여기서 하면 되네.
- 가장 많이 찾는 내용은 여기에 있구나.

대출을 신청할 때처럼 절차를 단계별로 따라서 사용해야 하는 사이트라면 시작 지점이 시선을 확 잡아끌어야 한다. 신규 사용자는 등록을, 기존 사용자는 로그인해야 하는 사이트도 있다. 그런 사이트라면 등록이나 로그인하는 곳이 눈에 잘 띄어야 한다.

하지만 모든 것을 눈에 띄게 하려고 하면 진입 지점이 눈에 잘 띄지 않게 된다. 모든 것까지는 아니라고 해도 '금주의 사업 모델로 선정된 사항에 대한 모든 것'처럼 특정 사항에 대한 내용을 전부 눈에 띄게 하려는 시도도 마찬가지 결과로 이어진다. "여기서 시작해!", "아니야, 여기를 먼저 클릭해!"라고 외치는 항목으로 도배된 페이지에서 진입 지점을 찾기란 어려운 일이기 때문이다.

이런 일을 방지하려면 진입 지점이 진입 지점답게 보이도록 해야 한다. 검색 상자는 검색 상자답게, 섹션 목록은 섹션 목록답게 하는 것과 비슷한 이치다. '검색', '카테고리별 탐색', '로그인'이라고 라벨을 명확하게 붙여라. 그리고 절차를 단계별로 따라야 하는 페이지라면 '여기서 시작start here'이라는 라벨을 붙여서 명시하라.

황금알을 낳는 거위를 잡아먹고 싶은 이유

홈페이지를 만들다 보면 근시안적인 행동을 하기도 한다. 그래서인지 홈페이지 디자인 관련 회의에 앉아 있을 때 'killing the golden goose(황금알을 낳는 거위를 죽여버린다.)'는 경구가 자주 머릿속을 스치듯 지나가곤 한다.[9] 모든 요소가 다 도드라지게 하려는 것이 이런 행위 중 최악이다.

홈페이지상에서 특정 요소를 도드라지게 할 때 문제가 발생하는 이유는 그 효과가 너무 좋기 때문이다. 홈페이지상에서 눈에 띄는 요소들은 확실히 트래픽이 높아진다. 아주 많이 높아진다. 그래서 모든 이해관계자가 이런 생각을 하게 된다. '내 것도 홈페이지에 올리고 싶은데?'

문제는 홈페이지에 요소를 더해서 얻는 보상과 비용이 공평하게 분배되지 않는다는 점이다. 홈페이지에 실린 섹션이 트래픽을 왕창 가져가는 대신 홈페이지가 어수선해지면서 발생하는 전체적인 효과의 저하라는 짐은 모든 섹션이 함께 짊어져야 한다.

---

9 나는 이 문구가 잭과 콩나무 이야기에서 왔다고 생각했었다. 하지만 그 이야기에 등장하는 거인에게 황금알을 낳는 거위가 있긴 했지만 이 거위를 죽이려는 사람은 없었다. 무분별하게 거위를 잡아 죽인 이야기는 이솝우화에 등장한다. 줄거리는 단순하다. 사람들이 거위를 발견했고 탐욕스러워져서 거위를 죽인 덕분에 거위알을 더는 얻을 수 없게 된다. 여기서 얻는 교훈은? '지나친 욕심을 부리다 제 꾀에 넘어간다.'

10 19세기 아마추어 수학자였던 윌리엄 포스터 로이드(William Forster Lloyd)가 창안한 개념이다. 인구 과잉 문제에 대해 다룬 생물학자 가렛 하딘(Garrett Hardin)이 1968년 12월 사이언스지에 기고한 고전 논문 「The Tragedy of Commons」를 통해 널리 알려졌다.

공유지의 비극 the tragedy of the commons 10 은 이러한 상황을 적절히 보여주는 완벽한 예다. 전제는 단순하다.

공유된 자원은 남용 때문에 반드시 파괴된다

마을이 공유하는 목초지를 예로 들어보자. 목동으로서는 공유 목초지에 가축을 한 마리씩 더 들일 때마다 한 마리분의 수익이 증가한다. 이것은 긍정적인 효과 +1으로 볼 수 있다. 하지만 공유지 관점에서는 가축을 한 마리 더 들일 때마다 가축당 사용할 수 있는 공유지의 면적이 줄어든다. 이러한 부담은 다른 모든 목동이 함께 짊어져야 한다. 목동 1인당 감당해야 하는 부정적인 영향은 -1보다는 적을 것이다.

합리적으로 사고하는 목동이라면 당연히 동물 수를 늘릴수록 본인에게 이득이 된다는 사실을 안다. 그리고 될 수 있으면 다른 누군가 하기 전에 먼저 늘리는 편이 좋다. 그리고 정상적으로 사고하는 목동이라면 모두 동일한 결론에 다다른다. 결국, 공유지란 이렇게 불행한 결말을 맞이할 운명인 것이다.

과잉 홍보로 홈페이지를 뒤덮지 않으려면 꾸준히 조심하는 방법밖에 없다. 딱 하나만 더 넣자는 욕심은 끊임없이 샘솟기 때문이다.

홈페이지를 공유지처럼 쓸 때 생기는 부작용을 모든 이해관계자에게 알려주고 인기 있는 다른 페이지와 상호 판촉하기, 홈페이지 한 공간을 정해두고 돌아가며 사용하기 등 트래픽을 늘리는 다른 방법을 제안할 필요가 있다.

7장 웹 디자인의 빅뱅이론

8

"농부와 카우보이는 친구가 되어야 한다"

사용성에 대한 토론이 시간만 낭비하고 끝나는 이유와
방지 대책

> 쟁기질을 좋아하는 이도 있고
> 소몰이를 좋아하는 이도 있지.
> 이 둘이 친구가 되지 못할 이유는 하나도 없다네!
> - 영화 「오클라호마」, 오스카 해머스테인 2세

마음대로 하도록 내버려 둔 웹 팀은 사용성 문제에 대한 결정을 제대로 내리지 못하는 것으로 악명이 높다. 한 가지 주제에 대한 논쟁을 계속 되풀이하느라 귀중한 시간을 흘려보내는 경우가 상당히 많다.

다음 장면을 생각해보라.

이렇게 끝없이 이어지는 토론을 나는 '종교적인 논쟁'이라고 부른다. 종교나 정치와 관련된 토론과 비슷한 점이 많기 때문이다. 대체로 이런 토론은 증명할 수 없는 문제를 둘러싸고 일어난다. 아마 이들은 중요한 목표를 성취할 최고의 방법을 찾고 있었을 것이다. 여기서 말하는 목표는 세계 평화나 효과적인 관리처럼 거창한 것일 수도 있고 웹 페이지 디자인처럼 소박한 것일 수도 있다. 어쨌든 이러한 토론은 그 목표에 대해 강한 개인적 신념을 지닌 사람들이 모여 있는 자리에서 일어난다. 종교적인 논쟁이 보통 그러하듯 토론에 참여한 인물들이 본인의 견해를 바꾸는 경우는 거의 없다.

이런 토론은 시간을 허비할 뿐 아니라 긴장감을 불러일으키고 팀 구성원 간의 존경심을 약화시키며 종종 중요한 결정을 내리지 못하게 막는 역할을 하기도 한다.

안타깝게도 대부분의 웹 팀 내에서는 이런 토론을 피할 수 없게 하는 힘이 몇 가지 작용한다. 본 장에서는 이러한 힘에 대해 설명하고 내가 생각하는 최고의 해결책을 소개해볼까 한다.

"모든 사용자는 _____을 좋아해"

웹 사이트 작업을 하는 모든 이에겐 한 가지 공통점이 있다. 우리 모두 웹 사용자이기도 하다는 것이다. 그리고 모든 웹 사용자가 그렇듯 우리도 웹 사이트 구성 요소에 대해 강한 호불호가 있다.

주메뉴가 웹 페이지 상단을 가로지르고 하위 메뉴가 좌측면으로 내려가는 형태를 좋아하는 사용자가 많다. 그편이 익숙하고 사용하기도 편하기 때문이다. 반면 싫어하는 사용자도 있다. 너무 뻔한 구성이기 때문이다. 또 사용자는 즐거운 감정이 환기되는 이미지를 커다랗게 넣은 페이지를 좋아한다. 매력적이기 때문이다. 하지만 싫어하는 사용자도 있다. 바로 콘텐츠를 볼 수 있는 구성을 선호하기 때문이다. ____이 있는 사이트를 정말 좋아하는 사용자도 정말 성가서하는 사용자도 있을 수 있다.

하지만 한 프로젝트에 참여하고 있는 구성원끼리 서로의 호불호를 전부 확인한 상태에서 프로젝트를 시작한다는 것은 이상에 가까울 정도로 어려운 일이다.

그 결과 좋은 웹 사이트란 무엇인지에 대해 서로 다른 확신이 있는 개인들이 한 회의실에 모이게 된다.

이러한 확신과 인간의 본성에 힘입어 사람들은 자신의 호불호를 사용자에게 자연스럽게 일반화한다. 우리에게는 사용자가 자신이 좋아하는 것을 좋아하고 자신과 비슷한 방식으로 사고한다고 생각하는 경향이 있다.

모든 사용자가 우리와 똑같을 것으로 생각한다는 뜻은 아니다. 우리가 좋아하는 것을 싫어하는 사람도 일부 존재한다는 사실은 잘 안다. 우리가 속한 팀에서도 이런 사람을 만날 수 있으니 말이다. 그러나 지각 있는 사람이라면 우리와 생각이 다를 리 없다. 그 정도로 생각이 모자라는 사람이 많을 리 없지 않겠는가.

농부 대 카우보이

개인적인 확신이라는 층 위에 또 다른 층이 있다. 직업적인 신념이다. 영화「오클라호마」속 농부와 카우보이가 그렇듯이 웹 팀 구성원들은 어떤 직종에 근무하느냐에 따라 좋은 웹 디자인을 구성하는 요소가 무엇인지 각기 다른 관점을 갖고 있다.[1]

1 영화 「오클라호마」 속에서도 검소하게 신을 경외하며 가족 위주로 살아가는 농부와 자유분방한 삶을 즐기는 카우보이는 항상 뜻이 잘 맞지 않는다.

직업에 따라 이상적이라고 생각하는 웹 페이지의 차이

사장님

개발자

디자이너

사업개발팀

나는 사람들이 직업을 선택할 때 그 사람이 어떤 사람인지 반영된다고 생각한다. 디자이너를 예로 들어보자. 아마도 디자이너들은 본인이 호감이 가는 시각적 경험을 좋아하기 때문에 그 직업을 선택했을 것이다. 이들은 우아한 서체와 섬세한 시각적 단서로 가득 찬 페이지를 보면 본능적인 즐거움을 느낀다.

개발자들은 복잡성을 좋아하는 경향이 있다. 이들은 사물이 어떻게 작동하는지 알아낸다거나 머릿속으로 리버스 엔지니어링을 해본다거나 특정 사물을 어떻게 활용할지 아이디어를 떠올려보는 일을 좋아한다. 이때 이들에게도 엔도르핀이 분비된다.

그리고 이러한 반응은 뇌화학적 수준에서 일어나므로 다른 사람들이 본인과 똑같이 느끼지 않는다는 사실을 상상하기란 매우 어려운 일이다.

디자이너들은 멋져 보이는 사이트를, 개발자들은 흥미롭고 독창적이고 기발한 기능이 들어간 사이트를 만들기 원한다. 이 그림에서 누가 농부이고 누가 카우보이인지는 모르겠다. 하지만 디자인 우선순위를 설정해야 할 때 이런 관점의 차이가 갈등 그리고 악감정으로 이어지곤 한다는 건 확실하다.

하지만 아트 클라이너^{Art Kleiner}가 제품을 파는 이들과 만드는 이들 간의 싸움이라고 묘사했던 더 큰 충돌이 일어나는 상황에서는 디자이너와 개발자가 운명을 함께 하는 때도 있다.[2]

고위 경영진, 마케팅, 사업 개발팀처럼 판매 조직에 속하는 이들은 벤처 캐피털, 거래의 수익성, 사용자를 사이트로 유인할 장치 등의 문제에 집중

2 「스트레티지+비즈니스(strategy+business)」지에 실린 <Corporate Culture in Internet Time(인터넷 시대의 기업 문화)>를 읽어보라. strategy-business.com/article/10374

한다. 반면 실제 사용자를 약속된 땅으로 인도할 책임은 디자이너나 개발자처럼 개발 조직 내에서 장인의 역할을 하는 이들의 손에 남는다.

이는 영화 「오클라호마」영화 속 농부, 카우보이 대 철도 부호가 보여준 기술부서와 영업부서 사이에 존재하는 고질적인 싸움의 최첨단 버전이다. 이 싸움이 사용성 문제에 대한 논의를 더 복잡하게 만든다. 이 싸움은 보통 판매 조직에서 상명하달 식으로 내려온 독단적인 명령에서 시작되곤 한다.[3]

3 한 사이트 홈페이지에서 아주 도드라지는 난감한 요소를 발견한 적이 있다. 그 부분만 빼면 꽤 괜찮은 디자인이었다. 의견을 부탁하기에 그 부분을 빼는 게 어떻겠냐고 물었다. 그들의 답변은 이랬다. "아, 그거요. 그거 사장님이 꿈에서 보셨데요. 그래서 넣은 거예요." 실제 일어났던 일이다.

'평균 사용자'라는 신화

웹 디자인 회의는 웹 사용자들이 우리와 비슷하다는 믿음 때문에 교착 상태에 빠지곤 한다. 하지만 이러한 믿음 뒤에는 더 심각한 문제가 도사리고 있다. 많은 웹 사용자가 어떠하리라는 근거 없는 확신 말이다.

개인적, 직업적 의견의 충돌이 정체기에 들어서면 대화는 보통 사용자 대부분이 무엇을 좋아하는지 싫어하는지, 즉 평균 웹 사용자가 정말 좋아하는 것이 무엇인지 알아내는 방향으로 흘러간다. 하지만 진짜 문제는 평균 사용자는 존재하지 않는다는 데 있다.

사실 사용자들이 웹을 사용하는 모습을 관찰하면 할수록 이와 정반대의 결론에 이르게 된다.

모든 웹 사용자는 다르다
그러니 웹 사용 방식도 모두 다르다고 보면 된다

사용자를 주의 깊게 관찰하고 그들이 본인의 의도, 동기, 사고 과정을 표현하는 내용을 들어보면 볼수록 웹 페이지에 대한 개인의 반응을 결정짓는 변수가 너무 많으므로 일차원적인 호불호의 관점에서 사용자를 묘사하려고 하는 시도는 결국 수포로 돌아가는 비생산적인 행동이라는 걸 깨닫게 된다.

평균 사용자 신화가 끼치는 가장 부정적인 영향은 사람들이 좋아하는 것이 무엇인지 알아내야 좋은 웹 디자인이 완성된다는 환상에 힘을 실어준다는 점이다. 이런 환상에는 매력이 있다. 풀다운 메뉴는 사용자 대부분이 좋아하므로 좋은 것일 수도, 사용자 대부분이 싫어하므로 나쁜 것일 수도 있다. 이야기를 한 페이지에 길게 싣는 게 좋을 수도 있고, 짧은 페이지 여러 장에 나누어 싣는 게 좋을 수도 있다. 홈페이지 이미지 슬라이드, 메가 메뉴, 롤오버 등의 요소는 좋을 수도 나쁠 수도 흑일 수도 백일 수도 있다.

문제는 많은 웹 디자인 질문에 딱 잘라 '옳다'고 할 수 있는 답이 없다는 것이다. 사용자의 필요를 채워주는 디자인이 좋은 디자인이다. 깊은 고민을 거쳐서 세심하게 제작하고 평가해야 좋은 디자인이 완성된다.

절대 하면 안 되는 것이나 어지간하면 피해야 하는 것이 없다는 뜻으로 하는 말은 아니다. 명백히 틀렸다고 말할 수 있는 웹 페이지 디자인 방법도 존재한다. 다만, 웹 팀이 옳고 그름을 쉽게 단정 짓기 어려운 주제로 자주 언쟁을 벌인다는 말을 하고 싶었다.

종교적인 논쟁은 이렇게 해결하라

핵심은 이렇다. "사용자 대부분이 풀다운 메뉴를 좋아할까?" 같은 질문은 비생산적이다. "이 풀다운 메뉴, 이 항목, 이 페이지, 이 맥락에서 이 단어를 선택하면 이 사이트를 사용하는 사용자 대부분에게 좋은 경험을 제공할 수 있을까?"가 좋은 질문이다.

이런 질문에 답하는 방법은 딱 한 가지다. 평가해보는 것이다. 팀의 기술, 경험, 창의성, 상식을 집합적으로 활용해서 평가용 버전을 완성해야 한다. 설사 매우 조잡한 버전이 되더라도 말이다. 그래서 사람들이 평가용 버전을 가지고 이게 어떤 사이트인지, 사용 방법은 무엇인지 알아내는 모습을 주의 깊게 관찰한다.

이를 대체할 수 있는 방법은 없다.

사람들이 무엇을 좋아하는지 토론하다 보면 시간이 낭비되고 팀 에너지는 소모된다. 사용성 평가를 하면 무엇이 옳은지 그른지, 사람들이 무엇을 좋아하는지 싫어하는지 영역에서 진행되던 토론이 어떤 것이 효과가 있고 없는지의 영역으로 옮겨간다. 그러면 토론이 마무리되고 프로젝트가 교착 상태를 벗어난다. 그리고 평가를 통해 사용자의 동기, 인식, 반응이 얼마나 다양한지 드러나므로 모든 사용자가 본인과 닮았다는 착각에서 벗어날 수 있다.

내가 사용성 평가의 긍정적 효과에 대해 말하고 있다는 걸 눈치챘는가?

사이트를 평가하는 구체적인 방법은 다음 장에서 설명하도록 하겠다.

9

적은 비용으로
사용성 평가하기

여러 번 해도 부담 없는
간단한 사용성 평가 방법

진작 할 걸 그랬어요.
- 웹 사이트 사용성 평가를 처음 해보는 이들이 한 번쯤 꼭 하는 이야기

나는 이런 전화를 자주 받는다.

'2주 안에 론칭'이라는 말과 '사용성 평가'라는 말을 한 문장에서 들으면 나는 화염에 휩싸인 화학공장으로 뛰어드는 소방관이 된 듯한 감정에 휩싸인다. 2주가 2개월로 바뀐다 해도 마찬가지였을 것이다. 어떻게 돌아가는 상황인지 빤히 예상되기 때문이다.

2주 전이라면 재난 같은 상황이 벌어지지 않도록 확인해달라는 요청일 확률이 매우 높다. 곧 있을 론칭 때문에 불안해하던 중에 누군가 "사용성 평가 좀 해보면 어떨까?"라는 제안을 했을 것이다.

2개월 전이라면 내부적인 논쟁을 해결해달라는 요청일 가능성이 크다. 이러한 논쟁은 보통 미학적인 문제를 둘러싸고 벌어진다. 사무실에 도발적인 디자인을 좋아하는 이들과 고상한 디자인을 좋아하는 이들, 두 분파가 생긴 것이다. 그리고 이러한 논쟁에 모두가 지쳐갈 때쯤 비용을 허가해줄 만한 권한이 있는 사람이 나서서 이렇게 말했을 것이다. "평가라는 걸 좀 받아서라도 결론을 내봅시다."

사용성 평가가 이러한 논쟁을 잠재울 때도 있긴 하다. 하지만 보통은 애

초에 그들이 다투던 문제가 별로 중요하지 않았다는 사실을 깨달으며 상황이 마무리된다. 사람들은 커튼 색깔을 결정하기 위해 평가를 의뢰한다. 하지만 방에 창문을 넣어야 한다는 걸 깜빡했다는 사실을 깨달으며 평가를 마치는 격이다. 사용자가 사이트의 핵심 가치도 이해하지 못하는데 캐스케이딩 메뉴$^{\text{cascading menu}}$[1]나 메가 메뉴$^{\text{mega menu}}$[2] 중 무엇을 선택하느냐는 별로 중요한 문제가 아니다.

이런 전화를 받는 횟수가 예전보다 줄어들긴 했다. 나는 이러한 변화를 '사용성 문제는 프로젝트 초기부터 신경 쓰는 게 좋다'는 인식이 발전했다는 징후로 보고 긍정적으로 해석하고 있다.

하지만 안타깝게도 사용성 평가 진행 방법에 대한 인식은 아직 그만큼 발전하지 못했다. 수행 시점은 너무 늦고 수행 횟수는 너무 적으며 수행 목표 또한 잘못된 경우가 여전히 많다.

제 말을 따라하세요: 포커스 그룹은 사용성 평가가 아닙니다

처음 전화해서 더 무서운 얘기를 하는 분도 있다.

프로젝트 막바지에 포커스 그룹 테스트를 요청하는 부서는 보통 마케팅 쪽이다. 론칭 날짜는 다가오는데 사이트가 잘못된 방향으로 가고 있다고 생각되면 잠재적인 재난을 피하고자 더 높은 권위에 기대어 희망을 찾으

---

1 (옮긴이) 한 메뉴를 클릭했을 때 하위 메뉴가 옆으로 드러나는 메뉴 형태를 가리킨다. 하위 메뉴가 펼쳐지는 모습이 폭포(cascade) 같다고 해서 붙어진 이름이다.

2 (옮긴이) 풀다운 메뉴의 일종이며 엄청나게 크다는 뜻의 '메가(mega)'라는 이름에 걸맞게 사이트 전체 구조와 각 페이지 내용이 한꺼번에 담길 정도로 큰 메뉴를 사용하는 것이 특징이다. 사이트의 구조를 한눈에 파악할 수 있는 것이 장점이다.

려 하는 것이다. 여기서 말하는 더 높은 권위란 시장 조사다. 그리고 포커스 그룹 테스트가 이들이 선호하는 시장 조사 방법 중 하나다.

의뢰인에게 필요한 건 포커스 그룹 테스트가 아니고 사용성 평가라는 사실을 열심히 설명해야 하는 때가 자주 있었다. 이런 일이 하도 자주 일어나기에 이럴 때 쓸 짧은 애니메이션을 만들었다(someslightlyirregular.com/2011/08/you-say-potato).

차이점을 간단히 설명하자면 다음과 같다.

- **포커스 그룹 테스트**를 할 때는 5~10명 정도의 인원이 함께 둘러앉아서 특정 제품에 대한 대화를 나눈다. 대화 주제는 그 제품과 관련된 자신의 과거 경험이나 새로운 콘셉트에 대한 의견이 주를 이룬다. 포커스 그룹 테스트는 물건에 대한 사용자의 감정이나 의견 표본을 빠르게 추출해야 할 때 유용하다.
- **사용성 평가**는 한 사람이 어떤 물건을 가지고 일반적인 과제를 수행하는 과정을 지켜보는 것이다. 대상은 웹 사이트, 제품 프로토타입, 새 디자인을 담은 스케치 등이 될 수 있다. 그 과정에서 사용자가 혼란스럽다거나 답답하다는 느낌이 드는 지점을 찾아서 고치는 것이 사용성 평가의 목표다.

사용성 평가와 포커스 그룹 테스트의 가장 큰 차이점은 사람들이 그 물건에 대해 나누는 대화를 듣는 데 그치지 않고 그 물건을 실제 **사용하는** 모습을 보는 데 있다.

포커스 그룹은 사용자가 원하는 것, 필요로 하는 것, 좋아하는 것이 무엇인지 추상적으로 알아내고자 할 때 활용하기 좋은 방법이다. 사이트의 근간을 이루는 아이디어가 타당한지, 사이트가 제공하는 가치에 매력이 있는지 확인하기 좋다. 여러분이 사이트를 통해 해결하려고 하는 문제를 사람들이 현재 어떻게 해결하고 있는지, 여러분이나 여러분의 경쟁자를 사람들이 어떻게 생각하는지 알아낼 수 있다.

하지만 포커스 그룹은 여러분이 만든 사이트의 작동 여부나 개선 방법을 알려주지 **못한다**.

포커스 그룹을 통해 배우는 내용은 디자인이나 제작 **이전에** 알고 있어야 하는 사항이므로 프로젝트 기획 단계에서 수행해야 가장 유용한 결과를 얻는다. 반면 사용성 평가는 제작 프로세스 전반에 걸쳐 유용하게 사용된다.

사용성 평가에 대한 몇 가지 진실

사용성 평가에 대해 내가 알고 있는 몇 가지 주요 사항은 다음과 같다.

- **훌륭한 사이트를 만들려면 반드시 평가해야 한다.** 사이트 제작에 참여한 사람은 제작에 착수한 지 몇 주만 지나도 그 사이트를 새로운 관점으로 보지 못한다. 이미 너무 많은 것을 알고 있기 때문이다. 실제 잘 작동하는지 확인하는 유일한 방법은 다른 사람들이 사용하는 모습을 관찰하는 것이다.

  평가를 해보면 사람들이 여러분과 다른 방식으로 사고한다는 사실을 깨닫게 된다. 여러분이 아는 내용을 누구나 알고 있지 않고 웹 사용방식도 모두 다르다.

  옛날에는 평가를 경험의 폭을 넓혀주는 여행으로 생각하는 것이 좋다는 말을 자주 했었다. 평가 후에는 사람들이 서로 얼마나 다른지 혹은 비슷한지 알게 되고 사물을 바라보는 시각도 신선해진다.[3]

  하지만 요즘은 평가가 다른 동네에 사는 친구가 놀러 온 것과 비슷하다고 이야기한다. 자신이 사는 동네의 관광 명소를 친구들과 함께 다니다 보면 평소에는 너무 익숙해서 발견하지 못하던 것들이 눈에 띈다. 그리고 평소에 여러분은 당연히 여기는 많은 것이 모든 이에게 자명하진 않다는 사실도 깨닫게 된다.

- **평가 참가자가 한 명뿐이어도 좋다. 그렇게라도 평가를 하는 편이 아예**

3 린 스타트업 관계자는 이를 현장 경험이라고 한다.

하지 않는 것보다 100% 낫다. 평가는 항상 도움이 된다. 적정 사용자 선택에 실패한 최악의 평가를 통해서도 사이트를 개선하는 데 큰 도움이 되는 중요한 내용을 발견할 수 있다.

나는 실시간 사용성 평가를 워크숍 초반에 꼭 넣는다. 사용성 평가가 쉽고 늘 귀중한 통찰을 제공한다는 사실을 사람들이 직접 확인하도록 말이다.

워크숍 참석자 중 지원을 받아서 사이트에서 과제를 해보게 한다. 이러한 평가를 하는데 드는 시간은 15분 미만이다. 하지만 사이트를 만든 사람들이 그 짧은 시간 동안 남기는 메모의 양은 여러 페이지에 달한다. 그리고 평가 녹화본을 함께 일하는 팀원들에게 보여주어도 되는지도 꼭 묻는다. 팀원들과 녹화본을 공유한 덕분에 절약한 금액을 나중에 계산해보니 10만 달러나 되더라는 이야기를 들려준 사람도 있었다.

■ **프로젝트 초기에 진행한 평가가 프로젝트 후반에 진행한 평가보다 낫다. 설사 초기 평가 대상자가 1명뿐이고 후기 평가 대상자가 50명이 된다고 하더라도 말이다.** 평가를 대단한 일로 여기는 사람들이 많다. 하지만 그럴수록 평가가 늦어지므로 평가 결과를 충분히 활용할 수 없게 된다. 프로젝트 초기에 평가를 진행하면 평가에서 배운 내용을 적용할 시간적 여유가 많다. 그러므로 초기의 간단한 평가가 프로젝트 후반의 복잡한 평가보다 더 가치 있는 경우가 많다.

웹에 올린 내용은 나중에 수정하기 쉽다는 것이 웹 개발에 대한 사회적 통념 중 하나다. 하지만 사용 중인 사이트 수정은 생각처럼 녹록지 않다. 특히 중요한 부분을 바꿀 때는 더욱 그렇다. 변화를 달가워하지 않는 사용자도 있기 마련이고 단순한 변화가 거대한 나비효과를 일으키는 일도 있기 때문이다. 프로세스 초반에 바로 잡은 작은 실수가 나중에 발생할 문제를 줄여준다.

DIY 사용성 평가

사용성 평가는 오랫동안 사용된 방법이고 그 기본 아이디어는 꽤 단순하다.

사람들이 제품을 사용하는 모습을 직접 관찰하는 중에 문제가 발생하는 지점을 메모하면서 그 제품이 사용하기 너무 어렵지 않은지 확인하는 것이다.

하지만 사용성 평가 방식이 등장한 초기에는 평가 진행 비용이 무척 비쌌다. 당시에는 사용성 연구실, 한쪽 편에서만 보이는 거울을 달아둔 관찰실, 사용자의 반응을 녹화하는 비디오카메라와 스크린을 갖추고 평가 계획을 세운 후 수월한 진행을 도와주는 사용성 전문가를 고용해야 했다. 또한, 통계적으로 의미 있는 결과를 얻기 위해 많은 참가자[4]를 모집해야 했다. 사용성 평가는 과학이었다. 1회에 드는 비용이 $20,000~$50,000에 육박했기 때문에 자주 할 수 없었다.

하지만 1989년 제이콥 닐슨은 「Usability Engineering at a Discount」라는 제목의 논문을 통해 사용성 평가가 꼭 그렇게 거창하게 진행될 필요는 없다는 사실을 지적했다. 그는 사용성 연구실이 꼭 필요치 않으며 훨씬 적은 참가자로도 똑같은 결과를 얻을 수 있다고 했다. 그 후 회당 비용은 $5,000~$10,000까지 떨어졌다.

비용을 낮춘다는 아이디어 덕분에 사용성 평가는 크게 진보했다. 하지만 웹 사이트당 $5,000~$10,000라는 비용은 여전히 적지 않은 금액이었기에 평가 횟수가 기대만큼 늘지는 않았다.

이번 장에서 여러분에게 추천하는 내용은 이보다 더 단순한 방법이다. 가격도 훨씬 더 저렴하다. 바로 DIY 평가다.

시간이나 비용이 부담될 때 스스로 할 수 있는 평가 방법을 알려주려고 한다.

내 말을 오해하지 않길 바란다. 여력이 있다면 전문가를 고용하는 편이 좋다. 전문가들이 산출한 결과가 여러분이 한 것보다 훌륭할 가능성이 크다. 하지만 고용할 여력이 없다면 스스로 해보라.

나는 DIY 평가의 가치를 매우 높게 평가한다. 그래서 DIY 평가 방법을 설명하는 짧은 책도 한 권 낸 바 있다. 책 제목은 『Rocket Surgery Made Easy:

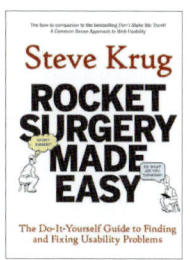

4 우리는 이들을 '피실험자'라 부르지 않고 참가자라고 부른다. 우리가 그들을 평가하는 게 아니고 그들이 우리 사이트를 평가한다는 점을 명확히 하기 위해서다.

5 (옮긴이) 스티브 크룩, 『스티브 크룩의 사용성 평가 이렇게 하라』(2010, 위키북스)

The Do-It-Yourself Guide to Finding and Fixing Usability Problems』[5]이다.

	전통적인 평가 방법	DIY 평가 방법
회당 소요 시간	평가에 1~2일, 브리핑이나 보고서 준비에 1주일 정도 필요하다. 그 뒤 고칠 내용을 정하기 위해 몇 가지 절차가 이어진다.	한 달에 하루 오전 시간을 내서 평가하고 브리핑하고 고칠 부분을 결정한다. 오후가 시작될 무렵에는 그달 치 사용성 평가가 끝나 있을 것이다.
평가 시기	사이트가 거의 완성될 무렵	개발 프로세스 전체에 걸쳐 꾸준히
평가 횟수	시간이나 비용의 부담 때문에 보통 프로젝트당 1~2회	한 달에 한 번
회당 참가자 수	8명 이상	3명
참가자 선택 방법	대상 사용자와 비슷한 사람으로 신중하게 모집한다.	필요한 경우 되는대로 모집한다. '실제' 사용자를 대상으로 평가한다는 점보다 평가를 자주 한다는 점이 더 중요하다.
평가 장소	외부 시설에서, 한쪽에서만 보이는 거울이 설치된 관찰실이 있는 장소를 빌려서 한다.	사무실에서, 화면 공유 소프트웨어를 사용해서 회의실에서 관찰한다.
누가 관찰하는가?	외부에서 종일 하는 평가라면 직접 볼 수 있는 인원이 제한적일 수밖에 없다.	사무실에서 오전 시간 동안 진행한다면 평가를 '직접' 볼 수 있는 인원이 늘어난다.
보고	두꺼운 보고서(25~50페이지)를 작성하려면 누군가 1주일 정도 수고해야 한다.	브리핑에서 결정한 사항을 1~2쪽짜리 이메일에 요약한다.
누가 문제를 구별하는가?	평가를 진행한 사람이 결과를 분석하고 수정할 내용을 추천한다.	개발팀과 관심 있는 이해관계자가 평가 당일 점심을 함께하며 평가 중에 기록한 내용을 비교하고 고칠 내용을 결정한다.
주목적	가능한 한 많은 문제를 찾아낸다. 경우에 따라 수백 개가 될 수도 있다. 이를 분류한 후 중요도에 따라서 우선순위를 정한다.	가장 시급한 문제를 구별하고 다음 평가가 진행되기 전에 수정되도록 업무를 할당한다.
지출 원가	전문가를 고용했을 때 회당 $5,000~$10,000	회당 수백 달러 미만

그 책은 평가 전체 프로세스를 단계별로 안내하며 이 장에서 다룰 주제를 훨씬 더 자세히 다룬다.

평가 주기는 어느 정도가 좋을까?

웹 개발팀이라면 한 달에 한 번 오전 시간을 들여서 하는 게 좋다고 생각한다.

오전 시간을 할애하면 사용자 3명을 대상으로 평가를 진행하고 점심시간에 브리핑할 수 있다. 그 정도면 충분하다. 브리핑을 마칠 즈음에는 다음 평가 진행 전에 고칠 부분을 결정한다. 거기까지 하면 그달 치 평가가 마무리된다.[6]

왜 한 달에 한 번, 오전 시간으로 하는가?

- **단순하므로 지키기 쉽다.** 한 달에 한 번 오전 한나절 정도의 시간이 평가를 위해 팀원 다수가 함께 낼 수 있는 시간의 한계라고 보면 된다. 너무 복잡하거나 시간이 많이 들면 바쁠 때 하기 어려워진다.
- **그 정도면 필요한 내용을 얻을 수 있다.** 사용자 3명을 관찰해서 얻은 결과만으로도 다음 달 평가 전까지 팀원을 바쁘게 할 만한 충분한 양의 업무가 생길 것이다.
- **언제 평가할지 결정하는 수고를 덜어준다.** '매달 세 번째 목요일'처럼 평가일을 미리 정해두는 것이 좋다.

이런 방식이 '베타 버전이 완료되면 평가하자'는 것처럼 프로젝트 단계나 결과에 따라서 평가 일정을 정하는 것보다 훨씬 낫다. 프로젝트 일정은 어긋나기 마련이므로 그에 따라 평가 일정까지 어그러질 수 있기 때문이다. 걱정하지 마라. 이렇게 주기적으로 진행해도 매번 평가할 내용이 부족할 일은 없을 것이다.

- **사람들의 참석률이 높아질 확률이 높다.** 정해진 일정에 따라 오전 시간

---

[6] 애자일 개발을 한다면 평가 주기가 더 짧아도 좋다. 하지만 원칙은 똑같다. 수행 주기를 2주에 한 번으로, 참가자 수를 2명으로 줄이는 등 구체적인 내용은 상황에 맞게 자유롭게 변형해도 좋다. 평가 일정을 정하고 지키는 것이 핵심이다.

만 들이는 거라면 시간을 내기 쉽다. 그러므로 관찰할 팀원의 수도 늘어난다. 전체를 볼 수 없을 때는 일부라도 보러 올 것이다. 이렇게 평가의 일부라도 보는 이가 늘어나는 것은 매우 바람직한 현상이다.

사용자는 몇 명이 필요한가?

나는 DIY 평가 1회에 필요한 적정 참가자 수는 3명이라고 본다.

  3명으로는 충분치 않다고 불평하는 사람도 있을 것이다. 아마 무엇을 증명할 표본으로 삼기엔 너무 적은 수라거나 모든 문제를 밝혀내기엔 역부족이라는 이유를 들 것이다. 둘 다 맞는 말이다. 하지만 그 두 가지 다 문제가 되지 않는다. 그 이유는 이렇다.

- **이러한 평가의 목적은 무언가 증명하는 게 아니다.** 무언가 증명하려면 정량적인 평가가 필요하다. 평가 목적을 명확히 정의한 후 더 큰 규모의 표본을 대상으로 계획을 엄격히 준수하며 평가를 진행하고 방대한 자료를 모아서 분석해야 한다.

  DIY 평가는 정성적인 방법을 사용한다. 본인들이 만드는 것을 개선하기 위해 사용성 문제를 찾고 고치는 것이 평가의 목표다. 그 과정은 엄격과 거리가 멀다. 참가자에게 해야 할 일을 주고 그들을 관찰하면서 배운다. 평가는 무언가 증명하려고 하는 게 아니다. 실행으로 옮길 수 있는 통찰을 얻기 위해 하는 것이다.

- **모든 문제를 찾을 필요는 없다.** 사실 평가를 통해 모든 문제를 찾는 것은 불가능한 일이다. 그리고 만약 찾는다고 해도 여러분에게 도움이 되지 않는다. 그 이유는 이러하다.

> 한나절 동안 찾은 내용만으로도 한 달 작업량을 채우고 남는다

여러분이 찾는 문제의 양은 여러분에게 허락된 자원으로 고칠 수 있는 분량을 늘 넘어설 것이다. 그러므로 우선순위를 정해서 문제에 집중하는 것

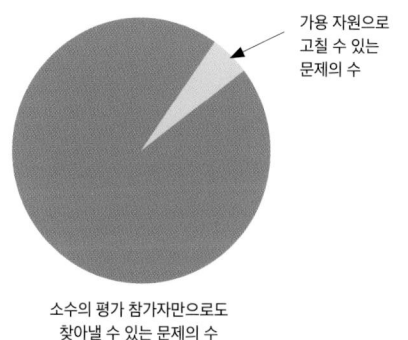

가용 자원으로 고칠 수 있는 문제의 수

소수의 평가 참가자만으로도 찾아낼 수 있는 문제의 수

이 매우 중요하다. 사용자 세 명 정도면 여러분이 평가한 부분과 관련된 가장 중요한 문제를 많이 찾아낼 가능성이 매우 크다.

게다가 평가는 매달 할 것이다. 각 평가에서 가능한 한 많은 내용을 쥐어짜내는 것 보다 평가를 여러 번 하는 것이 더 중요하다.

참가자는 어떻게 선택하는가?

평가를 진행하기로 하면 최대한 대상 사용자에 가까운 사용자를 모집하는데 많은 시간을 들이는 이들이 많다. '25~30세의 남성 회계사, 컴퓨터 실무 활용 경력 1~3년, 최근에 고가의 구두를 구매한 사람'처럼 구체적인 조건을 맞추기 위해 애쓴다.

여러분이 만든 사이트를 사용할 만한 사용자를 대상으로 평가를 진행했을 때 얻는 장점도 분명히 있다. 하지만 생각만큼 중요하지는 않다. 보통은 아무 사용자나 참가자로 모집해도 문제가 없다. 특히 평가를 시작한 초기라면 누구나 발견할 만한 사용성 결함이 많을 것이다.

특정 프로필에 맞는 사용자를 데려오려면 그런 사람을 찾는 수고와 참가자 수고비 지출이 늘어난다. 참가자 모집에 쓸 시간이 충분하다거나 여러분을 대신해 추가적인 수고를 해줄 사람을 고용할 여력이 있다면 구체적인 요구를 마음껏 해도 좋다. 하지만 이상적인 사용자를 찾느라 평가에 쓸 시간이 줄여야 한다면 다른 접근법을 권하고 싶다.

참가자 모집에 너무 많은 에너지를 쏟지 말고
상대평가하라

다시 말해 원하는 사용자를 찾는 것은 좋다. 다만, 그 문제에 너무 매달리지 마라. 필요조건을 완화하고 실제 참가자와 대상 사용자 사이에 차이가 있다 해도 받아들여라. 참가자 중 한 사람이 문제가 있다고 할 때 이렇게 자문해보라. "실제 사용자도 경험하게 될 문제일까? 아니면 참가자가 우리 사용자라면 알 만한 사전 지식이 없어서 발생하는 문제일까?"

자산관리 전문가들을 위해 만든 환전 관련 사이트처럼 여러분의 사이트를 사용하는데 특정 분야에 대한 지식이 필요하다면 그러한 지식이 있는 사람을 일부 섭외하는 게 좋다. 하지만 심각한 사용성 문제는 비전문가도 쉽게 찾을 수 있으므로 모든 참가자가 해당 분야 전문가일 필요는 없다.

사실 나는 다음 세 가지 이유 때문에 평가에 대상 사용자가 아닌 참가자가 포함되는 편이 더 좋다고 생각한다.

- **대상 사용자만 쓸 수 있는 사이트로 만들겠다는 건 그다지 좋은 생각이 아니다.** 전문 지식은 다루기 까다로운 영역이다. 여러분이 자산관리자라면 이해할 수 있으리라 생각하는 용어로 페이지를 구성한 후 실제 자산관리자를 대상으로 평가해보면 여러분이 전달하려는 내용을 이해하지 못하는 이의 수가 많지는 않지만 그래도 간과해서는 안 되는 수준에 이른다는 걸 깨닫게 될 것이다. 게다가 전문적인 사이트라고 해도 전문가뿐 아니라 초보자도 사용할 수 있게 만들어야 한다.
- **우리는 알고 보면 누구나 초보자다.** 전문가를 초빙하기란 어렵다. 하지만 그렇게 모셔와 봐야 지식 수준만 약간 높을 뿐 임기응변 방식을 쓰는 건 마찬가지다.
- **초보자도 알아보기 쉬운 수준으로 만들었다고 해서 전문가가 모욕감을 느끼지는 않는다.** 명료성은 누구나 고마워하는 덕목이다. 진정한 명료성은 단순히 수준을 낮춰서 얻을 수 있는 게 아니다. 비전문가 대부분이 사용할 수 있다면 전문가가 사용하는 데에도 문제가 없을 것이다.

참가자는 어떻게 찾는가?

평가 참가자를 모집할 장소나 방법은 많다. 사용자 그룹, 박람회, 크레이그리스트Craiglist[7], 페이스북, 트위터, 사용자 포럼, 사이트 팝업을 활용하거나 친구나 지인들에게 부탁해도 된다.

직접 모집하려면 닐슨 노먼 그룹이 발간한 147쪽짜리 보고서 「How to Recruit Participants for Usability Studies」[8]를 받아보라. 무료로 다운로드할 수 있다. 전부 읽을 필요는 없겠지만 훌륭한 조언이 담겨 있는 자료다.

1시간짜리 평가에 참여한 평균 웹 사용자에게 통상 $50~$100 수준의 금액을 지급한다. 심장병 전문의처럼 연봉이 높고 바쁜 직군의 사람들에게는 수백 달러를 지급하기도 한다.

나는 현행 시세보다 약간 더 높은 금액을 주는 걸 선호한다. 참가자가 내준 시간을 가치 있게 생각한다는 점을 명확히 전달하는 동시에 참석률도 높일 수 있는 방법이기 때문이다. 평가는 1시간 안에 끝난다고 해도 오고 가는 시간 때문에 참가자가 쓰는 시간은 이보다 많을 수밖에 없다는 사실을 기억하라.

평가는 어디서 하는가?

평가 장소로는 방해 요소가 없고 탁자 혹은 책상 하나와 의자 두 개가 있는 조용한 장소가 적합하다. 흔히 사무실이나 회의실을 사용한다. 그리고 인터넷에 연결한 컴퓨터 한 대와 마우스, 키보드, 마이크가 하나씩 필요하다.

그리고 팀원, 이해관계자를 비롯해 관심 있는 이들이라면 누구나 평가 과정을 볼 수 있도록 고투미팅GoToMeeting이나 웹엑스WebEx 같은 화면 공유 소프트웨어를 사용하라.

테크스미스Techsmith의 캠타시아Camtasia 같은 화면 녹화 소프트웨어를 사용해서 화면이나 진행자, 참가자가 말하는 내용을 녹화하라. 다시 참고할 일이 없을지도 모른다. 하지만 확인할 내용이 있을 때나 프레젠테이션에

---

7 (옮긴이) 미국의 유명한 온라인 벼룩시장

8 2003년에 올라온 자료이긴 하지만 현재에도 적용되는 유용한 내용이 담겨 있다. 단, 달러 가치가 20% 상승했다는 사실을 고려하면서 읽어라. 방금도 말했지만, 심지어 무료 자료다. nngroup.com/reports/tips/recruiting에 있다.

넣을 짧은 클립이 필요할 때도 있으니 녹화해 두는 편이 좋다.

누가 진행하는 게 좋은가?

진행자는 참가자 옆에 앉아서 평가 진행을 돕는 사람이다. 사용성 평가는 누구나 진행할 수 있다. 해보고 싶은 마음이 있다면 조금만 연습해도 금세 잘할 수 있다.

　나는 여러분이 평가를 직접 진행하리라고 가정하고 이 책을 썼다. 만약 여러분이 직접 하지 않을 거라면 참을성이 있고 차분하고 다른 사람의 감정에 잘 공감하며 이야기를 잘 들어주는 사람을 선택하라. "다른 이들과 잘 어울리는 사람은 확실히 아냐."라는 평을 듣거나 "걸핏하면 짜증을 내."라고 낙인이 찍힌 사람은 고르지 마라.

　진행자는 참가자가 편안하게 본인의 임무에 집중하게 해야 할 뿐 아니라 생각하고 있는 내용을 최대한 많이 소리 내어 말하게 해야 한다. 참가자가 주어진 과제를 하면서 무엇을 하는지 보고, 어떤 생각을 하는지 듣는 과정에서 관찰자는 다른 사람의 관점으로 사이트를 경험한다. 그래서 본인이 보기에는 혼란스러울 게 없는 부분에서 사용자가 답답하다고 느끼는 이유를 이해하게 된다.

누가 관찰하는가?

최대한 많은 인원이 하면 좋다!

  평가를 관찰한 이들이 그 과정에서 변한다는 점이야말로 평가에서 얻는 가장 가치 있는 결과 중 하나다. 평가를 지켜보던 중에 사용자를 대하던 기존의 관점이 극적으로 바뀌는 이들이 많다. 사용자가 본인과 다르다는 사실을 갑자기 '깨닫기' 때문이다.

  팀원, 이해관계자, 관리자, 경영진까지 최대한 많은 사람이 관찰에 참여하게 할 수 있는 일이라면 무엇이든 하라. 사실 평가에 할당된 자금에 여유가 있다면 맛있는 간식을 준비해서 사람들이 최대한 많이 오도록 유인하라고 권하고 싶다.(내 경험상으로는 초콜릿 크루아상이 특히 효과가 좋았다.)

  평가가 진행되는 방에서 어떤 일이 일어나는지 관찰하게 해주려면 관찰실, 인터넷에 연결한 컴퓨터, 화면 공유 소프트웨어, 커다란 모니터나 프

로젝터, 스피커 한 쌍이 필요하다. 관찰실로는 보통 회의실이 가장 많이 사용된다.

모든 관찰자는 평가를 마친 후 쉬는 시간마다 각자 자신이 발견한 가장 심각한 사용성 문제 세 개를 적어두어야 한다. 이때 메모한 내용은 브리핑 시간에 공유하라. 이럴 때 쓸 수 있는 양식을 내 사이트에 올려두었다. 메모가 길어지는 건 괜찮지만, 메모한 내용을 바탕으로 목록을 만들 때는 짧게 만드는 게 중요하다. 브리핑의 목적은 먼저 고쳐야 할 가장 중요한 문제를 구별하는 데 있기 때문이다.

무엇을, 언제 평가하는가?

사용성 전문가들은 평가 시작 시점이 프로젝트 초반에 가까울수록 좋고, 평가 주기는 짧을수록 좋다고 입을 모아 이야기한다.

사실 평가를 하기에 너무 이른 시점은 없다. 심지어 사이트 디자인을 시작하기 전에도 여러분이 만들 사이트와 경쟁 관계에 있는 사이트를 평가해도 좋기 때문이다. 진짜 경쟁 상대를 선택해도 좋고 여러분이 만들 사이트와 스타일, 구조, 기능이 비슷한 사이트를 선택해도 좋다. 참가자 3명을 모집해서 경쟁 사이트 1~2개에서 일반적인 작업 몇 개를 해보게 하고 보는 것만으로도 어떤 요소가 효과 있고 어떤 요소가 효과 없는지 많이 배울 수 있다. 디자인이나 제작이 전혀 이루어지지 않은 시점에도 말이다.

기존 사이트의 디자인을 고칠 계획이라면 디자인 작업 시작 전에 평가해보는 게 좋다. 그러면 문제가 있어서 고쳐야 할 부분과 문제가 없어서 그대로 두어도 될 부분을 구분할 수 있다.

대강 완성한 첫 번째 스케치부터 와이어프레임, 페이지 구성, 프로토타입, 실제 페이지가 완성되기까지 프로젝트 전반에 걸쳐 팀에서 만든 모든 것을 꾸준히 평가해보라.

평가할 과제는 어떻게 선택하는가?

여러분은 평가를 진행할 때마다 참가자가 수행할 과제를 생각해야 한다.

과제 구성은 평가 당시 평가할 만한 내용이 얼마나 만들어졌느냐에 영향을 받는다. 현재 스케치를 완성한 단계라고 해보자. 이러한 단계의 과제는 스케치를 보고 그 스케치가 어떻게 보이는지 알려달라는 정도의 질문으로 구성할 수밖에 없을 것이다.

프로젝트가 이보다 더 진행되어서 참가자에게 보여줄 내용이 많다면 우선 그 상태에서 사용자가 할 수 있는 일의 목록부터 만들라. 만약 로그인 프로세스 프로토타입을 평가하는 중이라면 다음과 같은 과제 목록이 완성될 것이다.

 계정 만들기
 기존 ID와 비밀번호로 로그인하기
 비밀번호 찾기
 ID 찾기
 보안 질문 답변 바꾸기

평가 시간을 다 채울 수 있을 만큼 넉넉한 양의 과제를 준비하라. 1시간짜리 평가라면 과제로 35분 정도를 채우면 적당하다. 여러분의 예상보다 빠르게 작업을 완료하는 사람들도 있다는 사실을 염두에 두라.

여러분이 원하는 내용을 참가자가 정확히 이해할 수 있도록 과제 설명은 단어를 신중하게 골라서 작성하라. 그리고 참가자에게 꼭 필요하지만, 그들이 준비할 수 없는 정보를 빠뜨리지 않도록 주의하라. 평가 시 데모 계정이 필요하다면 여러분이 로그인 정보를 준비해두어야 한다. 다음 예를 보면 어떤 의미에서 한 말인지 이해할 수 있을 것이다.

여러분이 'delphi21'이라는 아이디에 'correcthorsebatterystaple'이라는 비밀번호를 사용해왔다고 해보자. 모든 사이트의 보안 질문에 똑같은 답을 사용하고 있는데 이 정보를 참가자에게 그대로 알려준다면 문제가 될 수 있다. 이 계정의 보안 질문에 대한 답은 참가자에게 알려주기 전에 미리 바꿔두라.

과제 세부사항 일부를 참가자 스스로 선택하게 했을 때 흥미로운 결과가 많이 도출되는 경향이 있다. '14달러 미만의 요리책을 찾으시오'라는 과제보다 '구매하고 싶은 책이나 최근에 구매한 책을 찾으시오'라고 하는 과제가 더 낫다는 이야기다. 이렇게 하면 참가자가 평가에 더 많은 감정을 쏟는다. 그리고 그 덕분에 콘텐츠에 대한 개인적인 지식도 더 많이 활용하게 된다.

평가 중에 어떤 일이 일어나는가?

내가 웹 사이트 평가에 사용하는 대본은 rocketsurgerymadeeasy.com에서 내려받을 수 있다. 조금 다른 내용으로 구성한 앱 평가용 버전도 있다. '대사'에 쓰인 단어 하나하나 매우 신중하게 골라서 작성한 것이므로 적혀 있는 그대로 읽는 것이 좋다.

   1시간짜리 평가는 일반적으로 다음과 같이 구성된다.

- **인사**(4분) 참가자가 진행 과정을 이해한 상태에서 평가에 임할 수 있도록 진행 방법을 설명하면서 시작한다.
- **배경 질문**(2분) 참가자에 대해 몇 가지 질문을 던진다. 참가자의 긴장을 풀어주는 동시에 그들의 컴퓨터나 웹 관련 지식 수준이 어느 정도인지 가늠하는 데 도움이 된다.
- **홈페이지 둘러보기**(3분) 평가할 사이트의 홈페이지를 열어서 둘러보고 그 사이트에서 무엇을 할 수 있을 거라 생각하는지 참가자에게 물어보라.

홈페이지가 이해하기 쉬운지, 해당 분야에 대한 참가자의 지식 수준은 어느 정도인지 알 수 있다.

■ **과제**(35분) 참가자가 일련의 과제를 수행하는 모습을 관찰하는 이 부분이 사용성 평가의 핵심이다. 시간이 오래 걸리는 과제라면 하나로만 구성해도 무방하다. 다시 한 번 이야기하지만, 여러분은 참가자가 과제에 집중하되 본인이 생각하는 내용을 소리 내어 말하게 해야 한다.

참가자가 본인의 생각을 말하지 않고 있을 때는 그들이 소리 내어 말하도록 유도하라. 그리고 대답을 기다리라. "지금 어떤 생각을 하시나요?" ("지금 어디를 보고 계시나요?", "지금은 무엇을 하시나요?" 등의 다양한 질문으로 변형할 수 있다.)

이 과정은 참가자 스스로 과제를 수행하게 하는 것이 중요하다. 그들에게 영향을 줄 만한 말이나 행동을 하지 마라. 유도신문도 하지 말고 그들의 작업이 완벽히 막혔거나 극도의 답답함에 시달리고 있는 게 아니라면 힌트나 도움을 주어서도 안 된다. 참가자가 도움을 요청한다면 "제가 없었다면 어떻게 하셨을 것 같은가요?" 같은 말로 답하라.

■ **심층 질문**(5분) 과제를 마치면 참가자에게 평가 중에 일어났던 일에 대해 묻거나 관찰실에 있던 이들이 묻고 싶었던 질문을 던질 수 있다.

■ **마무리**(5분) 도와주어 고맙다는 인사를 하고 수고비를 지급한 후에 나가는 문을 안내한다.

평가 세션 예시

일반적인 가상 평가 세션을 주석과 함께 보여주려고 한다. 참가자는 25세의 제니스[Janice]라는 여성이다.

소개

반가워요, 제니스. 저는 이번 평가를 진행할 스티브 크룩이라고 합니다. 시작하기 전에 몇 가지 알려 드릴 게 있습니다. 빠뜨리는 항목이 없도록 여기 적어 온 내용을 읽어 드리도록 하겠습니다.

물론 여기 와달라고 우리가 왜 부탁했는지 이미 잘 아시겠지만, 제가 다시 한번 간단히 정리해보겠습니다. 우리는 현재 제작 중인 웹 사이트를 평가해보려고 합니다. 우리 사이트가 사용자의 눈에 어떻게 비칠지 확인하는 것이 목적이고 시간은 1시간 정도 소요될 예정입니다.

우리가 평가하는 대상은 참가자가 아니라 사이트라는 사실을 기억해주십시오. 이 평가는 참가자가 하는 행동이 옳은지 그른지 구분하려고 진행하는 것이 아니므로 여러분은 틀리려야 틀릴 수가 없습니다. 그러니 실수할까 봐 걱정하지 않아도 됩니다.

생각하는 바를 우리에게 명확히 알려주면 좋겠습니다. 부정적인 의견에 우리가 불쾌해질까 걱정하지 않으셔도 됩니다. 평가는 사이트를 개선하기 위해 하는 것이시든요. 그러니까 생각하는 바를 정직하게 알려주시면 됩니다.

평가 중에는 생각하는 내용을 소리 내어 표현해달라거나 현재 머릿속에 드는 생각을 말해달라고 부탁할 수 있습니다. 말씀해주는 내용이 우리에게 도움이 되거든요.

나는 실제 사용성 평가를 진행할 때 대본을 그대로 읽는다.
이 대본은 rocketsurgerymadeeasy.com에서 내려받을 수 있다.

어떤 질문이든 편하게 하셔도 좋습니다. 하지만 답은 바로 드리지 못하는 때도 있습니다. 이 평가는 도와줄 사람이 옆에 없을 때 사용자가 어떻게 할지 알아보기 위해 진행하는 거니까요. 하지만 끝까지 궁금증이 풀리지 않은 내용이 있다면 평가를 마친 후에 알려 드리겠습니다.

그리고 잠시 멈추고 싶다면 언제든 말씀하십시오.

마이크 보셨나요? 괜찮으시다면 평가 중에 사용한 컴퓨터 화면이나 평가 중에 하신 이야기는 녹화할 예정입니다. 녹화한 내용은 사이트를 어떻게 개선할지 검토하는 용도로만 사용하고 프로젝트 작업에 참여한 이들에게만 공개하는 겁니다. 녹화하면 진행자인 제게도 도움이 됩니다. 평가 중에 메모를 많이 하지 않아도 되니까요.

또 웹 디자인 팀원 몇 명이 이 세션을 다른 장소에서 보고 있을 겁니다. 우리의 모습을 볼 수 있는 것은 아니고 평가 중인 컴퓨터 화면을 보고 있을 겁니다.

녹화를 승인한다는 내용이 담긴 간단한 양식에 서명을 부탁하겠습니다. 녹화를 허락하며 녹화한 내용은 프로젝트 작업에 참여한 사람들에게만 공개될 것이라는 내용이 담겨 있습니다.

시작 전에 궁금한 점이 있으신가요?

    아니요. 없는데요.

이런 부분을 미리 언급하는 것은 중요하다. 사전에 아무런 양해를 구하지 않고 평가 중에 답을 하지 않으면 무례해 보이기 때문이다. 그러므로 평가를 시작하기 전에 (a) 사적인 감정 때문에 답을 하지 않는 것이 아니며 (b) 평가가 마무리될 시점까지도 궁금증이 남아 있다면 답해줄 것이라고 확실히 얘기해두어야 한다.

이 시점에서는 많은 사람이 이런 질문을 한다. "저 아메리카 퍼니스트 홈 비디오 America's Funniest Home Videos [9]에 나오는 거 아니죠?"

[9] (옮긴이) 일반인이 몰래카메라 형식으로 찍은 재미있는 동영상을 보여주는 미국 ABC 방송의 프로그램

녹화 관련 허가를 구하는 서류를 건넨다. rocketsurgerymadeeasy.com에 관련 서류 몇 가지와 체크리스트 표본을 올려두었다.

9장 적은 비용으로 사용성 평가하기   139

배경 질문

사이트를 보기 전에 몇 가지 간단한 질문을 드리겠습니다. 우선 직업이 어떻게 되시나요? 종일 어떤 일을 하시나요?

> 저는 라우터router에요.

처음 듣는 직종이네요. 라우터는 정확히 어떤 일을 하는 직업인가요?

> 들어오는 주문을 받아서 사무실로 보내주는 역할을 하는 거에요. 제가 일하는 회사는 거대한 다국적 기업이거든요. 처리할 일이 아주 많아요.

그렇군요. 그러면 웹 브라우징, 이메일 확인을 포함해서 일주일간 인터넷 사용 시간은 어느 정도 되시나요? 대략적인 시간을 알려주시면 됩니다.

> 글쎄요. 회사에서는 하루에 4시간 정도 될 거 같고 집에서는 일주일에 8시간 정도 될 거 같아요. 집에서 쓰는 시간은 거의 주말이에요. 평일 저녁에는 피곤해서 다른 일을 못하거든요. 가끔 게임은 해요.

이메일과 브라우징 간 비율은 어느 정도 될까요? 이것도 대략적으로만 말씀해주시면 됩니다.

> 회사에선 주로 이메일을 확인하는 걸 거예요. 이메일이 많이 오거든요. 거의 쓸모없는 내용이지만 어쨌든 전부 보긴 해야 하니까요. 아마 삼분의 이 정도는 이메일을 보는 데 쓰고 나머지 삼분의 일은 브라우징을 하는 데 쓸 거예요.

경험상 참가자가 어떤 사람이고 인터넷 사용 패턴은 어떤지 대강 감이 올 정도의 질문 몇 개로 시작하는 게 좋다. 참가자로서는 긴장이 풀려서 좋고 여러분으로서는 참가자들이 하는 이야기를 여러분이 주의 깊게 듣고 있다는 사실을 알려줄 수 있어서 좋다. 답하는 내용에 옳고 그름이 없다는 사실을 보여줄 수 있다는 것도 장점이다.

아는 게 없다는 사실을 주저 말고 인정하라. 여러분의 역할은 전문가다운 인상을 주는 게 아니고 이야기를 잘 들어주는 사람이라는 인상을 주는 것이기 때문이다.

이 참가자가 자신의 실제 인터넷 사용 시간을 잘 모른다는 사실에 주목하라. 사람들 대부분은 잘 모른다. 하지만 걱정하지 마라. 이 질문은 정확한 답을 들으려고 하는 게 아니다. 이 대화는 참가자가 본인의 인터넷 사용 방법에 대해 생각하고 이야기하는 모습을 보고 상대방이 어떤 사용자인지 짐작해보기 위해 하는 것이다.

웹에서 브라우징할 때는 주로 어떤 사이트를 보시나요?

> 직장에서는 주로 회사 인트라넷을 봐요. 가끔 경쟁사 사이트를 보기도 하고요. 집에서는 게임 사이트나 쇼핑 사이트를 보죠.

자주 들어가는 웹 사이트가 있으신가요?

> 당연히 구글이죠. 늘 사용해요. 그리고 Snakes.com이라는 사이트도 좋아해요. 애완용 뱀을 키우거든요.

정말요? 어떤 종류의 뱀인가요?

> 비단뱀이에요. 길이가 120cm 정도 돼요. 하지만 성장을 마치면 2.4~2.7m까지 클 거예요.

그렇군요. 자, 이제 질문은 마치고 실제 평가에 들어가 보죠.

> 네, 그래요.

시간이 너무 지체되기 전에 본래 주제로 돌아오기만 한다면 사용자에게 더 질문을 던지고 그 사람에 대해 알아보는 것도 나쁘지 않다.

홈페이지 투어

먼저 페이지를 둘러본 후 어떻게 활용할 수 있을 것 같은지 의견을 들려주시면 됩니다. 이 페이지를 보고 어떤 생각이 드는지, 어떤 회사의 사이트일 것 같은지, 여러분이 여기서 할 수 있는 건 무엇인지, 이 사이트의 목적은 무엇인지 등에 대해서 말씀해주세요.

스크롤은 내리셔도 됩니다. 하지만 클릭은 아직 하지 마세요.

이 시점까지 브라우저에는 구글을 열어두라. 참가자의 주의가 분산될 만한 내용이 없기 때문이다.
그리고 이 단계에서 평가할 사이트를 새 탭에서 열고 마우스를 참가자에게 넘겨주라.

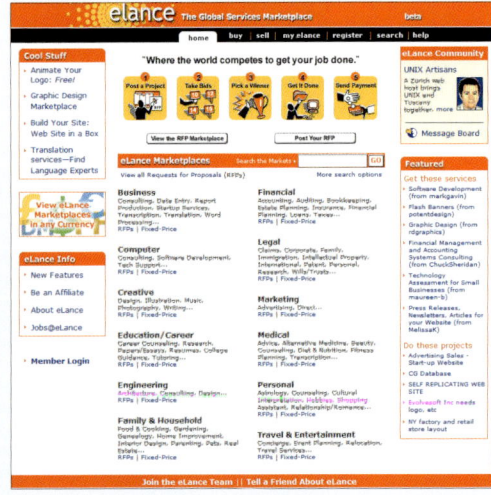

음, 우선 색상이 마음에 드네요. 주황색을 좋아해요. 태양 모양의 자그마한 그림도 좋고요 [페이지 상단 eLance 로고 아래에 있다].

어디 보자. [읽는다.] "The global services market(세계적인 서비스 시장)" "Where the world competes to get your job done(여러분의 일을 돕기 위해 전 세계의 경쟁자들이 모이는 곳)"

무슨 뜻인지 모르겠네요. 전혀 모르겠어요.

"Animate your logo: free(여러분의 로고에 애니메이션 효과를 주세요. 무료입니다.)" [왼쪽에 있는 'Cool Stuff' 부분을 본다.] "Graphic design marketplace(그래픽 디자인 시장)" "View the RFP marketplace(RFP 시장 보기)" "eLance marketplaces(이랜스 시장)"

뭔가 많이 있네요. 하지만 저는 무슨 소리인지 하나도 모르겠어요.

보통 테스트를 할 때면 색깔과 그림이 좋다는 사용자 다음에, 이번엔 색깔이 마음에 안 들고 그림은 너무 단순해 보인다고 말하는 사용자가 등장한다. 그러니 미적인 부분에 대한 반응에 일희일비하지 마라.

무슨 사이트인지 꼭 추측해보아야 한다면 어떤 사이트라고 하실 건가요?

> 뭔가 사고파는 거 같은데 [페이지를 다시 본다.] 목록 아래쪽을 보니까 [페이지 아래로 반쯤 내려오면 보이는 카테고리 목록] 아마 서비스를 사고파는 것 같은데요. 'Legal(법률)', 'Financial(금융)', 'Creative(창의적인 작업)', 이런 단어들은 서비스처럼 보이거든요.

이 사용자는 현재까지 자신이 생각하는 내용을 알아서 잘 말해주고 있다. 만약 그렇지 않은 사용자였다면 "지금은 무슨 생각을 하고 계신가요?"라는 질문을 던지기 시작했을 것이다.

> 그러니 아마 그거 같네요. 서비스 매매요.

좋아요. 그러면 집에 있다면 무엇을 가장 먼저 클릭하셨을 것 같나요?

> 그래픽 디자인일 거 같아요. 저는 그래픽 디자인에 관심이 있으니까요.

144 Don't Make Me Think

과제

이제 몇 가지 과제를 해볼 겁니다.

  그리고 생각하는 내용을 소리 내어 말해주시면 저희에게 도움이 됩니다. 많이 말씀해주실수록 더 좋습니다.

  이 사이트에서 여러분에게 도움이 될 만한 서비스가 있는지 생각해보시겠어요?

> 음, 생각 좀 해볼게요. 'Home Improvement(주택 개조)'라는 항목이 어디에 있던 거 같은데. 집에 덱(deck)을 설치할 생각이 있거든요. 거기에서 덱을 설치해줄 사람을 찾아볼 수도 있겠네요.

덱을 설치할 사람을 찾기 위해 먼저 무엇을 하실 건가요?

> 여기 아래 있는 목록에서 하나를 클릭할 거예요. 주택 개조 항목을 본 것 같거든요. [본다.] 여기 있네요. 'Family and Household(가족과 가정)' 분류 아래요.

이제 무얼 하실 건가요?

> 글쎄요. 클릭을 할 건데... [망설이며 'Family and Household' 아래 두 번째 줄에 있는 링크를 본다.]

Family & Household
Food & Cooking, Gardening, Genealogy, Home Improvement, Interior Design, Parenting, Pets, Real Estate...
RFPs | Fixed-Price

이제 이 참가자가 의도한 목적에 맞게 사이트를 사용하는지 확인하기 위해 과제를 준다. 과제를 하는 중간에도 최대한 의견을 많이 이야기하도록 하는 게 좋다.

이 다음에 뭐 해야 할지 모르겠어요. 'Home Improvement' 를 클릭할 수가 없으니 'RFP'나 'Fixed-Price' 중에 하나를 클릭해야 하는 것 같아요. 그런데 차이가 뭔지 모르겠어요. 'Fixed-Price(고정 가격)'는 내가 알고 있는 바로는 이들이 나에게 견적을 주고 그 가격을 고수한다는 뜻이 아닌가 싶어요. 하지만 RFP는 무슨 뜻인지 모르겠어요.

그러면 둘 중에 어떤 것을 클릭할 건가요?

'Fixed-price'요.

그럼 한번 클릭해보세요.

사실 이 참가자의 추측은 틀렸다. 여기에서 'Fixed-Price(고정 가격)'이란 시간당 고정 가격을 받는 서비스를 의미하고 'RFP(Request for Proposal, 입찰 요청)'는 그녀가 바라던 대로 원하는 견적을 요청하는 방법이다. 사이트를 만든 이들은 사용자가 이렇게 착각하는 모습을 보고 놀라곤 한다.

여기서부터는 참가자가 과제 수행하는 모습을 관찰한다. (a) 임무를 완료하거나 (b) 극심한 답답함을 느끼거나 (c) 그녀가 임기응변으로 작업을 진행하는 모습에서 배울 수 있는 새로운 내용이 남아 있지 않은 시점까지 그녀가 작업하는 모습을 지켜본다.

이 외에도 이 참가자에게 과제 서너 개를 더 준다. 전체 과제 수행 시간이 최대 45분 이하가 되도록 한다.

심층 질문

과제는 마쳤으니 몇 가지 여쭤보겠습니다.

페이지 상단에 있는 숫자가 적힌 이 그림들도 보셨나요? 이 그림들은 어떤 용도가 있을 것 같은가요?

보기는 했지만 무슨 용도인지 생각해보지 않았어요. 프로세스 각 과정이 어떻게 작동하는지 알려주는 것 같아요.

여기에 주의를 기울이지 않은 특별한 이유라도 있으신가요?

아니요. 그냥 그 프로세스를 사용할 준비가 안 되어 있던 거 같아요. 아직 사용해야겠다는 생각이 들지 않았거든요. 일단 둘러보고 싶었어요.

그렇군요. 알겠습니다.

> 참가자가 과제를 하는 동안 편견을 유발할 수 있는 유도 신문을 하지 않도록 주의해야 한다.
> 하지만 평가를 마칠 즈음에는 평가 진행 중에 어떤 일이 일어났는지, 왜 일어났는지 이해를 돕는 심층 질문 몇 가지를 하면 시간을 절약할 수 있다.

> 사이트 디자이너는 사용자들이 웹 사이트에 접속하자마자 다섯 단계로 이루어진 그 그림을 클릭하거나 아니면 쳐다보기라도 할 것이라 예상하고 있었다. 그래서 던진 질문이다.

이 정도 내용이 전부다.

더 복잡하게 구성한 평가를 보고 싶다면 내 사이트에 올려 놓은 25분짜리 동영상을 찾아보길 바란다. rocketsurgerymadeeasy.com에 가서 'Demo test video'를 클릭하면 된다.

일반적으로 발생하는 문제들

가장 흔하게 발생하는 문제 몇 가지를 소개하겠다.

- **사용자가 콘셉트를 이해하지 못한다.** 이유야 어쨌든 그냥 이해하지 못하는 것이다. 사이트나 페이지를 보더라도 그 사이트에서 무엇을 할 수 있을지 모르거나 혹은 그들이 할 수 있다고 깨달은 내용이 착각에 지나지 않는 경우다.
- **사용자가 찾는 단어가 거기에 없다.** 사용자들이 훑어보며 찾을 단어를 틀리게 예상했거나 어떤 사물을 묘사하기 위해 여러분이 사용하는 단어와 사용자가 사용하는 단어가 다른 경우다.
- **너무 많은 내용이 들어 있다.** 사용자가 찾는 내용이 페이지에 있긴 하지만 눈에 띄지 않는다. 이 경우에는 페이지 전체 소음 수준을 낮추거나 원하는 항목이 눈에 띄게 해서 시각적 계층구조상 상위로 가도록 해야 한다.

브리핑: 고칠 내용 정하기

평가를 마치고 난 후에는 팀원이 모여서 각자가 관찰한 내용을 공유하고 고칠 문제와 고칠 방법을 정할 자리를 가능한 한 빨리 만들어야 한다.

이런 모임은 평가를 수행한 당일 점심에 하기를 권한다. 관찰자가 모든 내용을 아직 선명하게 기억할 때 말이다. 참석률을 높이려면 근처 고급 피자집에서 진짜 맛있는 피자를 주문하라.

사용성 평가를 할 때마다 심각한 사용성 문제가 여러 개 발견되곤 한다. 하지만 그 문제를 다 고칠 수 있는 건 아니다. "진짜 문제이긴 하네요. 하지만 곧 모든 기능을 수정할 예정이니까 그때까지는 그대로 둬도 될 것 같은데요." 이런 말을 하는 사람이 등장하거나, 심각한 문제 하나를 수정할지 단순한 문제 여러 개를 수정할지 둘 중 하나를 골라야 하는 상황에서 쉽게 수정할 수 있는 문제부터 고치자는 의견이 분위기를 압도하는 일이 생기기 때문이다.

이것이 많은 돈을 들여서 제작한 거대 사이트에서도 심각한 사용성 문제가 자주 등장하는 이유 중 하나다. 그래서 『Rocket Surgery』에는 다음과 같은 격언이 있다.

> 가장 중요한 문제를 먼저 고치는 데
> 가차 없이 집중하라

이러한 목표를 확실히 완수하기 위해 내가 자주 사용하는 방법은 다음과 같다. 여러분 팀이 처한 상황에 맞게 변형해서 사용하라.

- **공동 목록을 만들어라.** 방에 있는 모든 사람에게 본인이 관찰한 문제 중 가장 심각한 것을 세 가지씩 말할 기회를 준다. 참가자 1명당 세 가지씩 찾으면 총 9개의 문제가 모인다. 말한 내용을 칠판 위에 적어 내려간다. 보통은 "나도!"라고 공감을 표시하는 항목들도 등장한다. 그럴 때는 중복되는 수를 표시해둔다.

  단순히 문제를 나열했을 뿐이니 여기까지는 논란의 여지가 없다. 그리고 반드시 목격한 문제만 적어야 한다. 평가 세션 중에 실제 발생한 문제 말이다.

- **가장 심각한 문제 10가지를 고른다.** 편한 방법을 골라서 투표를 진행해도 좋다. 하지만 보통은 가장 많은 사람이 똑같이 지적한 의견부터 시작하면 된다.

- **순위를 매겨라.** 1~10위까지 순위를 매겨라. 가장 심각한 문제가 1위가 된다. 가장 심각한 문제를 꼭대기에 두고 목록을 새로 적고 항목 간에 공간을 두라.

- **목록을 정돈하라.** 1위부터 다음 한 달 동안 어떻게 고칠지, 담당자는 누구로 할지, 필요한 자원은 무엇인지 의견을 차례로 적어나간다.

  모든 문제를 완벽하게 혹은 완전하게 고칠 필요는 없다. 대신 작은 조치라도 꼭 취한다는 게 중요하다. 적어도 '심각한 문제'의 수준에 그대로 머물러 있지 않게 하라.

다음 달에 쓸 수 있는 시간과 자원이 사용성 문제 수정에 전부 할당되고 있다는 느낌이 들기 전에 멈춰라. 이미 여러분은 얻고자 한 것을 손에 넣었다. 무엇을 고칠지, 누가 고칠지 결정했으니 말이다.

무엇을 고칠지, 그리고 무엇은 고치면 안 되는지 결정하는 방법에 대해 팁을 주자면 다음과 같다.

- **매우 쉽게 고칠 수 있는 문제는 따로 목록을 만들어라.** 그리 심각하지 않지만 고치기 매우 쉬운 문제를 별도로 모아라. 매우 쉬운 문제인지는 브리핑에 참석하지 않은 사람의 허가를 받지 않아도 되는지, 한 사람이 한 시간 이하의 시간을 들여서 고칠 수 있는지 보면 알 수 있다.
- **새로운 문제를 더하려는 충동을 자제하라.** 평가에서 사용자가 이해하지 못하는 내용이 있다는 사실을 알게 되면 설명이나 안내처럼 무언가를 일단 더하려고 한다. 하지만 무언가를 더해서 주의를 흩뜨리는 것보다 의미를 흐리고 있는 무언가를 뺐을 때 문제가 해결되는 경우가 많다.
- **'새로운 기능'에 대한 요청은 가려서 들어라.** "이 사이트에 이런 내용도 있으면 더 좋을 것 같아요."라며 새로운 기능을 제안하는 참가자들도 간혹 있다. 하지만 마지막 심층 질문 과정에서 본인이 제안한 기능의 작동 방법에 대한 의견을 물으면 "근데 지금 생각해보니까 별로 사용하게 될 것 같지 않네요." 같이 답하는 경우가 다반사다. 참가자들은 디자이너가 아니다. 물론 가끔 훌륭한 아이디어를 내는 참가자들도 있다. '내가 왜 그 생각을 못했지?!'라는 생각이 반사적으로 든다면 좋은 아이디어다.
- **'카약' 문제를 무시하라.** 평가를 진행하다 보면 참가자가 일시적으로 길을 잃었다가 아무 도움 없이 곧바로 정상궤도로 돌아오는 때가 가끔 있다. 카약을 탈 때 사용되는 롤링 오버 기술[10]과 비슷한 것이다. 정상 상태로 빠르게 돌아올 수 있기만 하다면 사용자는 이런 과정을 즐거운 경험의 일부로 여긴다. 농구에서는 이런 상황을 일컬어 'no harm, no foul(해를 입지 않았다면 반칙으로 치지 않는다.)'이라고 한다.

10 (옮긴이) 카약이 뒤집혔을 때 재빠르게 제자리로 돌아오기 위해 사용하는 기술

(a) 문제를 경험한 모든 사람이 뭔가 잘못되었다는 사실을 빠르게 깨닫고 (b) 아무 도움 없이도 바로 회복했으며 (c) 당황하는 기색도 없었다면 무시해도 되는 문제다. 보통 사용자가 한 번 정도 실수를 거친 후에 자신이 원하는 것을 바로 찾을 수 있다면 괜찮다고 보면 된다.

대안적 평가 방식

각기 눈에 띄는 장점이 있는 대안적 평가 방식 두 가지를 소개하겠다.

- **원격 평가** 기존 방식과 달리 참가자가 사무실로 오지 않고 본인의 집이나 사무실에서 화면 공유 방식을 활용해서 편하게 평가를 수행할 수 있다는 것이 장점이다. 오가는 수고가 없어지므로 참가자 모집이 더 쉬워진다. 그리고 그보다 더 큰 장점은 구인 범위가 '사무실 근처에 거주하는 사람들'에서 '거의 모든 사람'으로 늘어나는 데 있다.
- **진행자 없이 진행하는 원격 평가** UserTesting.com 같은 서비스는 사용성 평가하는 모습을 스스로 녹화해서 공유하는 사람들을 소개해준다. 여러분은 수행할 과제와 사이트, 프로토타입, 모바일 앱으로 연결되는 링크를 보내기만 하면 된다. 평균적으로 한 시간 정도 후에 본인의 생각을 소리 내어 이야기하면서 여러분이 낸 과제를 수행하는 사람의 모습이 담긴 동영상을 받게 된다.[11] 참가자와 실시간으로 인터랙션할 수는 없지만, 상대적으로 가격이 저렴한데다 수고를 크게 덜 수 있다. 특히 참가자 모집 시 드는 수고가 줄어든다. 여러분은 동영상을 보기만 하면 된다.

11 완전 공시 원칙에 따라서 이야기하자면 UserTesting.com은 내 이름을 사용하는 조건으로 나에게 사례금을 지급한다. 하지만 내 이름을 사용하게 했던 이유나 이 책에도 이 서비스를 언급하는 이유는 한 가지다. 그들이 만든 제품이 훌륭하기 때문이다.

해보면 마음에 들 거다

어떤 방법을 선택해도 좋으니 직접 해보라. 직접 해본다면 계속하고 싶어질 거라는 걸 거의 장담할 수 있다.

여러분이 마주하게 될 몇 가지 반대 이유의 예를 들어보겠다.

웹 사이트 평가를 미룰 때 내세우는 그럴싸한 변명 TOP 5

시간이 없어요.

웹 개발팀 일정은 딜버트(Dilbert) 만화처럼[12] 빡빡할 때가 많다. 평가 때문에 모두의 할 일이 늘어난다면 평가를 완료할 수 없을 것이다. 그래서 평가는 가능한 한 단순하게 진행해야 한다.

사용성 평가는 제대로만 진행된다면 사실 시간을 아끼는 데 도움이 된다. (a) 끝없이 이어지는 토론을 예방하고 (b) 프로젝트 막바지에 재작업할 부분이 나타나지 않게 막아주기 때문이다.

예산이 없어요.

$5,000~$10,000가 필요하다는 말은 잊어라. 평가할 때마다 몇백 달러 정도만 쓰면 된다. 참가자를 자원 봉사자로 모집하면 그보다 더 줄일 수 있다.

전문 지식이 부족해요.

사용성 평가는 수행하기 어렵다는 오해를 흔히 산다. 물론 평가 진행에 탁월한 재능을 보이는 이도 있을 수 있다. 하지만 진행자의 실력이 부족하다는 이유로 평가가 유용하지 않은 결과를 내는 경우는 거의 보지 못했다.

사용성 연구실이 없어요.

연구실은 없어도 된다.

평가 시 여러분이 실제 필요로 하는 것은 다음과 같다. 책상, 컴퓨터, 의자 2개가 있고 다른 이들의 방해를 받지 않는 공간 하나, 그리고 관찰자들이 커다란 화면으로 평가 진행 과정을 볼 수 있는 다른 공간 하나. 그거면 된다.

어차피 결과를 어떻게 반영해야 할지도 모를 거예요.

사용성 평가의 가장 큰 장점은 중요한 교훈이 관찰한 보는 이에게 명확히 드러난다는 점이다. 가장 심각한 문제는 오히려 놓치기가 어려울 것이다.

---

12 (옮긴이) 스콧 애덤스(Scott Adams)가 연재 중인 인기 만화. 딜버트에는 무능력한 상관이 도저히 지킬 수 없는 일정을 정해두었다는 이야기가 자주 등장한다. 독자들은 이렇게 말도 안 되는 일정을 둘러싸고 벌어지는 에피소드를 보다가 웃음이 터지곤 한다.

10

모바일 앱 사용성[1]

21세기에 온 것을 환영합니다 - 약간의 현기증을 느끼실지도 모릅니다

[1] (옮긴이) 미국 앨라배마주 멕시코만 연안에는 '모빌(Mobile)'이라는 항구 도시가 있다.

[소리치며] 엄청나고 거대한 능력!
[속삭이듯] 하지만 손바닥만 한 램프에 살지!
-알라딘에서 램프의 요정 지니로 분한 로빈 윌리엄스가
지니로 살아가며 누리는 행운과 고충을 털어놓으며 하는 대사

아, 스마트폰.

전화는 수년에 걸쳐 점차 똑똑해졌다. 다 쓴 전화기가 서랍 속에 쌓여가는 동안 기존 시스템에 대한 반역은 거듭되었고 대약진$^{Great\ Leap\ Forward}$2을 통해서 의식을 얻기에 이르렀다.

개인적으로는 시간 낭비를 조장하는 이 작은 지배자를 즐거운 마음으로 환영했다. 인터넷에 연결되는 강력한 터치스크린 컴퓨터가 내 주머니에 들어 있지 않던 시절도 있었다는 사실이 기억나기는 한다. 하지만 그때 내가 어떻게 살았는지 기억하기는 점점 어려워지고 있다.

당연한 이야기지만 휴대기기 전용 모바일 웹도 그즈음 등장했다. 그전에도 휴대전화에서 웹브라우저를 사용했었지만 성능은 형편없는 수준이었다.

지니의 말이 이 상황에도 꼭 들어맞는다. 모바일에서도 모든 문제는 아주 작은 생활공간에서 비롯되기 때문이다. 모바일 기기는 비좁은 공간을 사용할 수밖에 없다. 종이 한 장짜리 웹 페이지를 아주 작은 화면에 욱여넣어야 한다. 해결책을 찾으려는 다양한 시도가 있었다. 어떤 이들은 아주 조잡한 '모바일' 버전 사이트를 내놓기도 했다. 숫자판을 눌러서 숫자가 매겨진 메뉴를 선택하던 시절을 기억하는 분들도 있을 것이다. 그러나 늘 그렇듯이 얼리어답터들이나 데이터가 진짜 필요했던 이들은 이러한 난관을 스스로 어떻게든 타개해왔다.

하지만 애플은 더욱 강력한 컴퓨터의 마력과 정교하게 만든 브라우저 인터페이스를 결합한 아이폰을 출시했다. 보기만 해도 기분이 좋아질 정도로 이토록 아름답고 얇은 데다 시계 기능까지 겸하고 있다니 사람들이 이 제품을 무척 갖고 싶어 한 건 당연한 일이었다. 그리고 상하 스와이프로 매우 빠르게 스크롤하기, 두 손가락을 오므리고 펴는 동작으로 매우 빠

2 2007년 6월 아이폰 출시

르게 줌 인/아웃하기가 가능해졌다. 이러한 기능은 애플이 이룩한 위대한 발명 중 하나로 여겨질 만했으며 바로 이때부터 '매우 빠른' 하드웨어의 반응성이 실제 유용하게 활용될 길이 열렸다.

늘 휴대하는 기기에서 웹을 재미있게 사용할 수 있게 된 최초의 시점이 바로 이때다. 종일 사용할 수 있는 배터리도 내장되었다. 언제 어디서든 원하는 것을 무엇이든 찾아볼 수 있게 되었다.

상전벽해라 할 정도로 거대한 변화가 일어났기에 그 중요성을 간과해서는 안 된다.

지금 손에 들고 있는 카메라가 최고의 카메라는 말은 맞는 말이다.

당연히 웹에 국한되는 이야기가 아니다. 카메라, 전 세계 지도가 탑재된 시계, 알람시계, 사진첩, 음악 앨범 등등 주머니나 지갑에 스마트폰이 있는 것만으로 여러분이 항상 들고 다니게 된 물건이 얼마나 많아졌는지 생각해보라. 내장된 카메라만 해도 사진과 동영상 둘 다 찍을 수 있다. 카메라만 생각해보아도 지금껏 이렇게 좋은 제품을 가져본 적 없었던 이가 많을 것이다.

신흥국가의 많은 인구가 일반 전화를 건너뛰고 바로 휴대전화로 직행했다는 사실에 대해서도 생각해보라. 스마트폰은 그들이 구매한 최초의 컴퓨터이자 유일한 컴퓨터일 것이다.

모바일 기기가 미래의 대세라는 사실을 부인할 여지는 별로 없다. 전문 비디오 편집 분야가 그렇듯 강력한 마력이 필요하다거나 커다란 화면이 필요한 경우처럼 예외도 존재하기는 하지만 말이다.

무엇이 다른가?

자, 그러면 모바일 기기용 디자인 시 사용성은 어떻게 달라지는가?

어떻게 보면 별다른 차이가 없다. 기본 원칙은 여전하다. 다른 점이 있다면 모바일에서는 사람들이 더 빨리 움직이고 더 적게 읽는다는 것이다.

그러나 새로운 사용성 문제를 제기하는 모바일 환경의 몇 가지 특수성도 존재한다.

여러 면에서 볼 때 이 책을 집필하는 현재 시점은 모바일용 웹과 앱 디자인 고유의 특징이 형성되고 있는 '개척 시대'에 해당한다. 구조 조정을 마치기까지 수년이 걸릴 것이고 아마 그쯤이면 새로운 구조 조정을 시작해야 할 시기와 맞물릴지 모른다.

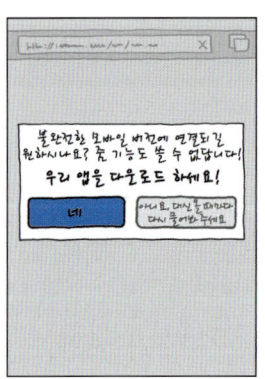

"앱(App)" | xkcd.com

완성도 높은 특정 예에 대해서 많이 언급하지 않을 생각이다. 후일 일반적인 관례로 여겨질 만한 훌륭한 인터페이스 디자인 아이디어가 아직 많이 나타나지 않았기 때문이다. 게다가 기술은 우리가 따라갈 수 없을 정도로 빠르게 변화를 계속해나갈 것이다.

나는 앞으로도 진실로 남을 만한 사항에 대해 이야기하려고 한다. 그 첫 번째는...

트레이드오프를 고려하라

분야를 막론하고 어떤 종류의 디자인에서든 제약과 트레이드오프를 잘 다루는 게 관건이라는 말이 있다. 제약이란 여러분이 해야만 하는 일과 할 수 없는 일을 가리키고 트레이드오프란 제약 때문에 이상을 버리고 선택하는 현실적인 대안을 가리킨다.

링컨 대통령의 어록에는 여기에 인용하기 적절한 문구가 있다. 이를 쉽게 풀어서 표현해보자면 인간이 하는 일은 아무리 최선을 다하더라도 일부의 사람이 단기적으로 만족하는 수준에 머물 수밖에 없다는 말이다.[3]

제약은 부정적인 영향만 끼치는 존재라는 느낌이 드는 것도 사실이다. 하지만 알고 보면 제약 덕분에 디자인과 혁신이 더 쉽게 이루어진다는 밈 meme[5]도 꽤 널리 인정을 받고 있다.

제약이 도움 되는 때도 있다는 말은 사실이다. 구매할 소파를 고를 때 이 공간에 맞아야 하고 이 색채 조합에 어우러져야 한다는 제약이 있다면 쇼핑이 더 쉬워지기도 한다. 제약이 전혀 없는 빈 캔버스라는 말은 언뜻 듣기에는 자유로운 느낌이 들기도 한다. 하지만 막상 그 앞에 서면 무엇을 해야 할지 무력감이 들기 쉽다. 반대로 무언가 지켜야 할 제약이 있다면 초점을 맞출 곳이 생긴다.

제약이 긍정적인 영향을 미친다는 생각에 여러분이 동조하지 않을 수도 있다. 하지만 여러분이 공감하느냐는 중요하지 않다. 여러분은 디자인할 때마다 제약을 상대해야 하고 제약이 있는 곳에는 트레이드오프도 있다는 점이 중요하다.

내 경험상 꽤 많은 사용성 문제가 트레이드오프를 두고 현명한 결정을 내리지 못했을 때 발생한다.

내 경우를 예로 들어보겠다. 나는 아이폰에서 CBS 뉴스를 사용하지 않는다. CBS는 페이지 로딩 속도가 느린데 반해 뉴스를 너무 작은 덩어리로 나누어 싣기 때문이다. 물론 내 주관적인 견해라는 걸 밝혀둔다. 어쨌든 페이지 로딩 속도가 빨랐다면 아마 신경 쓰지 않았을 것이다. 게다가 다음 페이지로 넘어가기 위해 아래로 스크롤 할 때마다 똑같은 사진을 봐야만 한다.

내가 한 경험을 직접 보여주겠다.

3 사실 링컨 대통령이 남긴 말은 이러하다. "여러분이 일부 사람을 꾸준히 기만할 수도, 모든 사람을 잠시 기만할 수도 있습니다. 하지만 모든 사람을 계속 기만할 수는 없습니다." 유명한 인물이 했다는 명언 중 92%가 실제 그 사람이 말한 것이 아니라는 것을 인터넷을 통해 배웠다. en.wikiquote.org/wiki/Abraham_Lincoln[4]를 보라.

4 (옮긴이) 해당 링크에는 링컨 대통령이 1856년 강연에서 이러한 명언을 남겼다는 에피소드에 얽힌 이야기가 언급된다. 이 에피소드는 1886년 밀워키 데일리 저널(Milwaukee Daily Journal)에 처음 등장한 이후 수없이 인용되었으나 역사학계는 여전히 동시대 기록이나 정확한 출처를 확인하지 못하고 있다고 한다.

5 (옮긴이) 영국의 진화생물학자 리처드 도킨스(Richard Dawkins)의 저서 『이기적 유전자』에 등장하는 용어이다. 인간의 진화가 유전자를 통해 이뤄지는 생물학적 진화와 모방에 의해 이뤄지는 문화적 진화로 나뉜다고 정의한 후 문화적 진화의 매개체가 되는 비유전적 문화 요소를 일컬어 '밈(meme)'이라 명했다.

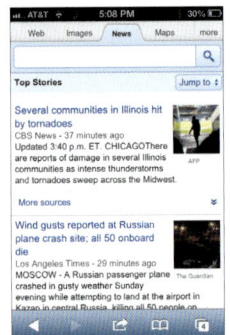
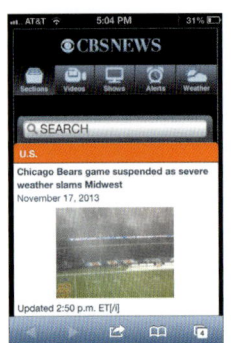
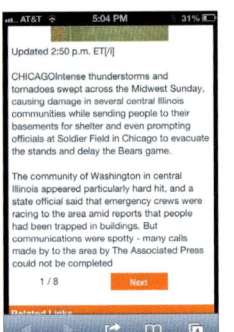

뉴스 페이지를 열기 위해 탭을 한다. 그리고 기다린다. 기다리고 또 기다린다.

페이지 로딩이 겨우 완료되면 사진을 지나 아래로 스크롤해서 스와이프한다.

두 문단을 읽고 'Next' 버튼을 탭하고 기다린다. 또 기다린다.

해당 기사가 끝날 때까지 위의 과정을 8번 반복하면 된다.

난 하루에도 몇 번씩 구글 뉴스를 훑어보는데 그렇게 보다가 선택한 뉴스가 CBS 뉴스로 연결되면 짜증부터 난다. 그럴 땐 보통 구글의 'More stories' 링크를 클릭해서 다른 출처를 선택한다.

나는 디자이너가 이러한 문제를 실수로 놓쳤을 거라고 생각하지 않는다. 오히려 이 문제에 대해 격렬한 토론을 거치는 도중에 결국 타협안을 선택할 수밖에 없었기 때문에 발생한 결과일 거라고 믿는다.

이 트레이드오프에 이르기까지 어떤 제약이 있었는지 모른다. 페이지에 광고가 있는 것으로 보아서 페이지뷰 수치를 높일 필요가 있었는지 모른다. 아니면 그들이 선택한 콘텐츠 관리 시스템에 적용된 다른 용도 때문에 콘텐츠를 분할해야 했을 수도 있다. 이유는 전혀 모른다. 내가 아는 건 그들의 선택이 사용자에게 좋은 경험을 만들어 주어야 한다는 사실을 충분히 인지하지 못한 상태에서 이루어졌다는 것뿐이다.

훌륭한 모바일 사용성을 구현하는 문제의 본질은 대체로 트레이드오프를 훌륭하게 해내느냐에 있다.

공간이 좁아서 생기는 문제들

모바일 화면이 갖는 가장 눈에 띄는 특징은 작다는 것이다. 과거 웹 디자이너들도 자신이 활용할 수 있는 화면이 작다고 느꼈을지 모르지만, 오늘날 모바일 표준에 비하면 아주 여유로운 편이었다. 문제는 과거의 디자이너들도 오랜 시간 노력을 기울여야만 그 화면 안에 모든 것을 넣을 수 있었다는 점이다.

옛날에는 홈페이지만 해도 몸값 비싼 부동산이었다. 모바일 홈페이지를 몸값 비싼 부동산으로 보고 디자인하려면 새로운 트레이드오프가 불가피하게 더 많이 필요한 상황이다.

덜어내기는 작아진 공간에 대처하는 하나의 방법이다. 그러면 모바일 사이트가 웹 사이트의 부분 집합이 된다. 물론 여기에는 까다로운 문제가 존재한다. 어떤 부분을 제해야 하는가?

이를 위해 모바일 퍼스트^{Mobile First} 방식을 적용할 수도 있다. 콘텐츠로 빵빵하게 채워진 웹 사이트를 먼저 만들고 모바일 버전으로 축소하는 게 아니라 사용자에게 가장 중요한 기능이나 콘텐츠로 채운 모바일 버전을 먼저 디자인한 후 데스크톱/풀 버전에 그 외의 기능과 콘텐츠를 더하는 방법을 가리킨다.

좋은 방법이다. 모바일 버전을 먼저 만들면 필수적인 부분, 사람들이 가장 필요로 하는 부분이 무엇인지 알아내기 위해 열심히 노력하게 된다. 그리고 이런 노력은 항상 도움이 된다.

하지만 모바일 버전을 먼저 만들어야 한다고 하니 사람들이 모바일 기기를 사용할 때 하고 싶어 하는 활동을 찾아내서 모바일 버전에 넣을 내용을 결정해야 한다는 뜻으로 해석하는 사람도 있다. 이런 해석의 바탕에는 모바일 버전에 접속한 사람들이 책상에 앉아 있지 않고 '이동 중'일 것이고, 그래서 이동 중에 사용할 법한 기능만 넣으면 된다는 가정이 존재한다. 이런 가정은 쇼핑하던 사람이 은행 잔고는 확인하고 싶을 수 있지만, 수표장을 대조하거나 새로운 계좌를 개설하고 싶어 하지는 않을 거라는 결론으로 이어진다.

나중에 밝혀졌듯이 이 가정은 틀렸다. 사람들은 소파에서도 모바일 기기를 즐겨 사용한다. 사용자는 소파에서도 모바일로 모든 작업을 할 수 있기를 원하고 기대한다. 그리고 누구나 하고 싶어 하는 일에는 차이가 있을 것이므로 그 개별 항목을 더하다 보면 결국 모든 게 된다.

이렇게 모든 것을 넣어야 한다면 우선순위를 매길 때 더욱 주의를 기울여야 한다.

급하게 혹은 자주 사용하고자 하는 것은 가까이에 있어야 한다. 그 외의 요소라면 몇 번의 탭을 더 거쳐도 된다. 다만, 그럴 때도 원하는 요소에 접근할 경로는 명확히 드러나야 한다.

화면 공간 부족을 이유로 모바일 사이트의 깊이가 풀사이즈 버전보다 깊어지기도 한다. 이 말인즉 원하는 기능이나 콘텐츠에 접근하기 위해 3~5번의 탭을 거쳐서 깊은 '단계'로 더 들어가야 한다는 뜻이다.

그러면 사용자가 해야 하는 탭의 수가 늘어난다. 탭을 더 한다는 사실 자체는 괜찮다. 화면이 작다면 피할 수 없는 결과다. 같은 분량의 정보를 보기 위해 탭이든 스크롤이든 더 할 수밖에 없을 것이다. 사용자는 더 깊이 들어가더라도 자신이 원하는 내용이 이 링크나 버튼 뒤에 있다는 확신만 든다면 그 사이트를 계속 사용할 것이다.

중요한 내용은 이 부분이니 이 말을 기억하라.

6 이 격언을 알려준 매니칸댄 발루체미(Manikandan Baluchamy)에게 감사 인사를 전한다.[7]

7 (옮긴이) 이 격언 원문은 'Managing real-estate challenges shouldn't be done at the cost of usability.'이다.

화면 공간 부족 때문에 사용성이 희생되면 안 된다[6]

카멜레온 기르기

화면 크기에 상관없이 쓸 수 있는 만능 디자인이 있다고 유혹하는 사이렌의 노래[8]는 디자이너와 개발자에게 오랫동안 희망찬 미래를 약속했었다. 하지만 약속을 지키지 못했기 때문에 많은 이들이 실의에 빠져버렸다.

다이내믹 레이아웃dynamic layout, 플루이드 디자인fluid design, 적응형 디자인adaptive design, 반응형 디자인responsive design이라고 불리기도 하는 스케일러블 디자인scalable design에 대해 내가 할 수 있는 말은 딱 두 가지다.

- 많은 수고를 기울여야 한다.
- 잘하기가 무척 어렵다.

스케일러블 디자인은 어떤 사이트의 한 버전이 다른 여러 크기의 화면에서도 좋아 보이게 만드는 것을 가리킨다. 과거에는 선택적인 부분이었다. 좋은 아이디어처럼 보였지만, 실제 이 부분까지 신경 쓰는 사람의 수는 매우 적었다. 소형 화면이 지배하게 된 현재로서는 모두가 신경 쓰는 부분이다. 웹 사이트가 있다면 어떤 크기의 화면에서든 사용할 수 있게 만들어야 한다.

개발자들은 하나의 대상을 두 버전으로 분리해서 만든다는 건 정신 나간 행위나 다름없다는 사실을 오랜 세월에 걸쳐서 체득했다. 수고는 최소 두 배로 늘지만 결국 양쪽 업데이트 주기가 달라지거나 버전이 서로 달라져 버리고 만다.

이 문제에 대한 결론은 아직 나지 않았다. 하지만 수익에 실질적인 영향을 미치고 있으므로 기술적인 해결책이 등장하긴 할 것이다. 하지만 시간이 조금 더 걸릴 것이다.

결론이 나기까지 당장 사용할 수 있는 세 가지 방법을 제안한다.

8 (옮긴이) 사이렌은 그리스 신화에 등장하는 마녀다. 바다에서 뱃사람을 유혹하는 아름다운 노래를 불러서 배가 난파되게 했다고 전해진다.

■ **확대해서 볼 수 있게 만들라.** 사이트를 '모바일화'할 만한 자원이 전혀 없고 반응형 디자인도 적용되어 있지 않더라도 모바일 기기에서 보려는 시도는 최소한 막지 않는 게 좋다. 휴대전화에서 사이트를 열었을 때 조그마한 글꼴을 확대해서 볼 수 없다는 건 정말 짜증나는 일이다. 그보다 더 짜증나는 일이 세상에 많기는 하지만 줌이 안 되는 것도 꽤 짜증이 나는 일이다.

■ **홈페이지로 데려가지 마라.** 뉴스를 보려고 이메일이나 소셜 미디어 사이트에 있는 링크를 탭 하거나 클릭했다. 그런데 보고 싶은 기사 대신에 모바일 버전 홈페이지로 데려가서 그 기사를 내가 다시 찾아야 하는 경우가 있다. 이것도 정말 성가신 일이다.

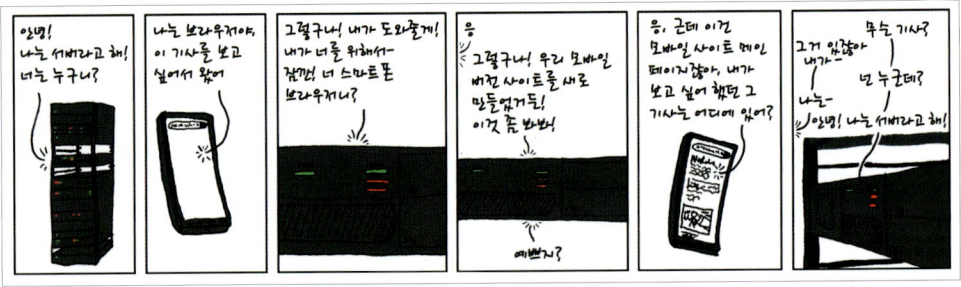

'서버의 짧은 집중력' | xkcd.com

■ **'풀 버전' 웹 사이트로 가는 링크를 항상 제공하라.** 모바일 사이트가 아무리 멋지고 완벽하더라도 사용자에게는 웹용 버전으로 갈 수 있는 선택권을 주어야 한다. 모바일 버전에서 제공하는 기능이나 정보가 제한적이라면 더욱 필요한 기능이다. 최근에는 모든 페이지 하단에 모바일 버전/PC 버전 토글 버튼[9]을 넣는 것이 관례로 정착했다.

본인이 익숙하게 써 온 기능이나 그 순간 필요하다고 느끼는 기능을 이동 중에 사용하고자 하는 이들이 꽤 있다. 이런 사람은 데스크톱 버전 화면을 모바일 기기의 작은 뷰포트에서 줌 기능으로 확대 축소해서 보려고 할 것이다. 데스크톱 버전 화면을 고해상도 7인치 태블릿에서 가로로 두고 보려는 사람도 많다.

9 (옮긴이) 두 가지 선택지 사이를 왔다 갔다 하며 선택할 수 있는 장치를 토글(toggle)이라고 한다. PC 페이지에서 '모바일 토글'을 누르면 모바일 버전으로 이동하고 모바일 페이지에서 'PC 토글'을 누르면 PC 버전으로 이동한다.

어포던스를 감추지 마라

어포던스란 제품 디자인에 내포된, 사용자가 어떻게 사용하면 될지 알려주는 시각적인 힌트를 가리킨다. 어포던스는 앞서 3장에서 언급한 바 있다. 문손잡이와 돈 노먼Don Norman의 저서를 기억하는가? 어포던스라는 용어는 돈 노먼의 저서, 『The Design of Everyday Things』의 초판을 통해 세상에 알려진 후 디자인 분야에서 널리 사용되고 있다.[10]

어포던스는 시각적 사용자 인터페이스의 핵심이다. 버튼을 예로 들어보자. 입체적인 형태의 버튼은 클릭해야 한다는 느낌이 명확히 든다. 링크를 보면 다른 곳으로 연결될 것 같다는 느낌이 든다. 이처럼 시각적 단서가 명확할수록 신호의 모호성이 감소한다.

이와 비슷한 예를 들어보자. 우리는 경계가 그려진 네모난 칸을 보면 클릭

10 우리는 유감스럽게도 어포던스라는 용어를 돈 노먼의 의도와 다르게 사용하고 있다. 노먼은 『The Design of Everyday Things』 개정판에서 이러한 시각적 단서를 '기표(記標, signifier)'라고 부르자고 제안했다. 하지만 이미 엎질러진 물을 주워담기란 어려운 일이다. 그래서 노먼에게는 미안하지만 이 책에서는 어포던스라는 용어를 사용하기로 했다. 그 이유는 (a) 어포던스가 여전히 더 널리 사용되고 있으며, (b) 억지로 바꾸어 부르려면 혼란만 가중될 것이기 때문이다.

명확한 어포던스 → 모호한 어포던스

해서 글자를 입력할 수 있으리라는 생각이 든다. 편집할 수 있는 텍스트 상자에 경계선을 그어두지 않는다고 해도 사용자가 그 텍스트 박스의 존재를 인식할 수만 있다면 클릭해서 글자를 입력하는 데는 지장이 없다. 하지만 경계선에 내포된 어포던스가 기능을 더욱 선명하게 드러내는 역할을 한다.

어포던스는 눈에 띄어야 제 기능을 한다. 하지만 모바일 기기의 특성 때문에 어포던스가 눈에 잘 띄지 않거나, 최악의 경우 눈에 전혀 띄지 않는 때

도 있다. 어포던스는 절대 숨기면 안 되는 요소임에도 말이다.

그렇다고 모든 어포던스가 한눈에 들어와야 한다는 뜻은 아니다. 다만, 사용자가 작업을 진행하는 데 필요한 부분은 눈에 잘 띄어야 한다.

커서 없음 = 호버 없음 = 힌트 없음

터치스크린이 등장하기 전 웹 디자인은 호버hover 기능에 크게 의존했었다. 호버 기능이란 사용자가 커서를 화면상 특정 요소 위에 올렸을 때 그 요소를 클릭하지 않더라도 어떤 방식으로든 약간의 변화를 보여주는 것을 가리킨다.

모바일 기기에 많이 사용되는 정전식 터치스크린은 손가락이 닿았을 때만 감지한다. 손가락이 유리 위로 맴돌 때 감지하는 호버 기능은 없다. 그래서 모바일 기기에는 커서가 없는 것이다.[11]

그래서 유용하게 쓰이던 호버 기능 기반의 인터페이스 요소를 모바일에서는 거의 사용할 수 없다. 툴팁 넣기, 버튼의 형태나 색상에 변화를 주어서는 클릭할 수 있다고 알려주기, 사용자가 선택해야 한다는 부담을 느끼지 않도록 메뉴 내용을 감춰두었다가 필요할 때만 드롭다운 방식으로 보여주기 등의 기능은 모바일 디자인에서 사라졌다.

디자이너라면 모바일 기기에서 이러한 요소를 사용하지 못한다는 것을 인식하고 이에 대한 대안을 모색해야 할 것이다.

플랫 디자인: 약일까 독일까?

어포던스가 구현되려면 시각적인 구분이 선행되어야 한다. 하지만 최근 인터페이스 디자인의 경향은 정반대로 가고 있다. 여러분이 이 책을 읽을 때 즈음에는 이러한 경향이 이미 시들해져 있을지도 모르겠다. 어쨌든 현재는 시각적으로 구분되는 요소를 줄이고 인터페이스를 '평면적으로' 만드

11 독자들은 모바일 기기에 커서가 없다는 사실을 인식하고 있는지 궁금하다. 나는 이 사실을 첫 번째 아이폰을 구매한 지 몇 달이 지나서야 깨달았다.

는 플랫 디자인이 유행하고 있다.

플랫 디자인이 보기에는 끝내주게 좋다. 적어도 일부 사용자는 그렇다고 얘기한다. 그리고 화면이 조금 더 정돈된 느낌이 들기는 한다. 하지만 그 대가는 무엇이었을까?

플랫 디자인을 사용함으로써 어수선하던 화면이 깔끔히 정리된 대신 사용자가 어포던스를 쉽게 인지하도록 돕던 시각적 정보도 함께 덜어냈다.

안타깝게도 플랫 디자인에는 잠재적으로 집중력을 흩트릴 우려가 있는 장식을 제거한다는 장점과 질감을 살린 요소들이 전달하던 유용한 정보 또한 앗아간다는 단점이 동시에 존재한다.

어포던스가 눈에 띄게 하기 위해 다차원적인 요소가 필요한 경우가 종종 있다. 메뉴 항목임을 나타내기 위해 위치(예. 탐색 표시줄) 그리고 서식(예. 색반전, 대문자 표기)에 변화를 주는 것이 그 예에 해당한다.

하지만 플랫 디자인을 적용하면 디자인에 사용할 수 있는 여러 구분 요소가 없어지므로 요소 간 차별화가 더욱 어려워진다.

플랫 디자인 때문에 디자인의 생명력이 사그라져 버렸다. 이쯤 되면 내가 좋아하는 만화 「캘빈 앤 홉스 Calvin and Hobbes」에서 컬러사진이 등장하기 전의 세상에 대해 다룬 일화가 떠오른다. 만화의 나머지 부분은 13장 끝부분에 실었다.

캘빈과 홉스(CALVIN AND HOBBES) © 1989 와터슨(Watterson). 유니버설 유클릭(UNIVERSAL UCLICK)의 허가를 얻어 기재. All rights reserved.

원한다면 플랫 디자인을 사용해도 좋다. 상황에 따라 억지로 해야 하는 때도 있을 것이다. 하지만 그럴 때는 남아 있는 요소를 최대한으로 활용해서 플랫 디자인 때문에 사용하지 못하게 된 요소의 빈자리를 채울 방법을 고민해보기 바란다.

돈이 너무 많은 사람, 몸이 너무 마른 사람은 있을 수 있다[12]

12 (옮긴이) 마른 체형이 유행하던 1960년대 영국 윈저공의 부인인 월리스 심프슨(Wallis Simpson)이 남긴 'You cannot be too rich or too thin(돈이 너무 많은 사람이나 몸이 너무 마른 사람은 없다.)'라는 표현의 패러디. 돈은 많을수록 좋고 몸은 마를수록 좋다는 통념을 강조하기 위해 쓴 과장된 표현이다.

…하지만 너무 빠른 컴퓨터란 있을 수 없다. 특히 모바일 기기는 속도가 빠르면 모든 게 좋게 느껴진다. 느리게 작동하는 사이트를 쓸 때 사용자의 불만은 높아지고 그 사이트를 만든 사람에 대한 호감은 떨어진다.

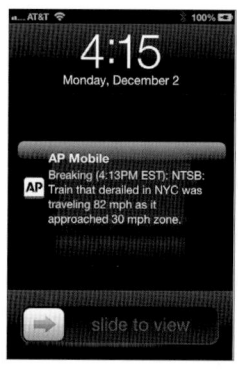 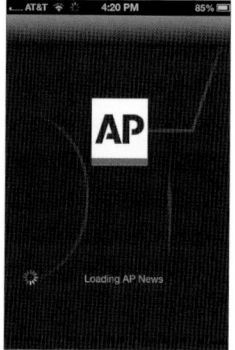

나는 미국 AP 통신 모바일 앱의 뉴스 속보 알람을 높이 평가한다. 항상 이 알람을 통해 주요 뉴스를 처음 접하곤 한다.

하지만 안타까운 점은 내가 알람을 탭 했을 때 그 알람에 해당하는 세부 사항을 보여주기 전에 늘 다른 최신 머리기사에 딸린 거대한 용량의 사진을 먼저 로딩한다는 것이다.

그 덕분에 나에게는 새로운 습관이 생겼다. AP 알람이 뜨자마자「뉴욕 타임스」사이트나 구글 뉴스 페이지를 열어서 그 기사가 올라왔는지 확인하는 것이다.

요즘은 누구나 빠르게 연결되는 환경에 익숙하다. 하지만 모바일 다운로드 속도는 안정적이지 않다는 사실을 기억해야 한다. 그래도 사람들이 집이나 스타벅스에 앉아 있다면 다운로드 속도가 괜찮은 편이다. 그러나 와이파이 지원 범위를 벗어나면 4G, 3G 혹은 그 이하로 내려가 성능이 크게 저하될 수 있다.

반응형 디자인 방식으로 디자인할 때 사용자가 현재 사용하고 있는 화면에 비해 필요 이상으로 거대한 양의 코드와 이미지를 불러오는 일이 없도록 주의하라.

모바일 앱 사용성 속성

9쪽에서 사람들이 스스로 사용성을 정의할 때 포함될 만한 속성에 대해 뒤에 언급하겠다고 말한 것을 기억할지 모르겠다. 그 예로는 유용성, 학습 용이성, 기억 용이성memorability, 유효성, 효율성, 호감도, 재미가 있었다. 이제 그 내용을 정리할 시간이다.

나는 사용성을 정의할 때 핵심적인 속성으로 항상 세 가지를 꼽는다.

평균 수준(심지어는 평균 이하)의 능력이나 경험을 가진 사람이 무언가를 성취하는데 [유효성] 사용할 특정 물건의 사용법을 스스로 알아낼 수 있어야 한다. [학습 용이성] 단, 얻는 가치에 비해 수고를 적게 들여야 한다. [효율성]

나는 어떤 사물이 유용한지 긴 시간을 들여 고민하지 않는다. 왜냐하면, 이건 마케팅에서 해결해야 할 문제라 생각하기 때문이다. 프로젝트 시작 전에 인터뷰, 포커스 그룹, 설문조사를 통해서 미리 정리해야 하는 부분이다. 어떤 사물의 호감도 문제도 내가 보기엔 마케팅에서 다뤄야 할 문제다. 그리고 이 부분에 대해서는 마지막 장에서 조금 더 다루도록 하겠다.

지금은 재미, 학습 용이성, 기억 용이성에 대해서, 그리고 모바일 앱에 이러한 특성을 어떻게 적용할지에 대해서 이야기하겠다.

재미가 대세다

그런데 어떤 물건을 '재미있다'고 하는가?

재미를 정의하기란 어렵다. 재미란 '느낌이 오면 알 수 있는 것' 중 하나다. 그러므로 재미의 정의를 내리기보다 사람들이 재미있다고 하는 제품을 묘사할 때 사용하는 단어 몇 가지를 구분해볼까 한다. 사람들은 재미있는 제품을 묘사할 때 즐겁다, 놀랍다, 인상적이다, 매력 있다, 기발하다, 혹은 마법 같다 등의 표현을 사용한다.[13]

신기술을 독창적인 방식으로 활용해서 사람들이 진짜로 하고 싶긴 하지만 실제로 하기는 어렵다고 생각되는 활동을 하게 해주는 앱이 재미있는 앱이다.

13 어떤 앱이 재미있는지 구분할 때 사용하는 개인적인 기준은 "수백 년 전에 등장했다면 마녀로 몰려서 화형을 당했을 법한 재미를 주느냐?"이다.

이를 완벽히 구현한 예로 사운드하운드^{SoundHound} 앱을 들 수 있다.

이 앱은 여러분 귀에 들리는 음악이 어떤 곡인지 어디서든 구별하게 해줄 뿐 아니라 들리는 음악의 박자에 맞춰서 가사를 스크롤하며 보여주기까지 한다.

페이퍼^{Paper} 앱도 좋은 예다. 이 앱은 수천 가지 옵션을 갖춘 수십 가지 도구를 제공하는 일반적인 스케치 앱이 아니다. 옵션 없이 오직 다섯 가지 도구만 사용할 수 있다. 그리고 각 도구는 멋진 그림을 그리는데 최적화되어 있다.

 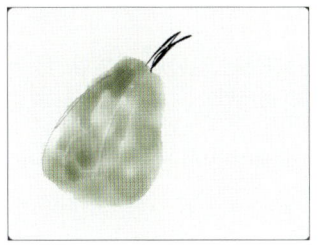 

앱 시장의 경쟁이 치열해지면서 사용자가 재미를 느끼게 하는 것이 중요해졌다. 기능이 좋은 것만으로 큰 인기를 얻을 수 없다. 기능만으로 인기를 끌려면 기능이 엄청나게 뛰어난 수준이어야 한다. 이런 상황을 고려할 때 재미는 추가 점수를 얻을 수 있는 좋은 요소가 된다.

앱을 재미있게 만들겠다는 건 좋은 목표다. 그 목표에 집중하느라 편의성을 깜빡하는 일만 벌어지지 않게 하라.

앱에는 학습 용이성이 있어야 한다

하나의 앱에 여러 기능이 있으면 사용법을 익히기 어렵다는 것이 가장 큰 문제 중 하나다.

클리어Clear 앱을 예로 들어보자. 우리는 이 앱으로 할 일 목록을 작성할 수 있다. 훌륭하고 혁신적이고 아름답고 유용하고 재미있으며 깔끔한 미니멀리즘 스타일의 인터페이스를 적용했다. 모든 인터랙션이 우아한 애니메이션과 세련된 효과음으로 이루어진다. 한 사용자는 "핀볼 게임을 하는 데도 생산적인 결과가 나는 듯한 느낌이다."라는 후기를 남겼다.

혁신적인 인터랙션, 제스처, 내비게이션이 포함되어 있어서 재미있게 사용할 수 있다는 건 장점이다. 그러나 그만큼 익힐 내용이 많다는 것은 단점이다.

보통 앱에서 제공하는 설명은 앱을 처음 켰을 때 앱의 작동 방법에 대한 필수적인 정보를 담은 화면 한두 페이지 정도에 그친다. 하지만 나중에 읽어보려고 하면 찾기가 매우 어렵거나 아예 불가능한 경우가 많다.

혹 여러분이 도움말을 찾을 수 있다고 하더라도 사정은 크게 바뀌지 않는다. 막상 가보면 간단한 설명만 몇 줄 있는 짧은 페이지나 제작사 사이트로 연결되는 링크만 덩그러니 있거나 아니면 질문을 보낼 이메일 주소만 남겨진 고객지원 페이지가 나타난다.

기능이 매우 적은 앱이라면 이러한 방식을 사용해도 된다. 하지만 기능이 많은 앱은 이러한 장치로 충분치 않다. 특히 기존 관례나 인터페이스 가이드라인을 따르지 않는 기능이 포함되어 있다면 더욱 그러하다.

일반 앱과 비교했을 때 클리어 앱을 만든 사람들은 이러한 훈련 과정을 매우 잘 만들어 두었다. 앱을 처음 실행하면 시각적으로 잘 구성된 10개의 화면을 통해 주요 기능을 빠르게 익힐 수 있다.

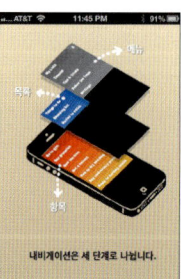

이 뒤에는 실제 목록으로 만든 독창적인 튜토리얼이 이어진다.

목록상 각 항목은 여러분이 따라 할 임무를 제시한다. 모든 임무를 완수할 즈음에는 거의 모든 기능을 다 연습해보게 된다.

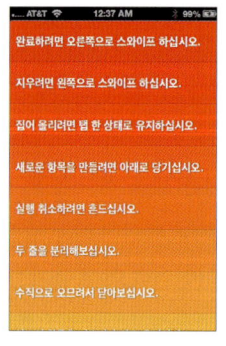
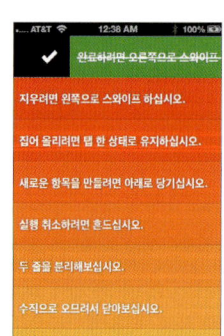
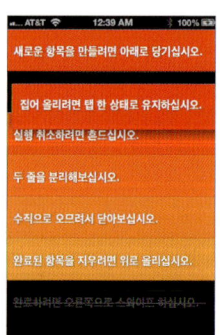

그러나 데모 사용성 평가 프레젠테이션 중에는 그렇게 잘 작동하지 않았었다.

참가자/자원봉사자에게 앱스토어에 있는 설명을 읽고 간단히 훑어볼 기회를 준 후 튜토리얼에 나온 동작을 해보도록 했다. 그리고 그들에게 그 앱의 주요 기능을 사용해 보라고 부탁했다. '시카고 여행'이라는 목록을 만들고 그 안에 '호텔 예약하기', '렌터카 빌리기', '항공권 선택하기'라는 총 세 항목을 넣어보게 했다.

지금껏 성공한 사람이 없었다.

사용법을 미리 익히고 연습할 기회가 있었음에도 목록 단계, 목록에 속하는 항목 단계, 설정 단계 등 여러 단계로 구성되는 콘셉트를 이해하지 못하는 것 같았다. 보았다는 사실을 기억한다고 해도 단계 간 내비게이션을 어떻게 해야 하는지 알아내지 못했다. 그리고 알아낸다고 해도 도움말 화면까지 가지 못했다. 한 마디로 진퇴양난이었다.

아무도 사용법을 익히지 못할 거라고 말하고 싶은 건 아니다. 이 앱의 사용 후기에는 좋은 평가가 넘쳐나며 베스트셀러 자리도 꾸준히 유지하고 있다. 하지만 이 앱을 구매한 사람 중에 사용법을 완벽히 익힌 사람의 수가 얼마나 될지, 혹은 만약 조금 더 익히기 쉽게 만들었다면 얼마나 더 많이 팔렸을지 궁금한 것은 어쩔 수가 없다는 얘기를 하는 것이다.

그리고 이 앱을 만든 회사는 사용자를 교육하고 도와주는 일에 많은 노력을 기울였다. 대부분은 그렇게 하지 않는다.

일반적인 경쟁자보다 잘할 필요가 있다. 그리고 사용성 평가는 그 방법을 알아내도록 여러분을 도와줄 것이다.

앱에는 기억 용이성 또한 있어야 한다

앱 디자인에는 또 하나의 중요한 속성이 있다. 바로 기억 용이성이다. 어떤 앱을 처음 접했을 때 사용법을 이해했다면 다음에 그 앱을 다시 쓰려고 할 때 지난번에 익힌 사용법이 잘 기억나는가? 아니면 처음부터 다시 시작해야만 하는가?

나는 보통 기억 용이성에 대해서 길게 다루지 않는다. 애초에 손쉽게 익힐 수 있게 만드는 것이 다시 기억하기 쉽게 만드는 가장 좋은 방법이라고 생각하기 때문이다.

하지만 어떤 앱에서는 이 부분이 중요한 문제로 부각되기도 한다.

나는 에이스케치ASketch라는 스케치용 앱을 좋아한다. 이 앱을 좋아하는 이유는 내가 아무리 조잡하게 그리더라도 재미있는 그림이 완성되기 때문이다.

하지만 몇 달을 사용한 후에도 이 앱에서 새로운 그림을 시작하는 방법을 기억하기 어려웠다.

사실 제어 메뉴에 접근할 방법조차 생각이 나지 않았다. 그림을 최대화할 수 있는 아이콘도 화면에 보이지 않았다.

그래서 늘 짐작이 가는 이런저런 방법을 시도해보아야 했다. 더블 탭, 트리플 탭, 화면 상단이나 하단 중앙에서 탭 해보기, 여러 종류의 스와이프, 손가락 여러 개로 탭 해보기 등을 다 해본 후에야 겨우 메뉴를 찾아냈다. 하지만 다음에 사용할 때는 어떤 방법이었는지 또 깜빡하곤 했다.

기억 용이성은 사용자가 정기적으로 사용할 앱에 적응할 때 중요한 역할을 한다. 누구나 앱을 구매한 직후에는 기꺼이 시간을 들여서 사용법을 익힌다. 하지만 다시 사용할 때도 같은 노력을 또 들여야 한다면 그 제품의 사용자 경험이 만족스러울 리 없다. 앱의 기능이 특별히 인상적이지 않았다면 그 앱은 버려지기 십상이다. 실제 앱의 운명은 대부분 그러하다.

천 원짜리 모바일 앱의 가치란 휴지장 신세가 되기 일쑤다.

모바일 기기 사용성 평가

모바일 기기 사용성 평가도 대체로 9장에서 언급한 평가 방식과 똑같이 진행된다.

모바일 평가 시에도 여러분은 평가 참가자에게 과제를 주고 그들의 모습을 관찰하며 평가 진행 중에 그들에게 어떤 생각이 드는지 말하도록 유도해야 한다. 평가가 끝날 무렵 심층 질문을 던질 시간이 오기까지 조용히 기다려야 하는 점이나 최대한 많은 이해관계자가 직접 와서 평가를 관찰할 수 있게 해야 한다는 점도 그대로다.

평가 프로세스는 모바일에서도 거의 비슷하다. 차이점은 주로 실행 방식에서 나타난다.

모바일 평가 실행 방식

PC에서 평가를 진행할 때는 설정이 매우 단순하다.

- 평가 진행자가 평가 참가자와 같은 화면을 본다.
- 관찰자는 화면 공유 소프트웨어를 통해 일어나는 일을 확인한다.
- 화면 녹화 소프트웨어로 해당 세션을 녹화한다.

하지만 모바일 기기 평가를 한 번이라도 진행해본 적이 있다면 그 과정이 얼마나 복잡한지 알 것이다. 기록용 카메라, 웹캠, 하드웨어 신호 처리기, 물리적 제지사항에 대한 안내문은 기본이다. 물리적 제지라는 용어는 좀 거창한 것일 수도 있다. 어쨌든 참가자가 카메라가 찍는 영역을 넘어가지 않도록 "기기를 움직일 수 있는 범위는 여기까지입니다."라고 행동반경을 안내하는 글귀를 붙여 둘 필요가 있다. 그리고 심지어 썰매 앞부분처럼 휘어진 형태의 장치나 거위 목처럼 자유롭게 돌아가는 구즈넥^{goosenecks} 램프 같은 물건이 필요한 때도 있었다.

여러분이 고민해야 할 몇 가지 쟁점을 예로 들자면 다음과 같다.

- 평가 시 참가자가 자신의 기기를 사용해도 되는가?
- 참가자가 기기를 자연스럽게 들어야 하는가? 아니면 탁자에 올려놓거나 스탠드에 세워 두어야 하는가?
- 관찰자는 어디를 보아야 하는가? 화면만 보면 되는가? 아니면 화면과 손가락을 동시에 보아서 손가락의 움직임도 확인해야 하는가? 기기는 관찰실에 어떻게 진열해 둘 것인가?
- 어떻게 녹화할 것인가?

모바일 평가가 복잡한 주요 원인 중 하나는 데스크톱 평가 시 사용하던 도구가 아직 모바일용으로 만들어지지 않았다는 데 있다. 이 책을 집필하고 있는 현재 쓸만한 모바일 화면 녹화 앱이나 화면 공유 앱은 아직 등장하지 않았다. 모바일 운영 체제가 백그라운드 프로세스를 금지하는 경향이 있다는 것이 또 다른 요인이다. 또 이런 제한사항을 극복한다고 한들 모바일 기기의 마력은 아직 그러한 앱을 작동할 만한 수준에 미치지 못한다.

이러한 상황은 오래지 않아 변하리라 생각한다. 평가해야 할 모바일 사이트와 앱이 산재해 있으므로 이미 많은 회사가 이를 해결할 방책을 내놓기 위해 노력하고 있을 것이다.

내가 사용한 방법

하지만 기술적인 해법이 아직 등장하지 않았기에 그간 내가 애용한 방법을 소개하고자 한다.

- **미러링 말고 화면 방향으로 둔 카메라를 활용하라.** 미러링은 화면 공유와 같다. 화면에 있는 내용을 보여준다. 애플 에어플레이 등의 소프트웨어나 휴대전화, 모니터상 태블릿, TV에서 동영상을 재생할 때 사용하는 케이블 같은 하드웨어를 활용하면 할 수 있다.

  하지만 미러링은 터치스크린 기기 평가를 관찰할 때 적합하지 않다. 평가 참가자의 손짓이나 탭을 볼 수 없기 때문이다. 평가 시 참가자의 손가락을 보지 못하는 것은 피아니스트의 연주를 보는 것과 비슷하다. 너무 빨리 움직이기 때문에 따라가기 어렵다. 손과 화면을 함께 볼 때 훨씬 더 많은 정보를 얻는다.

  손가락 움직임을 찍으려면 카메라가 있어야 한다. 손가락의 움직임을 점과 선으로 보여주는 미러링 소프트웨어도 존재한다. 하지만 손을 찍는 편이 더 좋다.

- **사용자가 기기를 자연스럽게 들 수 있도록 기기에 카메라를 부착하라.** 평가 구성에 따라 기기가 움직이지 않도록 탁자나 책상에 올려두는 때도 있다. 그 외에는 참가자가 기기를 손에 들 수 있는 대신 테이프로 표시한 영역을 벗어나지 않게 한다. 기기가 움직이는 범위에 제한을 두는 유일한 이유는 카메라를 한 방향으로 고정해 두고 카메라가 찍는 영역 밖으로 나가지 않게 하기 위해서다.

  기기에 카메라를 붙이면 참가자가 자유롭게 움직이더라도 화면이 시야나 초점을 벗어나지 않을 것이다.

- **참가자를 찍을 카메라를 준비할 필요는 없다.** 나는 참가자 얼굴 촬영을 좋아하지 않는다. 사용자 얼굴 촬영을 선호하는 사람도 있긴 하지만 나는 주의만 분산되므로 화면에서 어떤 일이 일어나는지에 초점을 맞추고 관찰

하는 게 좋다고 생각한다. 그리고 사용자의 기분은 말투만 들어도 거의 짐작할 수 있기도 하다.

게다가 카메라를 추가하면 구성이 복잡해질 수밖에 없는데 참가자 얼굴을 보는 일이 그러한 복잡성을 감수할 만큼 가치가 있다고 생각하지 않는다. 물론 사장님이 굳이 얼굴을 봐야겠다고 하신다면 얼굴을 보여드려라.

개념 증명: 브런들플라이^{Brundlefly 14} 카메라

14 'Brundlefly'는 영화 「플라이(The Fly)」에서 제프 골드브럼(Jeff Goldblum)이 맡은 브런들(Brundle)이라는 캐릭터가 텔레포테이션 기기로 실험을 진행하다가 실수로 파리(fly)와 DNA가 섞인 후 스스로를 가리킬 때 사용한 말이다.

나는 독서용 전등에 달린 집게와 웹캠을 합쳐서 평가용 카메라 장치를 만들었다. 호기심의 발로였다. 무게는 거의 없고 내장된 마이크로 음성도 녹음된다. 부품 사는데 든 비용은 30달러 정도였고 만드는데 든 시간은 1시간 정도 된다. 조만간 누군가 이와 비슷하되 성능이 더 뛰어난 제품을 제조할 것이라고 확신한다. 여러분도 직접 만들어 볼 수 있도록 rocketsurgerymadeeasy.com에 설명을 올려 두었다.

가벼운 웹캠 + 가벼운 집게가 달린 구즈넥 램프 = 브런들플라이

카메라를 기기에 붙이면 관찰하기 좋은 각이 나온다. 평가 참가자가 기기를 움직이더라도 관찰자가 보는 화면은 흔들리지 않는다.

나는 이 방법이 카메라를 부착했을 때 발생하는 불편을 거의 해결한다고 생각한다.

- **카메라를 붙이면 무겁고 불편하다.** 이 방식을 사용하면 무게가 거의 늘어나지 않으므로 휴대전화를 손에 드는 느낌도 거의 변하지 않는다.

- **카메라는 주의를 분산시킨다.** 이 장치는 아마 여러분이 사진을 보고 예상한 것보다 더 작을 것이다. 게다가 시야 밖에 놓이므로 전화에 쏟아야 할 주의가 분산되지 않는다.
- **전화기에 뭔가 붙이는 걸 좋아할 사람은 없다.** 전화에 썰매 앞부분처럼 휘어진 이런 장치를 붙이려면 원래는 찍찍이나 양면테이프를 사용해야 한다. 하지만 이 방식은 쿠션이 붙어있는 집게를 사용하므로 전화기에 튼튼하게 고정하더라도 흠집이 남지 않는다.

이 방법에는 단점도 있다. 사용할 공간의 범위가 제한된다는 것이다. 노트북에서 카메라로 이어지는 USB 확장 케이블을 준비해야 한다. 하지만 긴 확장 케이블도 싼값에 구할 수 있을 것이다.

나머지 구성은 매우 간단하다.

- 브런들플라이를 USB로 평가 진행자의 노트북에 연결하라.
- AmCap(PC용)이나 QuickTime Player(Mac용)처럼 브런들플라이에서 찍은 영상을 보여줄 수 있는 프로그램을 켜라. 진행자는 이 방법으로 촬영한 화면을 본다.
- 화면 공유 프로그램(고투미팅, 웹엑스 등)을 사용해서 관찰자들과 노트북 화면을 공유하라.
- 화면 녹화 프로그램(예. 캠타시아)은 관찰실 컴퓨터에서 작동하라. 진행자 노트북의 부담이 줄어들 것이다.

이게 전부다.

마침내...

정확히 어떤 형태가 될지는 모르지만, 미래 생활의 중심은 분명히 모바일이 될 듯하다. 그리고 훌륭한 사용자 경험을 만들고 사용하기 편리한 사물을 만들 막대한 기회도 모바일 덕분에 창출될 것이다. 그리고 끊임없이 도입될 새로운 기술, 형태 요소 중 일부는 우리가 인터랙션하는 방식을 극적으로 변화시킬 것이다.[15]

　다만, 무심결에 사용성을 등한시하는 일이 없도록 주의하길 바란다. 그리고 이런 일을 미연에 방지할 최고의 방법이 바로 사용성 평가다.

15 개인적으로는 컴퓨터 음성 인식 기능이 다음 세대를 결정지을 주요 기술이 되리라고 생각한다. 인식 정확도는 이미 놀라운 수준에 이르렀다. 사람들이 기기에 대고 이야기하는 일을 바보 같이 느끼지 않게 할 방법을 찾기만 하면 된다. 이 문제를 해결하기 위해 노력해온 이가 있다면 내게 연락하기 바란다. 나는 15년간 음성 인식 소프트웨어를 사용해왔고 왜 아직 인기를 얻지 못했는지 여러 아이디어를 많이 갖고 있다.

11

기본예절로서의 사용성

웹 사이트가 예의를 지켜야 하는 이유

> 진정성, 그게 어려운 부분이다.
> 진정성이 있는 척할 수 있으면 나머지는 쉽다.
> -할리우드 에이전트에 대한 오래된 농담

얼마전에 덴버로 가는 비행기를 예약한 일이 있었다. 공교롭게도 내가 비행기를 타는 날이 그 항공사와 노조 간 단체교섭의 마지막 날이라는 사실을 나중에 알게 되었다.

걱정이 된 나는 같은 상황에 처한 사람이라면 누구나 할 만한 행동을 했다. (a) 회사와 노조가 합의에 이르렀다는 기사가 났는지 구글 뉴스를 한 시간에 한 번씩 확인했고 (b) 단체교섭에 대해 항공사가 어떤 소식을 올려두었는지 보기 위해 그 항공사의 웹 사이트에 들어가 보았다.

하지만 곧 일어날 파업에 대한 언급이 홈페이지뿐 아니라 전체 사이트 어디에도 한마디조차 없다는 사실을 깨닫고 충격에 휩싸였다. 검색했다. 훑어보았다. FAQ 목록 전체를 꼼꼼히 스크롤 해보았다. 하지만 여느 때와 다를 것 없다는 듯 아무것도 없었다. "파업? 무슨 파업?"이라고 하는 듯했다.

항공사가 파업할 가능성이 있는 날 아침이라고 해보자. 이 항공사 사이트와 관련해서 가장 많이 제기되었을 질문은 딱 하나이고 다음 주 항공권을 손에 쥐고 있는 수많은 사람이 그 질문을 했을 것이라는 사실을 모르는 사람은 없다. 그 질문은 바로 '이제 내 항공권은 어떻게 될 것인가?'이다.

나는 이에 대한 FAQ가 별도로 마련되어 있을 거라고 기대했나 보다.

파업이 진짜 일어날 것인가?
현재 교섭 진행 상황은 어떠한가?
파업이 시작되면 어떤 상황이 벌어질 것인가?
항공권을 다시 예약하려면 어떻게 해야 하는가?
나를 어떻게 도와줄 생각인가?

아무것도 없었다.

이러한 상황이 왜 벌어졌는지 내가 유추할 수 있는 내용은?

그 답은 다음 네 가지 중 무엇이든 될 수 있었다. (a) 이 항공사에는 특수 상황 시 홈페이지 업데이트 절차가 마련되어 있지 않다. (b) 법적, 사업적 문제 때문에 파업이 일어날 거라는 사실을 인정하고 싶지 않다. (c) 사람들이 이 문제에 관심 있을 거라는 사실을 깨닫지 못했다. (d) 알아도 그냥 아무것도 하고 싶지 않았다.

실제 이유가 무엇이든 그 덕분에 이 항공사나 이 웹 사이트에 대한 내 호감도가 한참 낮아졌다. 브랜드의 좋은 이미지가 땅에 떨어졌다. 아마 좋은 이미지를 유지하기 위해 매해 수억 달러를 들였을 텐데 말이다.

이 책의 대부분은 웹 사이트를 명료하게 만드는 방법에 대해 논하고 있다. 사용자가 자신이 보고 있는 것이 무엇인지, 그리고 사용법은 어떻게 되는지 과한 수고를 들이지 않고도 확실히 이해하게 하는 방법 말이다. 사용자가 보기에 명료한가? 그들이 이해하기 어렵지 않은가?

하지만 사용성을 구성하는 또 다른 주요 요소가 있다. 그것은 바로 사용자에 대한 배려심을 갖추고 옳은 행동을 하느냐 하는 부분이다. "내 사이트가 이해하기 쉬운가?"라는 질문뿐 아니라 "내 사이트가 예의 바르게 작동하고 있는가?"라는 질문도 해야 한다.

호감 저장고

우리가 웹 사이트에 호감 저장고를 가지고 들어간다고 상상하는 방법을 활용하면 좋다. 사이트에서 문제를 마주할 때마다 저장고의 비축량이 줄어든다. 내가 이 항공사 사이트에 들어갔을 때 어땠을지 예로 들어보자.

사이트에 들어간다. 내 호감이 아주 높지만은 않다. 이들의 교섭 결과에 따라 내가 큰 불편을 겪을 수 있다는 사실이 나를 불쾌하게 했기 때문이다.	홈페이지를 훑어본다. 정리가 잘 되어 있어서 마음이 조금 누그러졌다. 이 사이트에 정보가 있다면 찾을 수 있을 거라는 확신이 들었다.	홈페이지에 파업에 대한 언급이 없다. 아무 일 없다는 듯한 태도가 기분을 상하게 한다.	홈페이지에 뉴스 기사로 연결되는 링크 5개가 있지만, 파업과 관계된 내용은 하나도 없다. 목록 맨 아래 보도 자료 링크를 클릭해본다.

가장 최근의 보도 자료는 5일 전에 나온 것이다. 회사 소개 페이지로 간다.	느낌이 오는 링크가 보이지 않는다. 매우 성가시게 느껴지는 홍보로 가득 차 있다. 내일 비행기가 뜰지조차 확신할 수 없는 나에게 왜 또 항공권을 팔려고 하는 걸까?	'파업'이라고 검색하니 보도 자료 2개가 나왔다. 하나는 1년 전 파업에 대한 것이고 다른 하나는 회사 연혁 중 1950년대에 일어났던 파업에 대한 것이다. 이쯤 되면 나와야겠다는 생각이 든다. 하지만 이곳이 정보를 찾을 수 있는 유일한 장소다.	FAQ 목록을 훑어본 후 퇴장했다.

저장고에 넣을 수 있는 호감의 양은 한계가 있다. 사용자에게 적절한 처우를 제공하지 못해서 저장고가 비어버린다면 그들이 떠나버릴 확률이 높다. 하지만 떠나는 수준에서 끝나지 않을 수도 있다. 앞으로 여러분이 만든 사이트를 사용할 생각이 없어질 수도 있고 회사의 수준이 떨어진다고 생각해서 페이스북이나 트위터에 비난을 퍼부을 수도 있다. 마케팅 관계자라면 NPS[1]가 떨어질 가능성이 크다는 것도 고려해야 한다.

저장고 관련해서 기억해두면 좋은 내용 몇 가지를 소개하겠다.

■ **저장고의 크기는 사람마다 다르다.** 어떤 사람의 저장고는 크고 어떤 사람의 저장고는 작다. 원래 의심이 많은 사람도
있고 성격이 센 사람도 있다. 이와 반대로 선천적으로 참을성이 있고 의심이 없고 낙관적인 사람도 있다. 여기서 핵심은 모든 사람의 저장고가 매우

1 (옮긴이) 순 추천고객 지수 (Net Promoter Score)의 약자다. 이 지수는 고객이 특정 브랜드나 기업, 서비스, 제품을 타인에게 추천할 의향이 있는지를 수치로 나타내며 고객 충성도와 조직 성과가 이를 통해 드러난다고 본다.

클 것이라고 기대해서는 안 된다는 점이다.
- **상황의 영향을 받는다.** 매우 급한 상황에 있거나 막 다른 사이트에서 좋지 않은 경험을 하고 온 상황이라면 원래 저장고가 큰 사람이라고 해도 사이트에 들어갈 때 이미 저장고가 꽤 비어 있을 것이다.

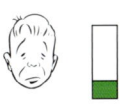

- **다시 채울 수 있다.** 호감이 줄어들 만한 실수를 했다고 해도 그 사람의 관심이 어디에 있는지 신경 쓰는 모습을 보인다면 기분이 좋아져서 호감이 회복될 수도 있다.

- **때로는 실수 하나 때문에 저장고가 비어버릴 수도 있다.** 수많은 필드가 담긴 회원가입 폼을 열었을 때처럼 순식간에 저장고가 텅텅 비어버리는 일도 있다.

호감이 줄어드는 요인들

사이트를 만든 사람들이 사용자가 어디에 관심이 있는지 신경 써서 웹 사이트를 만들지 않았다는 느낌이 들게 하는 몇 가지 예를 소개하겠다.

 사용자가 원하는 정보 숨겨두기. 가장 흔히 숨겨두는 정보에는 고객지원센터 전화번호, 배송비, 가격 등이 있다.

업체가 전화번호를 숨겨두는 의도는 사용자가 전화를 걸지 않게 하는 데 있다. 전화가 올 때마다 비용이 들기 때문이다. 이를 발견하면 보통 사용자의 호감이 줄어든다. 전화번호를 찾아서 전화를 걸 때쯤에는 짜증이 더 나 있을 것이다. 이와 반대로 800으로 시작하는 번호[2]가 한눈에 들어오다 못해 모든 페이지에 적혀 있다면 사용자는 원하면 아무 때나 전화할 수 있다는 사실을 안다. 그러면 오히려 필

---

2 (옮긴이) 한국의 080 번호처럼 미국의 수신자 부담 전화번호 중 하나로 사용자가 전화를 걸었을 때 무료로 통화할 수 있다는 뜻이다.

요한 정보를 사이트에서 더 오래 찾아보고 스스로 문제를 해결할 가능성도 커진다.

사용자를 가능한 깊은 곳으로 유인하기 위해 가격 정보를 숨겨두는 사이트도 있다. 사용자가 비싼 가격표를 보고 충격을 받기 전에 사이트 안으로 이미 너무 들어와 버렸다는 느낌이 들게 하는 것이 이들의 목표다. 공항 같은 공공장소에서 제공하는 무선 인터넷 서비스가 이런 방식을 사용하는 대표적인 예 중 하나다. 일부 공항에서 무선 접속을 무료로 제공한다는 사실을 알고 있는 사용자가 '무선 접속 가능!'이라고 써 붙인 표지판을 보았다고 해보자. 그 사용자는 노트북 컴퓨터를 열고 신호를 찾아서 연결하려고 할 것이다. 하지만 '무선 접속', '연결하려면 여기를 클릭하세요.' 등의 안내를 따라서 훑어보고 읽어보고 클릭하는 과정을 거쳐 세 장 정도의 페이지를 지나와서야 사용료를 내야 할 수도 있다는 단서가 담긴 페이지가 등장한다. 구식 전화 영업 전략과 비슷한 방식이다. 마케팅 미끼를 던지는 동안 상대가 전화를 계속 받고 있게 한다면 본인이 원하는 대로 상대를 설득할 수 있다고 생각하는 것이다.

자신이 원하는 방식대로 하지 않는다고 사용자 귀찮게 하기. 사회보장번호나 전화번호 사이의 줄표(-), 신용카드 번호 사이의 공백처럼 사소한 사항을 넣느냐 마느냐 하는 것처럼 사용자가 데이터를 어떤 형식으로 입력할지 절대 고민하게 해서는 안 된다. 신용카드 번호 사이에 공백을 넣지 못하게 하는 사이트도 많다. 공백을 넣어야 번호를 정확히 입력하기 훨씬 쉬운데도 말이다. 코드 몇 줄 쓰기 귀찮다고 해서 사용자가 번거로운 작업을 떠맡아야 하는 상황은 만들지 마라.

필요하지도 않은 정보 물어보기. 사용자 대부분은 개인 정보 요청에 대해 매우 회의적이다. 현재 하던 작업에 필요하지도 않은 정보까지 묻는다면 짜증이 날 것이다.

가식적인 표현으로 사용자 기만하기. 상대에게 진정성이 있는지 없는지는 누구나 쉽게 알아챈다. 그리고 나에게 관심 있다고 가식을 떠는 건 특히 짜증스럽다. "Your call is important to us(우리는 여러분의 전화를 소중히 생각합니다.)"[3]라는 소리를 들을 때마다 어떤 생각이 드는지 생각해보라.

3 (옮긴이) 미국에서 전화 연결이 되지 않을 때 반복적으로 나오는 통화대기 음.

 홍보용 장치로 작업 방해하기. 근사한 홍보용 사진으로 채운 페이지를 헤쳐 나가다 보면 내가 급하다는 사실을 사이트 제작자가 이해하지 못했거나 그러한 사실에 관심이 없었다는 것을 분명히 깨닫게 된다.

 사이트가 아마추어 수준으로 보인다. 사이트에 체계나 전문적인 느낌이 없고 엉성해서 밖에 내놓을 정도로 보기 좋게 만들려고 노력하지 않았다는 느낌이 들면 호감이 줄어들 수 있다.

사이트의 외양, 특히 색상에 대해서 왈가왈부하는 걸 좋아하는 사람이 많기는 하지만 멋지게 보이지 않는다는 이유만으로 사이트에서 나가는 사람은 거의 없다는 사실을 기억하기 바란다. 나는 사용자가 사용성 평가 중에 색상에 대해 한 말은 무시하라고 말하곤 한다. 색상 배합에 대해 참가자 75% 이상의 사람들이 정말 비호감이라고 강한 불만을 터뜨리지 않는 한 말이다. 그 정도로 싫어한다면 재고하는 게 좋다.[4]

4 내가 진행한 평가에서 실제 일어났던 일이다. 이때는 색상을 바꿨었다.

여러분이 사이트를 만들 때 사용자에게 우호적이지 않은 선택을 일부러 하는 때도 있다. 고객이 원하는 바를 그대로 따르지 않는 것이 사업상 도움이 될 때도 있기 때문이다. 원하지 않는 팝업창을 띄우는 일을 예로 들 수 있다. 팝업창은 항상 사용자를 약간 귀찮게 한다. 하지만 통계상 팝업창을 사용했을 때 수익이 10% 증가한다면 사용자를 귀찮게 하는 한이 있더라도 그 방법을 사용할 수 있다. 이는 사업상 결정이다. 다만, 충동적으로 하지 말고 득과 실을 꼼꼼히 살펴보고 적절한 방식으로 실행하도록 하라.

호감을 키우는 요인들

다행스러운 사실은 실수를 했다고 해도 사용자에게 관심이 있다는 사실을 납득시켜서 호감을 되돌려 놓을 수 있다는 것이다. 앞에 나열한 목록을 반대로 하면 되는 내용이 대부분이다.

- **사용자가 여러분의 사이트에서 가장 많이 하는 활동을 알아내서 그 부분을 명확히 드러내고, 쉽게 사용할 수 있게 하라.** 웹 사이트에서 사람들이 뭘 하려는지 알아내는 건 어렵지 않다. 나는 사이트에 대한 의견이 분분히 갈린 상황에서도 사람들이 한 가지 질문에 대해서만은 똑같은 답을 한다는 사실을 알게 되었다. 그 질문은 바로 "사용자가 여러분의 사이트에서 가장 하고 싶어 하는 세 가지는 무엇인가요?"이다. 그러한 부분은 최우선 순위를 차지해야 한다. 즉 사용자 대부분이 대출을 받으러 오는 사이트라면 대출 신청을 쉽게 하는데 방해 요소가 있어서는 안 된다. 하지만 이를 실행하는 게 말처럼 쉽지는 않다는 게 늘 문제다.
- **사용자가 알고자 하는 정보를 공개하라.** 배송비, 호텔 1일 주차요금, 서비스 이용 가능 시간을 비롯해 솔직하게 이야기하고 싶지 않은 모든 것을 솔직하게 이야기하라. 배송비가 생각보다 비싸서 점수를 잃을 수도 있지만 가격 차이를 보충할 수 있을 정도로 편하게 해준 솔직함 덕분에 점수를 얻을 수도 있다.

사용자의 수고를 최대한 줄여주어라. 예를 들자면 내가 구매한 제품의 택배 송장 번호를 알려주는 대신 클릭했을 때 택배사 사이트에서 배송 상황을 바로 조회할 수 있게 해주는 링크를 이메일 영수증에 넣어주라. 내가 이러한 서비스를 처음 접한 사이트는 늘 그래왔듯 아마존이었다.

노력을 쏟아부어라. HP 기술지원 사이트는 내가 좋아하는 예다. 이 사이트는 (a) 문제 해결에 필요한 정보를 생산하고 (b) 정확하고 유용한 정보를 제공하며 (c) 해결책을 명확하게 전달하고 (d) 찾기 쉽도록 잘 정리하기 위해 엄청난 양의 작업을 쏟아부은 티가 난다. HP 프린터를 여러 대 구입했지만 문제가 있을 때마다 거의 나 혼자 해결할 수 있었다. 그래서 HP 프린터를 꾸준히 구매하게 된다.

궁금해할 만한 사항을 예측하고 그에 대한 답을 제시하라. FAQ 목록은 대단한 가치를 지닌다. 특히 다음과 같은 경우에 말이다.

- FAQ를 가장해 사용자들이 물어봐 주었으면 하는 질문을 모아둔 홍보용 문구가 아닐 때.
- 목록을 최신 정보로 채워둘 때. 고객 서비스나 기술 지원 페이지에 이번 주에 가장 많이 문의한 질문 5개 목록을 올리는 일은 그리 어렵지 않다. 나는 어떤 사이트의 지원 페이지든 항상 이 목록을 올려둔다.
- 솔직할 때. 사람들은 FAQ에 자신이 물으려는 질문에 대한 답이 이미 올라와 있지 않은지 자주 찾아본다. 이럴 때 솔직함은 호감을 높이는 데 큰 도움이 된다.

인쇄용 페이지처럼 편의성을 높여주는 요소를 제공하라. 몇 장짜리 이야기를 클릭 한 번으로 인쇄해주는 것을 좋아하는 사람들도 있다. CSS를 활용하면 아주 적은 수고만으로도 인쇄용 페이지를 쉽게 만들 수 있다. 광고를 빼라. 배너 광고는 단순히 귀찮기만 한 것이 아니라 지면 공간을 차지하는 역효과도 있다. 하지만 삽화, 사진, 수치는 빼지 마라.

오류가 발생했을 때 쉽게 회복할 수 있게 하라. 사용성 평가를 충분히 진행했다면 애초에 발생을 막을 수 있는 오류도 많을 것이다. 그럼에도 오류 발생 가능성을 완벽히 배제할 수 없을 때는 항상 편하고 쉽게 되돌아올 방법을 제공하라.

해결하지 못한 문제가 있을 때는 사과하라. 세상에는 어쩔 수 없는 일도 있기 마련이다. 사용자가 무엇을 원하는지 알아낼 능력이나 자원이 부족한 경우도 있다. 학교 도서관 시스템이 도서목록 데이터베이스별로 별도의 비밀번호를 요구하기 때문에 비밀번호 하나로 전체 로그인을 할 수 없는 상황을 예로 들어보자. 사용자라면 비밀번호 하나로 한꺼번에 로그인을 하는 방법을 선호할 것이다. 만약 그들이 원하는 결과를 제공할 수 없다면 여러분이 그들에게 불편을 초래할 수밖에 없었던 사실을 여러분도 인식하고 있다는 걸 알리는 편이 좋다.

12

웹 접근성과
여러분

여러분이 마쳤다고 생각할 때

고양이가 등에 묶인 버터 토스트 때문에 공중부양한다

> 고양이는 항상 발이 땅에 닿게 떨어진다. 토스트는 항상 버터를 바른 쪽이 바닥으로 향하게 떨어진다. 나는 버터 바른 토스트와 고양이의 등을 끈으로 묶을 것을 제안한다. 그러면 이 둘은 공중에서 맴돌고, 회전할 것이다. 이 위대한 버터 토스트-고양이 집합체가 있다면 뉴욕과 시카고를 고속 모노레일로 쉽게 이을 수 있을 것이다.
>
> — 존 프레이지(JOHN FRAZEE), 「재현할 수 없는 결과」[1]에서

1 (옮긴이) 과학을 소재로 쓴 풍자적인 글을 실은 과학 유머 잡지

사람들은 가끔 내게 묻는다. "접근성이요? 사용성에 속하는 개념 아닌가요?"

물론 맞는 말이다. 장애인은 여러분의 대상 사용자가 아니라고 전면 선언할 것이 아니라면, 접근성이 없는 사이트를 사용하기 편리하다고 말할 수는 없다.

2 브라우저 대부분에서 줌 기능이 텍스트 크기 조절 기능을 대체하고 있다고 알려주는 이메일을 보낼 분이 있을지 모르겠다. 우선 고맙다. 하지만 키보드를 두드리는 수고를 감수하지 않아도 된다. 줌 기능을 사용하면 어떤 웹 사이트든 크게 만들 수 있겠지만, 글꼴 크기 조절에 반응하는 것은 고정된 글자 크기[3]를 사용하지 않은 웹 사이트뿐이다. 이 역시 접근성을 고려했는지 알 수 있는 좋은 척도가 된다.

웹 디자인 종사자라면 누구나 웹 접근성에 대해 약간의 지식이라도 있을 것이다. 그럼에도 내가 방문하는 사이트 대부분이 여전히 간단한 접근성 평가를 통과하지 못한다. 내가 자주 하는 간단한 접근성 평가란 글꼴의 크기를 키워보는 것이다.[2]

3 (옮긴이) 예, 픽셀(px), 포인트(pt) 단위의 글자 크기

브라우저 '글꼴 크기'를 'Largest(가장 크게)'로 바꾼다.

전   후 (변화 없음)

왜 그럴까?

사람들이 개발자나 디자이너에게 하는 말

결국은 실제 사이트를 제작해야 하는 디자이너나 개발자가 접근성 관련 업무를 떠맡게 되곤 한다.

자신이 맡은 임무에 대해 공부하기 위해 이들이 집어 든 책이나 기사는

접근성을 갖춘 사이트를 만들어야 할 이유에 대해 똑같은 이야기를 늘어 놓는다.

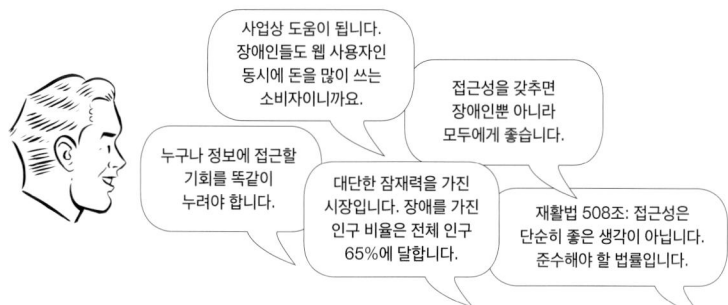

모두 맞는 말이다. 그런데 안타깝게도 실제 '접근성 관련 업무'를 담당하는 22세의 개발자나 디자이너를 설득하기 어려운 말이기도 하다. 그들을 회의론자로 만드는 주요 근거 두 가지는 다음과 같다.

- **인구의 ___%가 장애인이다.** 그들이 접하는 세계는 장애가 없는 22세 친구들로 구성되어 있을 것이다. 그러므로 전체 인구 중 그렇게 많은 사람이 웹에 접근하는 데 도움이 필요하다는 사실을 믿기란 어려운 일이다. 이런 말은 자신이 대의를 위해 헌신하고 있다고 변호하고 싶어하는 사람들이 자주 사용하는 과장법의 일부라는 생각마저 든다. 그리고 이러한 결론은 여기에서 그치지 않고 "이들이 주장하는 일부가 명백히 거짓이라면 나머지도 거짓이라고 여겨도 무방하다."라는 논리로 이어지기 쉽다.
- **접근성을 높이면 모두에게 유익하다.** 적용한 내용 중 일부가 실제 모두에게 도움이 된다는 사실은 그들도 잘 알고 있다. 청력이 없는 이들에게 유용하게 활용되는 자막 방송이 이런 부류에 속하는 대표적인 예다.[4] 하지만 일반적으로 끌어들이는 예가 이거 하나밖에 없으므로 마치 모두가 탱 Tang[5]을 먹을 수 있게 되었다는 점에서 우주 개발 사업이 가치가 있다고 주장하는 거나 다름없다는 느낌이 든다. 개발자나 디자이너의 머리에 접근

4 나도 아내와 영국 영화를 볼 때 자막을 자주 활용한다.

5 우주비행사를 위해 개발된 아침 식사용 오렌지맛 가루(동결 건조 식품).

12장 웹 접근성과 여러분 191

성을 높여서 사용자가 편해진 사례보다 접근성을 적용하기 위해 개발팀 전원이 고생했던 경험부터 떠오를 가능성이 크다.

그러나 무엇보다 접근성을 중요하게 여겨야 하는 단 하나의 진짜 이유가 이런 회의론 때문에 가려진다는 것이 가장 큰 문제다.

- **접근성을 고려하는 것은 우리가 마땅히 해야 할 일이다.** 접근성이 어떤 이들의 생활에 얼마나 엄청난 도움을 주는지를 간과하곤 하지만, 이것은 단순히 해야 할 일이 아니라 반드시 해야 할, 의미 깊은 일이다. 누구든 이 한 가지 예만 보아도 내가 하는 말을 충분히 이해할 수 있으리라 생각한다. 컴퓨터를 사용할 수 있는 시각 장애인 대부분이 접근성 덕분에 뉴스나 잡지를 혼자 읽을 수 있게 되었다. 상상해보라.

우리가 하는 일을 조금 더 제대로 하는 것만으로 타인의 삶을 극적으로 개선할 기회가 우리에게 얼마나 자주 오겠는가?

아직 소식을 듣지 못했을지 모르지만 이에 대한 법적 제재가 조만간 시행될 거라는 걸 알아두기 바란다. 신뢰할 만한 소식이니 믿어도 좋다.

개발자와 디자이너가 두려워하는 것

접근성에 대해 자세히 알게 될수록 다음 두 가지 사항을 염려하게 되곤 한다.

- **늘어나는 업무.** 특히 개발자에게 접근성이란 안 그래도 거의 불가능에 가깝게 느껴지는 프로젝트 일정에 추가해야 할 또 다른 복잡한 항목일 뿐이라고 느껴질 수 있다. 최악의 경우 상사가 일방적으로 내린 명령일 수 있다. 심지어 여기에는 시간을 잡아먹는 보고서, 리뷰, 회의도 뒤따를 것이다.
- **디자인 타협.** 디자이너들은 내가 버터 바른 고양이라고 부르는 현상이 발생하는 것을 가장 두려워한다. 버터 바른 고양이란 장애인에게 좋은 디

자인과 비장애인에게 좋은 디자인이 서로 배치되는 상태가 되는 것을 말한다. 사용자 다수에게 매력이 없는 데다 유용성도 떨어지는 사이트가 완성될까 두려운 것이다.

나는 접근성을 완벽히 구현했으나 장애인과 비장애인, 어느 쪽에도 불편을 끼치지 않는 이상적인 디자인의 예를 접한 적 있다. 시카고 택시 뒷자리에서였다. 앞좌석 뒤에는 표지판이 붙어 있었다. 처음에는 그냥 평범한 표지판으로 보였다. 그런데 빛이 반사되는 모습이 특이했다. 자세히 들여다보니 독창적인 장치가 들어 있었다.

이 택시의 번호는 6256TX입니다. 하고 싶은 칭찬이나 불만이 있다면 고객 서비스 부서 24시간 직통 전화로 연락 주십시오.

시카고
리처드 데일리
시장

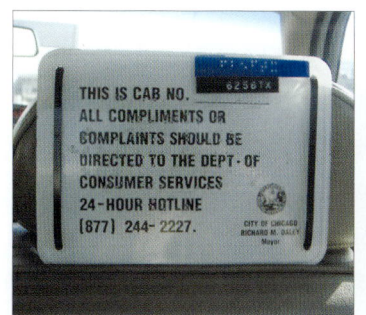 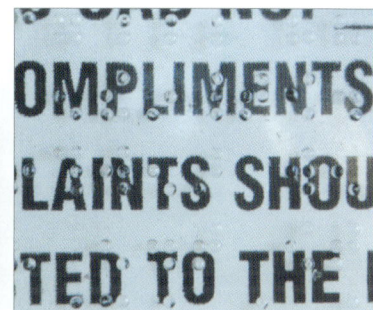

표지판은 특수 아크릴 소재의 얇은 판으로 덮여 있고 아크릴 판 위에 메시지가 점자로 새겨져 있었다. 통상적인 경우라면 글자와 점자가 표지판의 절반씩 차지하고 있었을 것이다. 하지만 이 표지판에 적용된 디자인은 양쪽 사용자에게 똑같이 최상의 경험을 제공했다. 참 멋진 해결책이었다.

하지만 디자이너 입장에서는 접근성이란 단어를 들을 때 정부가 모든 사람에게 똑같이 장애를 적용해서 평등한 상태를 만들어내는 커트 보니것 Kurt Vonnegut의 단편소설이 떠오를 수도 있다.[6]

6 소설 『해리슨 버거론(Harrison Bergeron)』속 주인공의 지능은 '일반인보다 훨씬 우월했다.' 그래서 시끄러운 소리를 20초에 한 번씩 쏟아내 정신 장애를 일으키는 라디오 착용이 그의 법적 의무였다. 그러면 '조지 같은 사람들이 두뇌 덕분에 유리한 입장에 서는 불공평한 상황이 일어나지 않을 것이다.'

사실 정말 복잡해질 수도 있다

접근성에 대해 막 배우기 시작한 사람들은 매우 희망적으로 느껴지는 조언을 하나 접하게 된다.

7 (옮긴이) 웹 표준 관련 국제 기구인 W3C에서 내놓은 웹 콘텐츠 접근성 지침(Web Content Accessibility Guideline)을 가리킨다.

8 대체 텍스트는 이미지를 대신해 이를 설명하는 텍스트를 가리킨다. (예. "범선 위에 두 사람이 서 있는 그림") 스크린 리더를 사용하는 사람들이나 이미지를 끄고 웹브라우저를 사용하는 사람들에게 꼭 필요한 부분이다.

여러분의 사이트가 WCAG7를 준수하는지 유효성 검사기를 사용해서 확인하세요.

접근성 맞춤법 검사기라니. 좋은데!

하지만 막상 사이트에 실행해보면 유효성 검사기가 철자 검사기보다 문법 검사기에 가깝다는 사실을 알게 된다. 대체 텍스트8를 빼먹은 것처럼 고치기 쉬운 명백한 실수도 찾아내기는 한다. 하지만 이 검사기는 실수일지도 모를 사항에 대해 모호한 경고를 늘어놓거나 어쩌면 전혀 문제가 되지 않을 수도 있는 부분을 굳이 고쳐도 좋다며 줄줄이 지적하는 때도 많다.

이 때문에 접근성을 막 배우기 시작한 이들의 용기가 사그라질 수 있다. 목록이 길고 충고의 내용이 모호하면 배울 것이 엄청나게 많은 듯한 느낌이 들기 때문이다.

사실 유효성 검사기가 제시하는 내용은 접근성 있는 웹 사이트를 완성하는 데 필요한 일반적인 수준보다 더 높은 수준이다.

사실 대부분의 디자이너나 개발자들이 접근성 전문가가 되길 꿈꾸는 것도 아닐 텐데 꼭 그렇게 높은 기준에 부합하기 위해 애쓸 필요는 없다고 생각한다. 웹 접근성이 더 널리 퍼지려면 적용하기 쉬워져야 한다. 스크린 리더와 보조 기술은 더 똑똑해져야 하고, 드림위버 같은 사이트 제작 도구는 접근성 관련 코드를 더 쉽고 정확하게 작성할 수 있게 도와주어야 하고, 디자인 프로세스는 처음부터 접근성을 고려할 수 있도록 업데이트되어야 한다.

지금 당장 할 수 있는 네 가지 사항

접근성 있는 사이트를 아무런 어려움 없이 만들 수 있는 완벽한 세상은 아직 오지 않았다.

하지만 가장 효과가 좋은 몇 가지 사항에 집중한다면 엄청난 수고를 기울이지 않더라도 현재 기술과 표준만으로 접근성 좋은 사이트를 만들 수 있다. 버터 바른 고양이 현상도 발생하지 않을 것이다.

1. 모두가 혼란스러워 하는 사용성 문제부터 고쳐라

'접근성 있는 사이트는 모두가 사용하기 편리하다.'라는 명제는 '우주 개발과 탱'에 대한 논의처럼 짜증나는 존재다. 그 명제 때문에 반대 명제가 참이라는 사실이 가려지기 때문이다. '비장애인'을 위해 사이트의 사용성을 개선하는 건 장애인도 그 사이트를 더욱 편리하게 사용하게 만드는 매우 효과적인 방법이다.

사이트 사용자 대부분이 혼란스러워 하는 부분이라면 장애인도 접근성 문제를 겪을 소지가 다분하다. 장애가 생겼다고 해서 갑자기 지능이 눈에 띄게 좋아지는 일은 없지 않겠는가? 그리고 장애인은 혼란에 빠졌을 때 되돌아오기 더 어려워하는 때가 많다.

사용하기 어려운 웹 사이트를 만났던 최근의 기억을 되살려보라. 폼을 전송했을 때 혼란스러운 오류 메시지가 뜨는 때처럼 말이다. 페이지를 볼 수 없는 상태에서 그 문제를 해결해야 한다고 상상해보라.

사이트 접근성을 개선하는 최고의 방법은 자주 평가하고 모두를 혼란스럽게 하는 부분을 꾸준히 제거하는 것이다. 사실 사용성 개선이 선결되지 않는다면 접근성 가이드라인을 아무리 철저히 적용했다 한들 여러분이 만든 사이트를 장애인이 편하게 이용하지는 못할 것이다. 사용성 문제가 그대로 남아 있는 상태에서 코드 문제를 고치는 데에만 신경을 쓰는 일은 호박에 줄 긋는다고 수박이 되지 않는 것처럼 근본적인 문제를 해결하지 못하는 임시방편에 지나지 않는다.

2. 논문을 한 편 추천한다

사용성을 개선할 가장 좋은 방법은 사람들이 실제 사용하는 모습을 관찰하는 것이라는 사실을 지금쯤은 여러분이 깨달았다면 좋겠다. 하지만 다른 사람들이 사용하는 모습을 관찰해보기는커녕 보조 기술을 사용한 경험도 거의 없는 사람이 많다.

여러분에게 해봐야겠다는 의지와 시간만 있다면 시각 장애가 있는 웹 사용자 한두 명을 만나서 그들이 스크린 리더 소프트웨어를 실제 어떻게 사용하는지 몇 시간 정도 관찰해볼 것을 강력히 추천한다.

좋은 소식을 알려주자면 번거로운 일을 여러분을 대신해서 미리 해둔 이가 있다. 메리 테오파노스Mary Theofanos와 재니스 (지니) 레디쉬Janice (Ginny) Redish는 시각 장애인 16명이 스크린 리더를 사용해서 다양한 사이트에서 여러 작업을 하는 모습을 관찰한 내용을 「Guidelines for Accessible and Usable Web Sites: Observing Users Who Work with Screen Readers(접근성과 사용성을 갖춘 웹 사이트를 위한 가이드라인: 스크린 리더를 활용하는 사용자 관찰)」이라는 제목의 논문에 담았다.[9]

모든 사용성 평가가 그렇듯이 이 평가도 매우 유용한 통찰을 제공한다. 그들이 배운 내용 중 한 가지 예를 소개하겠다.

스크린 리더 사용자는 귀로 사이트를 훑어본다. 시각 장애인 대부분은 정상 시력을 가진 사용자 대부분과 마찬가지로 인내심이 적다. 그들은 자신이 원하는 정보를 최대한 빠르게 찾기 원한다. 그들은 페이지에 나와 있는 모든 단어를 듣지 않는다. 시력이 있는 사용자가 모든 단어를 다 읽지 않는 것처럼 말이다. 그들은 '귀로 훑어본다.' 더 들을지 판단할 수 있을 정도까지만 듣는다. 많은 사람이 음성 속도를 매우 빠른 속도로 설정해둔다.

그들은 링크 맨 앞에 나오는 단어 몇 개나 텍스트의 첫 줄을 듣는다. 만약 관련이 없다고 느껴지면 다음 링크, 다음 줄, 다음 제목, 다음 단락으로 빠르게 넘어간다. 정상 시력을 가진 사용자는 전체 페이지를 훑어보면서 키워드를 찾을 수 있다. 하지만 키워드가 링크의 앞부분이나 텍스트의 첫 줄에 없으면 시력 장애인 사용자는 이를 놓치기 쉽다.

---

[9] ACM 인터랙션 매거진(2003년 11-12월호)에 게재. ACM 인터랙션 매거진(2003년 11-12월호)에 게재. ACM의 허락하에, 지니는 개인 용도로 사용할 수 있도록 redish.net/images/stories/PDF/InteractionsPaperAuthorsVer.pdf에 공개했다. 보시다시피 10년이 지난 자료이긴 하지만 여전히 유의미한 내용을 담고 있다.

접근성에 대해 다른 글을 읽기 전에 이 논문을 읽어볼 것을 추천한다. 20분 정도면 된다. 여러분이 해결하고자 하는 문제에 대해 다른 논문이나 책에서 찾기 어려운 내용을 단 20분만에 발견할 수 있을 것이다.

3. 책 한 권을 추천한다

지니와 메리의 논문을 읽었다면 이제 책을 읽을 차례다. 주말 동안 읽을 만한 웹 접근성에 관련한 도서 두 권을 추천한다. 특별히 훌륭한 책이라 소개하는 것이다.

- 사라 홀튼Sarah Horton과 휘트니 퀘젠베리Whitney Quesenberry가 쓴 『A Web for Everyone: Designing Accessible User Experiences』
- 짐 대처Jim Thatcher et al.가 쓴 『Web Accessibility: Web Standards and Regulatory Compliance』[10]

10 (옮긴이) 번역서로 『웹 접근성 & 웹 표준 완벽 가이드』(2011, 에이콘)가 있다.

이 책은 광범위한 내용을 다루고 있으니 한 번에 다 익혀야 한다는 부담을 느낄 필요는 없다. 지금은 전체적인 그림을 익히는 정도면 충분하다.

4. 쉬운 문제부터 해결하라

이제 여러분은 웹 접근성이라고 불리는 것을 실천할 준비가 되었다. 여러분이 만든 페이지에 몇 가지 사항을 적용해보라.

이쯤에서 가장 중요한 것은 아마 다음 내용일 것이다.

- **모든 페이지에 적절한 대체 텍스트를 추가하라.** 스크린 리더가 무시할 만한 이미지에는 빈(혹은 "null") alt 속성 (〈alt=""〉)을 추가하라. 나머지 이미지에는 도움이 될 만한 설명을 넣어라.

  좋은 대체 텍스트를 작성하는 방법을 배우려면 webaim.org를 방문해보라. 사실 그 사이트는 내가 적어둔 목록에 있는 모든 내용을 다루고 있다. 웹AIM^{WebAIM}에서는 접근성 기법의 기본적인 사항을 자세히 다루는 훌륭하고 실용적인 기사를 많이 접할 수 있다.

- **올바른 헤딩을 사용하라.** 표준 HTML 헤딩 엘리먼트에는 스크린 리더를 사용하는 사람이 콘텐츠를 논리적으로 조직하고 키보드를 통해 쉽게 사이트를 탐색할 수 있게 도와주는 유용한 정보가 담겨 있다. 페이지 제목이나 메인 콘텐츠에는 〈h1〉을, 주요 섹션 헤딩에는 〈h2〉를, 부제목에는 〈h3〉를 사용하는 식으로 말이다. 그리고 CSS를 사용해서 각 단계를 시각적으로 구분할 수 있게 하라.

- **폼이 스크린 리더에서도 잘 동작하도록 작성하라.** HTML 〈label〉 엘리먼트를 사용하기만 하면 된다. 그러면 필드와 텍스트 라벨이 연결되어 사용자가 무엇을 입력하면 되는지 알게 된다.

- **각 페이지를 시작할 때 '메인 콘텐츠로 넘어가라'는 링크를 넣어라.** 페이지마다 실제 콘텐츠를 보기 전에 페이지 위에 있는 글로벌 내비게이션을 20초 동안 들어야 하는 장애인의 입장을 상상해보면 이 부분이 왜 중요한지 알 수 있을 것이다. 시간은 20초에서 1~2분까지 늘어날 수도 있다.

- **키보드로 모든 콘텐츠에 접근할 수 있게 하라.** 모든 사람이 마우스를 사용하지 않는다는 사실을 기억하라.

- **텍스트와 배경 간에 눈에 띄는 차이를 두라.** 예를 들자면 진한 회색 배경 위에 흐린 회색 텍스트를 쓰지 말라는 것이다.

- **접근성 있는 템플릿을 사용하라.** 여러분이 워드프레스를 사용하고 있다면 접근성이 있는 디자인의 테마를 고르도록 하라.

이 정도면 된다. 앞으로 더 많은 것을 배우게 될 것이다. 하지만 내가 이 책에 소개한 내용만으로도 좋은 출발점이 될 것이다.

7년 전 이 장을 쓸 때 이런 문구로 마무리했었다.

5년 이내에 이 장을 없애고 새로운 내용을 넣을 수 있는 상황이 되길 바라본다. 개발자용 도구나 브라우저, 스크린 리더, 가이드라인이 발달해서 접근성에 대해 따로 고민하지 않아도 접근성 있는 사이트를 만들 수 있게 되기를 말이다.

한숨이 나온다.

이번에는 좀 나아지길 바란다.

13

회의론자를 위한 안내서[1]

사용성을 실제로 적용하기

---

[1] 진짜 『The Guide for the Perplexed(회의론자를 위한 안내서)』는 12세기에 랍비 모세 벤 마이몬(Moshe ben Maimon)이 탈무드의 의미에 대해 저술한 독창적인 해설서다. 이름은 마이모니데스(Maimonides)으로 더 널리 알려졌다. 이 제목은 지금껏 내가 들어본 제목 중 최고라고 생각한다.

2 (옮긴이) 「로렉스」는 인간과 환경이 지향해야 할 바람직한 관계에 대한 교훈을 담고 있는 애니메이션이다.

> 제 이름은 로렉스(Lorax)입니다.
> 저는 나무들의 입장을 대변하죠.
> - 로렉스(The Lorax, 2012), 닥터 수스(DR. SEUSS)[2]

나는 다음 골자가 담긴 이메일을 많이 받는다. 물론 구체적인 표현은 메일마다 다르지만 말이다.

> 좋아요. 무슨 말인지는 알겠더군요. 사용성이 중요하다는 거죠. 저도 제 일에 사용성을 정말 적용하고 싶어요. 제 상사를, 그리고 상사의 상사를 어떻게 납득시킬까요? 그들이 사용자에 대해 진지하게 생각해보고 실제 업무시간을 사용성 관련 작업에 할애해도 되도록 하려면 어떻게 해야 하나요?

'사용성을 구현하고 싶다.'는 여러분의 소망이 지원받지 못하는 환경에서 여러분이 할 수 있는 일은 무엇일까?

사용성이란 분야에 대해 먼저 알아야 한다

먼저 사용성 지위의 변화상에 대해 약간의 배경 지식을 알려주겠다.

사용성과 사용자 중심 디자인User Centered Design, UCD은 1990년대 후반 사용자를 염두에 두고 디자인하려는 모든 시도를 설명할 때 사용한 용어이다. 당시 웹 사이트를 사용하기 더 편리하게 만드는 데 집중하던 '전문직'은 기본적으로 두 부류가 존재했다. 사용성Usability과 정보 아키텍처Information Architecture가 그 주인공이다. 사용성은 자신이 디자인하는 사물을 사용자들이 성공적으로 사용할 수 있게 하는 것이고 정보 아키텍처는 사람들이 자신이 원하는 정보를 잘 찾도록 콘텐츠를 조직하는 것이다.

여러분이 요즘 가장 자주 듣는 용어는 사용자 경험 디자인User Experience Design 혹은 그냥 사용자 경험(User Experience, 약자로 UXD, UX라고 한다.)일 것이고 UX에 속하는 관련 전문 분야로는 인터랙션 디자인, 인터페이스 디자인, 시각 디자인, 콘텐츠 관리를 비롯해 열 가지 이상의 분야가 존재한다. 사용성과 정보 아키텍처도 물론 포함된다.

사용자 중심 디자인과 사용자 경험은 각기 담당하는 영역이 다르다. UCD는 적절한 제품을 디자인하고 그 제품을 사용하기 편리하게 만드는 데 초점을 맞춘다. UX는 제품 라이프 사이클 전반에 걸쳐 사용자의 욕구를 생각하는 것에 초점을 맞춘다. 이들이 다루는 제품의 라이프 사이클은 TV에서 광고를 보고 제품을 구매한 후 배송 과정을 온라인으로 추적하고 심지어 동네 지점에 가져가서 반품하는 과정까지 포함된다.

다행인 점은 사용자에게 초점을 맞추는 게 중요하다는 의식이 널리 퍼졌다는 것이다. 스티브 잡스와 조너선 아이브가 UX를 옹호하기 좋은 매우 설득력 있는 사례를 남긴 덕분에 사용성이 중요하다는 사실을 사람들이 쉽게 이해하게 되었다. 불과 몇 년 전과도 큰 차이가 느껴질 정도다.

문제는 예전에 사용성이 담당했던 사용자 친화적 디자인의 선두 자리를 노리는 분야가 최근 많아졌다는 것이다. 이 모든 분야는 각기 자신들이 사용하는 방식이야말로 이 분야를 이끌어나가기에 적절하다고 주장한다. 이제 UX라는 이름에 편승하려는 관련 분야가 많아졌고 모든 분야가 자신들이 사용하는 방식이 이 일에 적임이라고 설득하려 한다. 더 큰 문제는 이바지할 내용이 있다는 사실만으로 전문 분야라고 인정받을 수 있다고 착각하는 이들이 많다는 것이다.

이상이 지금 여러분이 활동하고 있는 분야다. 그러므로 누군가 여러분에게 "저는 UX 업무를 담당합니다."라든가 "사용성은 2002년에나 유행했던 거지. 이제는 UX의 시대야."라고 말한다면 미소를 띠고 사용자에 대해 어떻게 연구하는지, 그들이 만들고 있는 것을 사람들이 사용할 수 있는지 확인할 때 어떤 방식으로 평가하는지, 수정은 어떤 방식으로 하는지 등 몇 가지 질문을 던져보라. 이러한 활동을 하나도 하고 있지 않은 상대에게는 여러분의 도움이 필요하다. 이런 활동을 하고 있다면 그들에게서 배우라. 우리가 스스로를 부르는 이름은 중요하지 않다. 우리가 어떤 태도를 취하는지, 우리가 기여할 수 있는 기술은 무엇인지가 중요하다.

흔한 조언

다음은 사용성 업무를 물심양면으로 지원해주십사 경영진을 설득해야 할 때 활용하라고 사람들이 입을 모아 알려주는 두 가지 방법이다.

- **ROI[3]를 보여주라.** 여러분이 사용성에 변화를 주어서 절감한 비용이나 추가된 수익을 증명하는 데이터를 모으고 분석하는 접근법이다. 버튼의 라벨을 바꾼 후에 수익이 0.25% 증가했다는 등의 증거를 보여주는 것이다. 랜돌프 바이어스Randolph Bias와 데보라 메이휴Deborah Mayhew가 편집한 『Cost-justifying Usability: An Update for the Internet Age』는 이에 대한 내용을 담은 훌륭한 책이다.
- **경영진의 언어로 이야기하라.** 여러분이 노력하는 부분이 사용자에게 유용하다는 이야기보다 현재 회사가 골머리를 앓고 있는 문제가 무엇인지 알아내서 그 문제를 해결하는 데 기여한다는 사실을 명확히 보여주라. 페인 포인트pain point[4], 터치 포인트touch point[5], KPI[6], CSI[7] 등 현재 여러분이 재직 중인 회사의 경영진 사이에서 유행하는 용어로 말하라.

해낼 능력만 있다면 이 두 가지는 여러분에게 도움이 될 것이다. 하지만 비용, 수익과 연결해서 ROI를 분석하는 데에는 큰 수고가 든다. 그리고 철저히 검증하지 못하면 해당 추가 수익이 다른 요소에서 비롯되었다고 누군가 주장하고 나서기 일쑤일 것이다. 또 비즈니스 세계에서 통용되는 언어를 배우는 것도 힘든 일이다. MBA 학위 받기가 괜히 어려운 게 아니다.

만약 내가 여러분이라면...

흠, 내가 직장에 다닌다면 1주일 정도 버티는 게 고작일 것 같다. 고객의

---

[3] (옮긴이) return on investment, 투자 대비 수익률.

[4] (옮긴이) 우리말로 '고민점'이라 옮기기도 한다. 고객이 고민하는 지점을 가리키며 회사의 입장에서는 해결해야 하는 문제가 된다.

[5] (옮긴이) 우리말로 '접점'이라 옮기기도 한다. 고객이 특정 브랜드를 접하게 되는 지점을 포괄적으로 가리키는 용어다. 회사 입장에서 터치 포인트는 고객 관리의 시작점이 된다.

[6] (옮긴이) 조직의 목표 달성 수준을 계측하는 핵심성과지표(Key Performance Indicators)를 가리킨다.

[7] (옮긴이) 고객만족도(Customer Satisfaction Index)의 약자다.

사무실에 갈 때마다 이 많은 사람이 기업 내에서 어떻게 살아남는지 늘 놀라니 말이다. 나는 거대 조직에서 사내 정치를 감당하고 매일 회의에 앉아 있는 일을 견뎌 낼 준비가 되어 있지 않은 부류의 인간이다. 2명 이상만 되어도 내게는 어려울 것 같다.

하지만 나는 기업 사무실을 방문해서 사용성 문제를 진지하게 고려하도록 설득하면서 꽤 많은 시간을 보냈다. 그래서 어떤 전술이 효과가 있는지 보고 들은 내용이 조금 있고 이러한 전술을 직접 실행해 본 이들에게 성공했다는 이야기를 들은 일도 있었다. 그래서 '내가 여러분이라면 어떻게 했을까'에 대한 답을 정리해서 소개하려고 한다.

■ **여러분의 상사, 그리고 상사의 상사가 사용성 평가를 직접 보게 하라.** 먹이사슬 상위에 있는 사람들에게 가장 큰 효과를 본 방법은 그들이 단 한 번이라도 사용성 평가를 직접 관찰하게 하는 것이었다. 평가를 진행할 예정이니 잠깐 얼굴만이라도 비쳐달라고 부탁하라. 그러면 웹 팀의 사기 진작에 큰 도움이 될 거라고 말이다.

평가를 보러 온 고위 관리자들이 평가에 몰입해서 자신의 계획보다 더 오래 머무는 걸 자주 보았다. 회사 사이트를 일반인이 사용하는 모습을 지켜본 적이 없고 그 모습이 자신의 상상만큼 아름답지 않기 때문일 것이다.

직접 오게 하는 게 중요하다. 사용성 평가가 진행되는 모습을 실제로 보는 것과 이에 대해 프레젠테이션에서 듣는 것은 스포츠 경기를 실시간으로 관람하는 것과 저녁 뉴스에서 주요 부분 요약본을 보는 것만큼 차이가 크다. 경기를 실시간으로 본 경험은 기억에 오래 남지만, 저녁 뉴스에서 본 것은 그렇지 않다.

직접 오게 할 수 없다면 차선을 선택하라. 평가의 주요 부분을 담은 동영상 클립을 프레젠테이션 중간에 보여주라. 프레젠테이션할 기회가 없다면 3분 이내의 짧은 클립을 인트라넷에 올리고 관심을 끌 만한 설명과 동영상 링크를 함께 담은 이메일을 보내라. 고위 관리직이라고 해도 짧은 동영상 정도는 즐겨본다.

- **첫 평가는 업무시간이 아닐 때 진행하라.** 첫 번째 평가를 할 때는 허가를 구하지 말고 격식 없이 아주 간단하게 진행하라. 자원봉사 참가자를 찾으면 비용도 들지 않는다.

  그리고 평가를 통해 구체적으로 개선되는 사항이 있게 하라. 이상한 라벨이 붙은 버튼을 고치는 것처럼 쉬운 목표를 골라라. 심각한 사용성 문제가 최소 하나 이상 숨겨져 있는 것으로 말이다. 그 대신 많은 승인을 거치지 않고도 빠르게 고칠 수 있는 문제여야 한다. 그리고 평가하고 고치고 널리 알려라.

  개선 사항을 간단히 수치화할 방법이 있다면 사용하라. 고객 지원실에 전화가 많이 오는 원인이 되던 사항을 평가했다면 그 문제를 개선한 후에 그와 관련된 통화량이 얼마나 줄었는지 수치로 보여주는 것이다.

- **경쟁 상대를 평가하라.** 9장에서 프로젝트 초반에 경쟁 사이트를 평가하는 것은 좋은 아이디어라고 언급한 바 있다. 이 방법은 평가에 대한 지원을 얻기에도 좋은 방법이다. 경쟁 상대에 대해 연구하는 건 누구나 좋아한다. 여러분이 만든 사이트를 평가하는 것이 아니므로 누군가 감정적으로 대응할 일도 생기지 않으니 도시락이라도 함께 먹으며 편하게 진행하기 좋다.

- **경영진과 공감하라.** 몇 년 전 UXPA 연례 콘퍼런스에서 주변을 돌아보며 이렇게 생각했다. "참 좋은 사람들이야!" 그리고 불현듯 이런 생각이 들었다. 이들이 좋은 사람일 수밖에 없는 이유가 있다. 공감은 사용성 작업에 꼭 필요한 전문 기술이나 다름없기 때문이다. 사용성 관련 업무를 하는 데 관심이 있는 분이라면 아마 공감 능력도 있을 것이다. 여러분의 공감 능력을 여러분의 상사에게 쓰기를 권한다. '내가 원하는 일들을 이들이 하게 하려면 이 사람들에게 어떻게 동기 부여해야 할지 어떻게 알아내지?' 같은 문제 말고 '그들이 처한 위치에 대해 이해하는' 관점에서 진짜 감정적으로 공감할 수 있으면 좋다. 해보면 그 효과에 놀랄지도 모른다.

- **큰 그림에서 여러분이 어디쯤 있는지 파악하라.** 그리고 거기에 약간의 겸손까지 갖추면 큰 도움이 된다. 비즈니스 세계에서 개인은 거대한 톱니

8 이렇게밖에 말할 수 없어 미안하다. 개인적인 문제로 받아들이지 않았으면 좋겠다. 나는 여러분이 맡은 임무를 잘 수행하고 가정생활을 즐기며 행복하게 지내길 기원한다.

바퀴 속 아주 작은 톱니에 지나지 않는 것이 현실이다.⁸

사용성에 대한 여러분의 열정이 다른 이들에게 전염되길 바라겠지만 '우매한 대중에게 진리를 전한다'는 태도로 돌아다녀 봐야 별 효과는 없을 것이다. 이런 태도는 사용성뿐 아니라 다른 어떤 문제에도 도움이 되지 않는다.

도움이 될 만한 책을 두 권 추천하겠다.

첫 번째 책은 토머 샤론Tomer Sharon의 『It's Our Research: Getting Stakeholder Buy-In for User Experience Research Projects』이다. 토머는 구글의 UX 연구원이다. 그는 늘 진실하고 요령 있고 바로 실행에 옮길 수 있는 이야기만 해준다.

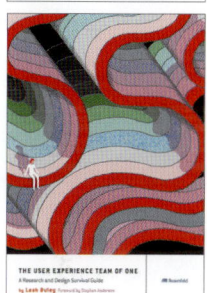

'Become the voice of reason(양심의 대변자가 되라)'나 'Accept the fact that it might not work and that it's okay(이 방법이 통하지 않더라도 받아들여라. 그래도 괜찮다.)'라는 제목의 장이 포함된 책이라면 어떤 책이든 읽어 볼 만한 가치가 있다.

리아 불리Leah Buley의 『The User Experience Team of One: A Research and Design Survival Guide』는 '현재 회사에서 사용자 중심 디자인 관련 업무를 맡은 유일한 직원이거나 장래에 사용성 전문가를 꿈꾸는 분' 혹은 '사용성 전문가가 아님에도 어쩔 수 없이 가끔 UX 담당자 역할을 맡아야 하는 분'을 대상으로 쓴 책이다. 이 책의 '3장 지지 기반을 구축하라'와 '4장 자신의 발전과 경력의 발전을 도모하라'에는 좋은 조언과 유용한 자료가 잔뜩 들어있다.

어둠의 세력에 저항하라

사용성은 본질적으로 사용자를 옹호하는 역할을 한다. 로렉스가 나무의 입장을 대신해 말해주는 것처럼 말이다. 물론 대변하는 대상은 사용자다. 사용성은 더 좋은 제품을 만들어서 사용자를 위해 봉사하는 역할을 한다.

하지만 사용성 종사자를 통해 사용자의 요구에 대해 배우려고 하는 게 아니라 사용자를 조종할 방법을 알아내려는 이들이 있다.[9] 5년 전쯤 이러한 동향을 처음 발견했다.[10]

우리의 도움을 받아서 사용자에게 영향을 끼치려고 한다는 생각에 대해서는 아무 문제가 없다고 본다.

사람들에게 영향을 끼치는 방법에 대해 알고 싶다면 이 주제에 대해 다룬 로버트 치알디니[Robert Cialdini]가 쓴 고전『Influence: The Psychology of Persuasion』[12]을 읽어보라. 오랜 시간에 걸쳐 그 효과가 검증된 영리한 아이디어들이 담겨 있다.

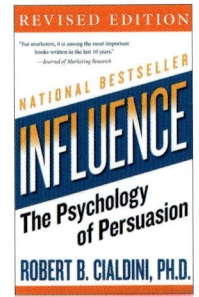

수잔 웨인쉔크[Susan Weinschenk]의 저서에는 인간의 동기와 의사결정에 대해 일러주는 신경심리학 연구에 대해 유용한 정보가 담겨 있다. 웨인쉔크의 저서라면 무엇을 골라도 좋다.

상대를 기만하지만 않는다면 어떤 일을 하도록 누군가를 설득해도 무방하다고 생각한다. 사용성 평가에서 자신의 생각을 소리 내어 말하는 참가자를 관찰하다 보면 설득이 성공하거나 실패하는 이유에 대해 귀중한 통찰을 얻기도 한다.

하지만 제품의 호감도를 확인하기 위해 사용성 평가를 활용한다는 이야기를 들을 때마다 나는 불안해진다. 호감도는 사용성 평가로 측정하기 적합한 대상이 아니기 때문이다. 참가자가 매력을 느끼는 부분이 무엇인지 평가 세션 중에 느낌이 올 수도 있다. 하지만 그냥 느낌일 뿐이다. 호감도

---

9 [콜록] 마케팅 [콜록]

10 크리스 노더(Chris Nodder)가 지은 『Evil by Design: Interaction Design to Lead Us into Temptation』[11]이라는 책도 있다. 이 책은 인간의 연약함을 이해하면 디자인 결정에 대한 답을 얻을 수 있다고 설명한다. 각 장은 폭식, 교만, 나태 등 7대 죄악을 하나씩 다룬다.

11 (옮긴이) 번역서로는 『사악한 디자인』(2014, 위키북스)이 있다.

12 (옮긴이) 번역서로는 『설득의 심리학』(2013, 21세기북스)이 있다.

는 마케팅 연구에 적합한 질문이므로 시장 조사 도구와 방법을 사용했을 때 최고의 답을 얻을 수 있다.

사람들이 우리에게 대상의 호감도에 대해 묻는 건 그다지 문제가 되지 않는다. 본인이 만드는 제품의 호감도를 더 높이는 방법을 물을 때까지도 괜찮다. 그 대신 어떻게 하면 그 제품이 사람들이 갖고 싶은 물건이라 착각하게 만들지 물어볼 때가 진짜 문제다. 즉 사용자를 조정하려고 하려는 이들이 있다는 말이다.

사용자를 조정하려는 의도가 있긴 하지만 사용자에게 입히는 해가 가벼운 경우도 있다. 뉴스레터를 자동으로 신청하도록 체크박스를 표시한 상태로 살짝 감춰두는 것처럼 말이다.

하지만 진짜 어둠의 세계에 조금 더 가까운 예도 있다. 사람들을 속여서 원하지 않는 브라우저 툴바를 설치하게 하거나[13] 사용자 모르게 기본 검색 엔진과 홈페이지 설정을 바꾸는 일이 여기에 해당한다. 이런 종류의 기만은 누구나 한 번쯤 당해본 적 있을 것이다.

13 [콜록] 야후 [콜록]

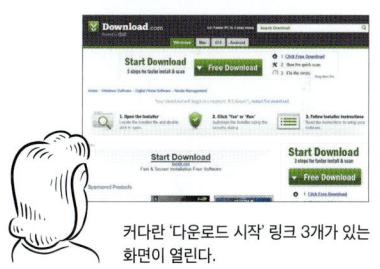

무료 소프트웨어 다운로드 링크를 클릭한다.

커다란 '다운로드 시작' 링크 3개가 있는 화면이 열린다.

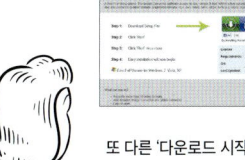

설명은 거의 보이지 않게 적어두었으므로 눈에 잘 띄지 않는다. 아무 일도 일어나지 않으므로 다운로드 시작 중 하나를 클릭한다.

또 다른 '다운로드 시작' 링크가 담긴 새 페이지가 열린다. 여러분이 그 링크를 클릭하면 원치 않는 소프트웨어가 다운로드된다.

이러한 방향으로 계속 가다 보면 그 종착지는 피싱, 신용 사기, 신원 도용 등 진짜 범죄 행위일 것이다.

사람들이 이러한 일을 부탁한다면 거기까지는 여러분의 임무가 아니라는 사실을 기억하라.

사용자들은 여러분을 신뢰하고 있다.

몇 가지 확실한 대답

마무리하기 전에 여기까지 읽어준 것에 대한 보답으로 작은 보너스를 주려고 한다.

이 책은 사용성 질문에 대한 대답이 맥락의 영향을 많이 받으며, 그래서 그 답이 대개는 "그때그때 달라요"가 된다는 사실을 설명하는 데 분량 대부분을 할애하고 있다.

하지만 사람들이 확실한 대답을 좋아한다는 사실도 잘 알고 있다. 그래서 여기에 옳고 그름이 언제나 확실한 몇 가지를 모아 보았다.

- **작고 대비가 약한 서체는 쓰지 마라.** 크고 대비가 약한 서체는 써도 된다. 아니면 작고 대비가 강한 서체도 써도 된다. 물론 크기는 너무 작으면 곤란하다. 하지만 작고 대비까지 약한 서체는 절대 사용하지 마라. 사실 앞에 두 가지도 피하는 게 좋다. 여러분 본인의 디자인 포트폴리오 사이트를 디자인하고 있을 때나 다른 사람들이 그 글을 보지 않아도 전혀 상관이 없을 때가 아니라면 말이다.
- **필드 안에 라벨을 넣지 마라.** 넣고 싶은 그 마음은 이해한다. 특히 비좁은 모바일 화면이라면 말이다. 하지만 폼이 특출하게 단순하고 내부에서 글자를 넣기 시작하면 라벨이 사라졌다가 필드를 비우면 다시 나타나게 했고, 라벨이 답변과 헷갈릴 리 없으며 여러분이 입력한 글자와 라벨이 함께 제출("직대리위")될 가능성이 전혀 없다는 조건이 모두 충족되지 않는 한 넣지 마라. 그리고 물론 접근성은 완벽히 갖춘 상황이어야만 한다.

동의하지 않는다는 이메일을 나에게 보내기 전에 검색 엔진에서 'Don't Put Labels Inside Text Boxes(Unless You're Luke W)'을 찾아서 읽어보길 바란다.

- **방문한 텍스트 링크와 방문하지 않은 링크를 다르게 표시하라.** 웹브라우저를 기본 설정으로 두면 여러분이 이미 열었던 적 있는 페이지로 가는 링크를 다른 색상으로 표시하게 되어 있다. 그 덕분에 여러분은 여러분이 이미 열어보았던 선택지가 무엇인지 한눈에 알 수 있다. 이 기능은 알고 보면 매우 유용하다. 특히 링크에 사용한 단어 말고 URL을 추적해서 표시한다는 점에서 그렇다. 여러분이 만약 여행 예약하기를 클릭했었다면 나중에 항공권 예약하기라는 문구를 보더라도 색깔 때문에 그 링크는 아까 방문했던 페이지로 연결된다는 사실을 알 수 있다.

색상은 여러분이 원하는 대로 바꿔도 된다. 눈에 띄게 차이가 나기만 하면 된다.

- **헤딩이 단락 사이에서 떠다니게 하지 마라.** 헤딩은 앞부분 말고 뒤에 따라오는 내용에 가까워야 한다. 맞다. 3장에서 언급했었다는 사실은 나도 알고 있다. 하지만 이는 반복해서 이야기해도 좋을 정도로 중요한 내용이다.

여기까지다.

밥 & 레이^{Bob & Ray}가 말하곤 했듯이 "견뎌라. 그리고 무슨 일이 생기면 연락해라."[14]

내 웹 사이트 stevekrug.com에 가끔 들러주길 바란다. 그리고 stevekrug@gmail.com로 언제든 이메일을 보내도 좋다. 혹시 일일이 답장할 시간이 없을지 모른다. 하지만 받은 모든 이메일을 읽어보고 고마워할 거라는 건 약속할 수 있다.

무엇보다 여러분을 응원하고 싶다. 책 도입부에서 말했듯이 훌륭한 웹 사이트나 앱을 만드는 건 엄청나게 어려운 일이다. 반이라도 훌륭하게 완성한 분에게는 존경의 마음을 표하고 싶을 정도이다.

14 (옮긴이) 밥 & 레이는 미국의 코미디언 듀오다. "This is Ray Goulding reminding you to write if you get work." "Bob Elliott reminding you to hang by your thumbs."는 이들이 1940년대 중반 'Matinee with Bob and Ray'라는 라디오 방송을 진행할 당시 프로그램을 마칠 때 하던 유명한 멘트이다.

그리고 내가 한 말 중 어떤 것이든 '규칙'을 깨거나 변칙적으로 이용하라는 뜻으로 듣지 않았으면 한다. 사람들의 도전의식을 북돋아서 일부러 머리를 쓰고 고민을 하게 하는 사이트도 존재한다는 사실은 잘 알고 있다. 다만, 변칙적인 방법을 쓸 때는 어떤 규칙을 왜곡하고 있는 건지 그리고 본인의 행동을 뒷받침할 대의명분이 있는지 최소한 고민은 해본 후에 실행하길 바란다.

그나저나 「캘빈과 홉스」의 뒷부분은 이러하다.

캘빈과 홉스(CALVIN AND HOBBES) © 1989 와터슨(Watterson). 유니버설 유클릭(UNIVERSAL UCLICK)의 허가를 얻어 기재. All rights reserved.

감사의 글

…내게 남은 건 이 낡은 티셔츠뿐이군요

U.S.S. 포리스털^{Forrestal} 관계자 여러분,
여러분의 도움 없이 이 영화는 절대 탄생할 수 없었을 거예요.
-영화계에서 사용되는 상투적인 감사의 말

[이 부분에 '아이 한 명을 키우려면 온 마을이 동원되어야 한다.'[1]와 같은 식의 표현을 적절히 변형해 넣었다고 상상하기 바란다.]

하지만 사실이 그렇다. 혼자라면 이 책을 단지 집필할 수 없었던 게 아니라 쓰고 싶은 생각조차 들지 않았을 것이다. 또 한 번 말하지만, 이 책의 1판과 2판, 그리고 『Rocket Surgery』를 완성하기까지 도와준 실력자를 한데 모을 수 있었다니 나는 참 운이 좋은 사람이다.

나는 글 쓰는 습관이 아주 엉망이다. 그럼에도 많은 사람이 인내심을 가지고 내게 호의와 친절을 베푼 덕분에 이 책이 탄생할 수 있었다.

늘 그렇듯 내 독특한 시간관념이 모든 관계자의 골머리를 썩였다. '일은 묵힐 수 있는 한 묵혀두었다가 마감 직전에 하는 게 제맛'이라는 표현을 들어봤는가? 나로서는 정말이지 내가 보지 않을 때마다 누군가 내 시계의 시간을 앞당겨 놓는 것 같다는 말 외에 달리 설명할 수가 없다.

감사와 사과의 뜻을 전하고 싶은 이들을 소개하겠다.

엘리자베스 베일리^{Elisabeth Bayle}. 엘리자베스는 내 의견을 검토해 준 담당자이자 친구이고 이번 판의 편집자이기도 하다. 편집자는 아니었다고 극구 부인하지만 나는 그렇게 생각하지 않는다. 혹시 여러분에게 책 쓸 계획이 있다면 우선 그 주제에 대해 여러분만큼 잘 알고 있는 똑똑하고 재미있고 친구를 찾아라. 그리고 여러분의 이야기를 들은 후 의견을 달라고 부탁하라. 기왕이면 원고 편집도 좀 도와달라고 설득하라. 이게 내가 할 수 있는 최고의 조언이다.

엘리자베스가 없었다면 이 책을 완성하지 못했을 것이다. 하지만 엘리자베스가 도와주겠다고 하지 않았다면 아예 이번 판을 쓸 생각조차 하지 못했을 거라는 점을 더 강조하고 싶다. 나와 함께 종일 힘들게 일하느라 진이 빠진 엘리자베스의 원기를 늘 북돋아 준 엘리엇^{Elliott}에게도 깊은 감사

[1] (옮긴이) 아프리카 속담에 기원을 둔 'It takes a village to raise a child.'라는 표현에서 온 말이다. 말 그대로 아이 한 명이 잘 자라려면 가족뿐 아니라 사회 전체의 도움이 필요하다는 뜻이 담겨 있다. 여기에서는 저자 본인이 이 책을 저술하며 받은 많은 도움을 강조하고자 인용한 것이다.

의 인사를 전한다.

바버라 플래너건^{Barbara Flanagan}. 이 책의 편집자였던 바버라는 내 오랜 친구다. 바버라가 어떤 사람인지 옛날 농담을 빌어서 표현해보겠다. "바버라는 문법에 대해서라면 평생 한 번도 틀린 적이 없어요. 참, 본인이 틀렸다고 생각했던 적이 한 번 있긴 하네요. 알고 보니 착각이었지만요." 이 책에 남아 있는 오류를 알려주려는 분이 계신다면 적어도 바버라가 고리짝에 지적했던 사항이라는 사실은 알아주면 좋겠다. 당시 그녀는 이렇게 말했을 것이다. "그렇지만 당신 문체로 써야 하는 당신 책이니까요. 결정은 당신에게 맡길게요." 이런 게 너그러운 마음이 아니라면 무엇이겠는가.

낸시 데이비스^{Nancy Davis}. 낸시는 피치핏^{Peachpit} 출판사의 편집장이다. 은퇴하긴 했지만, 여전히 고문으로서의 역할을 훌륭히 해내는 멋진 사람이다. 낸시는 칭찬 한마디로 보통 칭찬의 10배로 강력한 의미를 전달하는 비범한 능력을 지녔다. 조류학을 사랑하는 낸시의 아들에 대해 낸시와 이야기 나눌 구실이 없어져서 아쉬운 마음이 크다.

피치핏에는 낸시 루엔젤^{Nancy Ruenzel}, 리사 브라지알^{Lisa Brazieal}, 롬니 랭^{Romney Lange}, 미미 헤프트^{Mimi Heft}, 아렌 스트라이거^{Aren Straiger}, 글렌 비시나니^{Glenn Bisignani}처럼 똑똑하고 친절하고 성실한 데다 재능까지 뛰어난 직원들이 근무하고 있다. 아마도 나 때문에 마음고생 꽤나 했을 텐데도 이들은 내게 매우 큰 힘이 되어 주었다.

캐럴라인 재럿^{Caroline Jarrett}, 휘트니 퀘젠베리^{Whitney Quesenbery}. 이들이 자원해서 책을 검토해 준 덕분에 내 어수룩한 면이 많이 감춰졌다. 나는 이들을 '길동무'라 칭하고 싶다. 우리가 서로 많은 일에 의견이 일치했기 때문이기도 하고 내가 나에게 동조하는 이들과 함께 있기를 즐기는 얕은 인간이기 때문이기도 하다. 하지만 이 죄 없는 사람들을 보호하려면 감사 인사에 언급했다고 해서 이 책에 나온 모든 내용에 이들이 동의했다는 뜻은 아니라는 점은 똑똑히 밝히고 싶다.

랜들 먼로^{Randall Munroe}. 그는 자신의 작품을 너그러이 전재할 수 있게 해 주었을 뿐 아니라 그가 xkcd.com[2]에서 일하는 동안 내가 아들과 함께 웃

---

2 뉴욕 타임스 십자말풀이 퍼즐을 매일 풀어주는 렉스 파커(Rex Parker)라는 곳이 존재한다. 이처럼 xkcd.com에도 이해하지 못하는 부분을 친절히 설명해주는 가내수공업식의 사이트가 있다는 것을 알아두라.

을 일을 수년간 많이 만들어주었다.

지니 레디쉬Ginny Redish, 랜돌프 바이어스Randolph Bias, 캐럴 바넘Carol Barnum, 제니퍼 맥긴Jennifer McGinn, 니콜 버든Nicole Burden, 헤더 오닐Heather O'Neill, 브루노 피게레이도Bruno Figuereido, 루카 살비노Luca Salvino. 이들은 똑똑하고 재미있는 동료들이다.

할 슈빈Hal Shubin, 조슈아 포터Joshua Porter, 웨인 파우Wayne Pau, 재클린 리타코Jacqueline Ritacco나 코펜하겐의 베야르 인스티튜트Bayard Institute에 있는 이들은 지식의 일부를 나눠주었다.

루 로젠필드Lou Rosenfeld. 루는 존재만으로도 정신적 지원자, 좋은 상담자이다.

캐런 화이트하우스Karen Whitehouse 그리고 로저 블랙Roger Black. 이들은 이 책의 정신적 대모, 대부이다. 이들이 14년 전 처음으로 이 책의 첫 번째 판을 쓸 기회를 주지 않았다면 이렇게 큰일을 벌일 수 없었을 것이다.

사용성 전문가 커뮤니티. 이 커뮤니티에는 좋은 분들이 많다. UXPA 연례 콘퍼런스에 가서 여러분이 직접 확인해보길 바란다.

퍼터햄 서클 스타벅스의 친절한 바리스타들에게도 감사한다. 낮에는 아내 외에 보는 사람이 이분들밖에 없는 날도 많았다. 최근에 바뀐 소닝 때문에 고객이 많이 줄긴 했지만 이건 이분들의 잘못이 아니다. 조명을 바꾼 건 회사 차원의 결정이었으니 말이다.

RPI에서 학위를 마치고 있는 내 아들 해리Harry. 해리와 함께 있는 시간을 내가 얼마나 보물처럼 여기는지 그 아이는 잘 모를 거다. 나는 늘 그 아이에게 '밈meme'과 '트롭trope'의 차이에 대해서 딱 한 번만 더 설명해 달라고 계속 귀찮게 하는 바람에 그 아이의 인내심이 바닥났었다.

인지과학 전공, 게임 디자인 부전공인 사람을 채용하는 곳이 있다면 내게 연락해주기 바란다. 기쁘게 해리에게 전해주도록 하겠다.

 그리고 마지막으로 멜라니^{Melanie}. 멜라니에게 결점이라곤 딱 하나밖에 없다. 선천적으로 미신을 믿지 않기에 "이번 겨울에는 감기에 한 번도 안 걸렸어." 같은 말을 해서 가끔 감기에 걸린다는 것이다. 그 점만 제외하고 본다면 이런 아내를 만난 나는 늘 내가 얘기하듯 참 복 받은 남자다.

여러분도 인생이 잘 풀리기 바란다면 결혼을 잘하기 바란다.

찾아보기

기호
$25,000 피라미드   40

영문
Abraham Lincoln   157
Art Kleiner   114
Beat the Clock   92
Bud Collyer   92
Camtasia   131
Caroline Jarrett   44, 51, 215
CSS   41, 187, 198
DIY 사용성 평가   124-126
Don Norman   163
E. B. 화이트   54
The Elements of Style   54
FAQ 목록   180, 187
form   51-52, 72, 198
Gary Klein   25-26
Gary Larson   24
Jakob Nielsen   ix, 59, 64-64, 103, 125, 131
Janice (Ginny) Redish   44, 45, 51, 196, 216
Jonathan Ive   viii, 203
Mark Zuckerberg   28
Mary Theofanos   196
Orrin Hatch   v
Sergey Brin   28
Steve Jobs   viii, 203
Talking Heads   60
UserTesting.com   151
xkcd   95, 156, 162, 215

ㄱ
거창한 보고서   3, 126
검색   16-17, 33, 63, 76-78, 93, 105-106
게리 라슨   24

게리 클라인   25-26
경영진   114-115, 204-207
고민 없이 선택하기   47-52
공유지의 비극   107
관례   32-37, 69
광고판   22, 29-30, 32-46

ㄴ
내비게이션   63, 68, 71, 74
    고정 내비게이션   71
    글로벌 내비게이션   71
    기본 내비게이션   74
    내비게이션 디자인   63
    내비게이션 용도   68
    하위 단계 내비게이션   78-80
기술부서와 영업부서 간 충돌   114
기억 용이성   171-173
기업 강령   101
기표   163

ㄷ
대체 텍스트   194, 198
도로 표지판   69, 80-81
돈 노먼   163
디자인   35
    반응형 디자인   161, 162, 167
    스케일러블 디자인   161
    플랫 디자인   164-165
    혁신적인 디자인   35-37
등록   93, 105-106

ㄹ
로고   72
루 로젠필드   216
린 스타트업   3, 123

링컨 대통령 157
링크 표시 211

ㅁ
마크 저커버그 28
만족하기 25-26
메뉴 이름 14
메리 테오파노스 196
명료성 37, 130
모바일 153
    모바일 사용성 평가 173-177
    모바일 앱 167-173
    모바일 퍼스트 159-160
미러링 175

ㅂ
바퀴 재창조 35
버드 콜리어 92
버마 쉐이브 32
버터 바른 고양이 현상 190, 192-193, 195
불필요한 부분 삭제 53-58
브라우저 27
    브라우저 글꼴 크기 190
    브라우징 65-67
브런들플라이 176
비트 더 클락 92
빵부스러기 85-86

ㅅ
사용성 8
    사용성 문제 3
    사용성 속성 8, 167
    사용성 연구실 125, 152
    사용성 원격 평가 151
    사용성 평가 2-3, 120
    사용성 평가 관찰자 133-134
    사용성 평가 브리핑 148-151
    사용성 평가 비용 125-126, 152
    사용성 평가 세션 대본 136-147
    사용성 평가 세션 예시 137
    사용성 평가 시기 134
    사용성 평가 진행자 131-132
    사용성 평가 참가자 124, 128-131
    사용성 평가 항목 134
    스티브 크룩 사용성 원칙 12, 48, 54
    전문가 사용성 리뷰 2
    절대적인 사용성 법칙 6
사용자 2
    검색 중심 사용자 63
    링크 중심 사용자 64
    브라우징 중심 사용자 64
    사용자 경험 디자인 (UXD, UX) viii, 202-203
    사용자를 고민에 빠뜨리지 마라 12-20
    평균 사용자 9, 18, 115-116
사이트 ID 72-73
새로운 기능 요청 150
세르게이 브린 28
섹션 74-75
섹션 세부항목 73-74
셜록 홈스 6
순간 이동 67, 72, 98-99
스티브 잡스 viii, 203
시각적 계층구조 37-40
시각적 잡음 42
실제 웹 사용법 22-23

ㅇ
아트 클라이너 114
애자일 개발 3, 127
애플 154
어포던스 163-166
영어로 글쓰기의 기본 54
예의 179
오린 해치 v
왕자와 거지 27
웹 디자인의 빅뱅이론 96
유틸리티 70, 75-76
인쇄용 페이지 187
일관성 37
임기응변하기 27-29

ㅈ
잡음 42
재니스 (지니) 레디쉬 44, 45, 51, 196, 216
재미 168-169
접근성 190-199
접근성 유효성 검사기 194

정보의 냄새   48
정지 표지판   32
제약   156-158
제이콥 닐슨   ix, 59, 64-64, 103, 125, 131
조너선 아이브   viii, 203
종교적인 논쟁   110, 111, 116-117
진입 지점   105-106
진행자 없이 하는 평가   151

ㅋ

카약 문제   150
캐럴라인 재럿   44, 51, 215
캘빈과 홉스   165, 212
캠타시아   131
커서   41
클릭 가능 여부   15, 40-42

ㅌ

태그라인   99-100, 102-105
탭   86-87
토킹 헤즈   60
트렁크 평가   88-89
트레이드오프   156-158

ㅍ

팝업창   42, 106
페이지 이름   80-83
포커스 그룹   121-123
폼   51-52, 72, 198
프레젠테이션   3, 205

ㅎ

학습 용이성   169-171
헨젤과 그레텔   85
현재 위치 표시   83-84
호감 저장고   181-188
호버   164
홈페이지   42, 55, 76, 91-107, 162
홍보   93, 106-107
환영 문구   99
황금알을 낳는 거위   106-107
훑어보기   23-25, 43-45, 196